新 版（改訂二版）
教職入門 教師への道

藤本典裕 編著

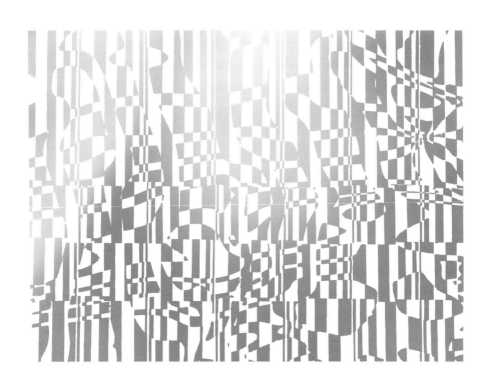

図書文化

❖❖❖ はしがき ❖❖❖

　本書『教職入門』は，1998年の教育職員免許法改正によって，教育職員免許状の取得に必要な「教職に関する科目」の一つとして新設された「教職の意義等に関する科目」のテキストとして1999年11月に刊行された。幸いにも多くの方々に手にとっていただき，2008年の改訂新版，2016年の新版と刊行を重ねることができた。

　この間，教育再生会議，教育再生実行会議，中央教育審議会などから多くの教育改革提言・改革案が提出され，教育基本法をはじめとする教育関係法令の改正など，教育のあり方，学校・教員の仕事に大きな影響を及ぼす事態が進行してきた。2015年には学校教育法が改正され，義務教育学校（小中一貫学校）が新設された。また，2017年，2018年の学習指導要領改訂によって，知識の理解の質をさらに高め，確かな学力を育成するために「主体的・対話的で深い学び」を展開することが求められている。さらに，「特別の教科　道徳」の新設，高等学校における「歴史総合」，「地理総合」，「公共」の新設，小学校における外国語（英語）の教科化など，教育内容にも大きな変更がもたらされた。

　これに伴い，教員にも新たな資質・能力が求められることとなり，教育職員免許法および教育職員免許法施行規則が改正された。大学における教職課程教育にも変化が求められている。

　本書は，時々の教育状況，教育改革動向，法令の改正などに応じたものとなるよう努力を重ね，改訂を行ってきたが，上記のような動向を反映し，最新の情報を取り入れた記述とするための改訂を行うこととした。

　改訂にあたっては，次のことを基本方針とした。

　第1は，本書のこれまでの性格をできる限り踏襲することである。そのため，旧著の構成はほぼそのままとし，記述内容の刷新を図った。

　第2は，教員をめざす学生が，学校教育や教員の仕事について，基礎的な事柄を広範な視野で学び，その後の教職課程での学びの全体像をつかみ，展望を持って進んでいけるような記述とすることである。そのために，わかりやすく，

平易で，具体的な記述を心がけた。

　本書は，同じ大学に勤務する教員が，それぞれの専門領域を分担執筆している点も旧著の性格を引き継ぐものであり，共著のよさ・強みとなっている。

　序章では，教職課程の仕組みや，教員になるために必要な学習内容の見取り図が示される。第1章では，さまざまな資料を駆使しながら，現代社会における子どもの姿が描き出される。教員として接することとなる子どものイメージをできるだけ具体的なものとしてほしい。第2章では，教員の仕事を整理して述べた。教科指導を中心にとらえがちな教員の仕事が，多方面にわたる複合的なものであることをつかみ取ってほしい。第3章は，教員に求められる資質・能力について多角的に述べた。自らがめざす教員像を獲得するための示唆を得てほしい。第4章は，教員の養成と採用について，法令の規定を中心として整理した。第5章は，教員の地位と身分，勤務条件・給与などについて述べている。第6章では，学校制度と学校の管理・運営について，その概要を記述した。第4章から第6章までの学習を通じて，教員という仕事の制度的側面についての理解を深めてほしい。

　教師は，成長・発達の途上にあり，常に変化し続ける子どもと生活を共にし，さまざまな影響を及ぼしつつ，同時に多くのことを学びながら成長する仕事である。子どもの成長・発達が自らの成長につながり，自らの喜びともなる，その意味で優れて人間的な仕事であると言ってもよい。

　教師という仕事は，やりがいに満ちた素晴らしい仕事であると同時に，子どもの一生を左右してしまう可能性を帯びた恐ろしい仕事でもある。

　教師をめざす道の途上で，常にこのことを思い起こし，教師を自らの職業として選択するのかどうかを熟考しながら，教職課程での学びを進めてほしい。

　本書の刊行に当たっては，図書文化社の渡辺佐恵氏，宮澤知果氏の全面的なご助力，ご助言，ご配慮をいただいた。何よりも，仕事の遅い編者が曲がりなりにも編者の仕事をやり遂げられたとすれば，それは全面的に両氏の叱咤・激励のおかげである。末尾になったがここに記して感謝の意を表したい。

　　　2019年2月　　　　　　　　　　　　　　　　　　藤　本　典　裕

❖❖❖ も　く　じ ❖❖❖

序章　教職課程で学ぶこと（9〜14）

　Ⅰ　教職課程で学ぶこと ………………………………………… *10*
　Ⅱ　読書案内 ……………………………………………………… *14*

第1章　子どもの生活と学校（15〜36）

第1節　最近の子どもの生活 ………………………………………… *16*
　Ⅰ　生　　　活 …………………………………………………… *16*
　Ⅱ　意　　　識 …………………………………………………… *24*
第2節　最近の学校の中の子ども …………………………………… *27*
　Ⅰ　学校と子ども ………………………………………………… *27*
　Ⅱ　生徒指導上の問題 …………………………………………… *28*

第2章　教師の仕事（37〜100）

第1節　学習指導 ……………………………………………………… *38*
　Ⅰ　学習指導の意義と役割 ……………………………………… *38*
　Ⅱ　学習指導の目的と方法 ……………………………………… *39*
　Ⅲ　学習指導論の歴史的変遷 …………………………………… *45*
　Ⅳ　教育課程の編成とその意味 ………………………………… *48*
　Ⅴ　学習指導要領とその変遷 …………………………………… *49*
　Ⅵ　2017（平成29）年改訂の新学習指導要領とその方向性 …… *57*
第2節　生徒指導・進路指導 ………………………………………… *63*
　Ⅰ　生徒指導 ……………………………………………………… *63*
　Ⅱ　進路指導 ……………………………………………………… *74*
　　　コラム　性的少数者の児童生徒への配慮とは　*81*

第3節　教育相談 …………………………………… 82
　　Ⅰ　教育相談の定義・目的・機会 ………………… 82
　　Ⅱ　教育相談の実践者 ……………………………… 83
　　Ⅲ　教育相談に活かせるカウンセリングの知識…… 86
　　Ⅳ　校外の専門機関との連携 ……………………… 88
第4節　学級経営 …………………………………… 90
　　Ⅰ　「学級」と「学級経営」 ………………………… 91
　　Ⅱ　学級経営と特別活動 …………………………… 94
　　Ⅲ　学級担任（ホームルーム担任）の心構え……… 98

第3章　教師に求められる資質・能力 (101〜114)

第1節　教師に何を求めてきたか，いま何が求められているか　102
　　Ⅰ　戦前の教師像 …………………………………… 102
　　Ⅱ　戦後における教師像 …………………………… 105
　　Ⅲ　1990年代以降の教師教育改革 ………………… 106
　　Ⅳ　学び続ける教員像 ……………………………… 107
第2節　子どもと教師——学ぶことと教えること …111
　　Ⅰ　実践の中から理論や教育実践を生み出す……… 111
　　Ⅱ　子どもの「実力」を高める授業研究の歩み…… 112
　　Ⅲ　教える専門家から学びの専門家へ …………… 113

第4章　教員の養成と採用・研修 (115〜146)

第1節　教員養成の制度 …………………………… 116
　　Ⅰ　戦後教育改革と教員養成 ……………………… 116

第2節　教職課程の仕組みと内容 …………………………………… *119*
　　Ⅰ　教育職員免許法 ……………………………………………… *119*
　　Ⅱ　教育職員免許法の改正 ……………………………………… *120*
　　Ⅲ　免許状の授与と取得の要件 ………………………………… *126*
　　Ⅳ　免許状の種類 ………………………………………………… *128*
第3節　教員の採用 …………………………………………………… *130*
　　Ⅰ　教員の採用・任命 …………………………………………… *130*
　　Ⅱ　教職員定数と派生する問題点 ……………………………… *133*
　　Ⅲ　教員採用選考の改革 ………………………………………… *135*
　　Ⅳ　私立学校教員の採用 ………………………………………… *138*
第4節　教員の研修 …………………………………………………… *139*
　　Ⅰ　研修の意味 …………………………………………………… *139*
　　Ⅱ　研修の種類 …………………………………………………… *140*
　　Ⅲ　教員免許状の更新制 ………………………………………… *141*
第5節　教員養成・採用をめぐる新たな動き ……………………… *145*

第5章　教員の地位と身分 （147〜162）

第1節　教員の地位と身分 …………………………………………… *148*
　　Ⅰ　教職の意義と教員の身分 …………………………………… *148*
　　Ⅱ　国・公立学校教員の身分 …………………………………… *149*
　　Ⅲ　私立学校の教職員 …………………………………………… *151*
　　Ⅳ　教職の専門性 ………………………………………………… *151*
第2節　教員の待遇と勤務条件 ……………………………………… *155*
　　Ⅰ　教員の給与 …………………………………………………… *155*

　　Ⅱ　教員の休日，休暇 ………………………………… *156*
　　Ⅲ　教員の勤務時間 …………………………………… *157*
　　Ⅳ　人事異動 …………………………………………… *160*
　　Ⅴ　福利厚生制度 ……………………………………… *161*

第6章　学校の管理・運営 (163〜186)

第1節　学 校 制 度 ……………………………………………… *164*
　　Ⅰ　学校の種類 ………………………………………… *164*
　　Ⅱ　学校体系の類型 …………………………………… *170*
　　Ⅲ　日本の学校制度 …………………………………… *172*
第2節　学校管理・運営体制 ………………………………… *178*
　　Ⅰ　学校管理と学校経営 ……………………………… *178*
　　Ⅱ　学校運営と組織 …………………………………… *180*

付録　教育に関する主要法令(抄)等 (187〜220)

　　日本国憲法 ……………………………………………… *188*
　　教育基本法 ……………………………………………… *189*
　　学校教育法 ……………………………………………… *192*
　　教育公務員特例法 ……………………………………… *211*
　　学校教育法施行規則 …………………………………… *214*
　　中学校学習指導要領・総則 …………………………… *217*

◆キーワード・索引 ………………………………………… *221*

序 章

教職課程で学ぶこと

　いまこの本を手にしている人の多くは，将来の職業の選択肢の一つとして教師を考えているだろう。しかし，自分は本当に子どもが好きであろうか，自分には教師としての適性があるのだろうか，自分に教師の仕事ができるのだろうかなど，さまざまな疑問や不安も抱いているだろう。

　そうした気持ちを大切にしながら，これから，教職科目をはじめとして，さまざまな授業を受け，学ぶなかで，自分自身を見つめ確かめていくのである。

　序章では，「教える」という行為を成り立たせるために必要な教師の能力について考察し，教師という職業への適性や資質を考える際の手がかりを提供する。

　そのことに関連させながら，教師をめざす学生は，どういう姿勢で大学生活を送ればよいのか，大学生活の中で学習し身に付けるべきことは何かを述べ，今後の学習の指針とする。

Ⅰ 教職課程で学ぶこと

1 教職課程の意味

　小学校，中学校，高等学校，特別支援学校等の学校の教師になるためには，教員免許状を取得しなければならない。教員免許状は，都道府県教育委員会が発行するもので，中学校社会・高等学校地理歴史・高等学校公民，中学校国語・高等学校国語のように学校種・教科ごとに分かれている。取得できる免許状の種類は，所属する学科が，どの学校種・教科の免許状の課程認定を受けているかによる。

　教員免許状を取得するためには，(1) 学士の学位を有すること（大学を卒業すること）に加えて，(2) 所定の科目を履修し単位を修得すること，が必要となる。教職課程とは，教員免許状を取得するための課程である。

　履修・単位修得を求められる科目など，教員免許状取得のための条件は，教育職員免許法と教育職員免許法施行規則に定められている。詳しくは第4章で説明する。

2 教科と教科の指導法に関する科目

　教師というと，子どもの前に立ち，黒板を背にして授業をしている姿が目に浮かぶ。授業は教師の仕事の中心であることは間違いない。

　授業を行うにはさまざまな技術が必要である。ベテランの教師は，わかりやすく説明する技術，子どもの思考を発展させるような質問をする技術，わかりやすく整理された板書の技術，子どもを励まし援助する技術など，たくさんの技術を持っているから上手な授業ができる。

　しかし技術だけでは授業はできない。担当する教科の内容についての研究と深い理解が求められる。例えば英語の先生であっても人並みの理科の知識は持っているだろう。しかし，授業をするほどの深い知識は持っているかと問われればノーと答えざるを得ないだろう。教える教科について深い知識を持って

いなければ授業はできないのである。

　そういう教科の内容となる知識や技術を学ぶことを目的とするのが,「教科に関する科目」である。中学校国語,中学校社会,中学校英語の免許状取得の場合を例に「教科に関する科目」のうち必修とされているものをあげておく。

【中学校国語】
- 国語学（音声言語および文章表現に関するものを含む）
- 国文学（国文学史を含む）
- 漢文学
- 書道（書写を中心とする）

【中学校社会】
- 日本史および外国史
- 地理学（地誌を含む）
- 法律学，政治学
- 社会学，経済学
- 哲学，倫理学，宗教学

【中学校英語】
- 英語学
- 英米文学
- 英語コミュニケーション
- 異文化理解

3　教職に関する科目（狭義の教職科目）

　教師の仕事は，言うまでもなく，授業（教科指導）だけではなく，生徒指導，進路指導，教育相談，学級経営，学校経営など多岐にわたる。したがって，教育の本質や指導の方法についての理論，生徒指導や教育相談，学級経営，学校経営などについての知識や指導力が必要である。こうした教育実践の基盤となる原理や，実践に直結した知識や技術を学ぶために次のような科目群が用意されている。

① 教育及び教科の指導法に関する科目群
② 教育の基礎的理解に関する科目群
③ 道徳，総合的な学習の時間等の指導法及び生徒指導，教育相談等に関する科目群
④ 教育実践に関する科目群

　これらの科目は，主として「教育学」と「心理学」に裏づけられている。「教育学」は，教育現象を，哲学的，歴史的，制度的，法的など，さまざまな角度から研究する学問である。「心理学」は，人間の発達，学習，人格，適応などについて研究する学問である。

　詳細は第4章で述べるが，幅広い学習が必要となること，大学でこれらの科目を計画的に着実に学習していくことが求められることを理解しておいてほしい。

　教職課程教育の締めくくりとして，多くの大学では4年次になって「教育実習」を行う。教育実習は，実際の学校で教壇に立つものである。したがって，教壇に立って，まがりなりにも授業ができるだけの学力がなければ参加することはできない。どの大学も，教育実習履修条件の規定をおき，教育実習に参加するために必要な単位数や学力の水準を定めている。

　4年次の秋学期には「教職実践演習」が置かれている。それまでの学びを振り返り，到達点と課題を明確にすることが主なねらいとされている。何よりも1年次からの学びを自身で記録して自己分析を行うことが重要である。

　小・中学校の免許状取得にはこのほかに「介護等体験」が必要である。

　「介護等体験」とは，義務教育諸学校の教員になろうという人が，「個人の尊厳と社会連帯の理念に関する認識を深める」ことを目的として，社会福祉施設や特別支援学校で，障害者，高齢者などに対する介護・介助や，そうした人々との交流などの体験を7日間以上行うものである。

4　人間としての教師

　教師の仕事は教師と子どもの人間的ふれあいを基盤としている。それは，教

師の人間性や指導力が直接子どもに作用する場面であるともいえる。子どものその後の成長・発達に，良くも悪くも，大きな影響を与える。したがって，教師自身が常に人間として成長するために学び続けていなければならない。子どもにも，その保護者にも信頼される人間でなければ，この面での指導は成立しない。

　そのためには，幅広い教養を身に付けることが大切である。教師は基本的に知識人である。本を読むのは嫌いだ，新聞は読まないという人は，教師以外の職業を選ぶほうがよいかもしれない。教師をめざす人には，たくさんの本を読んでもらいたい。大学図書館には，一生かかっても読みきれない量の本があり，読まれるのを待っている。また，大学では，人文分野・社会分野・自然分野・芸術・スポーツ・語学など，学問の諸分野にわたり幅広い科目が開講されている。自分の専門分野を深めることはもちろんであるが，さらに多方面にわたって幅広く学習して視野を広め，教養を深めなければならない。

　子どもたちと一緒に歌い，遊び，走ることも教師に必要な能力かもしれない。体育祭，学園祭，遠足，修学旅行など，かなり体力を要する勤務もある。その意味で大学時代に，身体を鍛えておくことも大切である。また，スポーツ，楽器演奏など，何か一つ「特技」といえるようなものを身に付けておきたいものである。

　ある人が次のようなことを言っている。「教師はいつ教師になるんでしょうか」。一見，奇妙に聞こえるかもしれない。免許状を取得し，採用試験に合格すれば，教壇に立ち「先生」と呼ばれる。しかしそれだけで，子ども，保護者から信頼され，教育を任せてもらえるわけではない。

　別の人が若い教師たちに向かってこのようなことを言っている。「あなたたちは，いったいどんな資格があって，他人の子どもを教育するなどという大それたことをしているのですか」。

　簡単に答えられる問いではないが，教師になるために，そして教師になってからも，常に自らに問い続け，常に成長できるように努力を重ねることでしか，答えは見つからないように思う。

さあ，いまこの時から，教師をめざして学び始めよう。

II 読書案内

1. **小島弘道ほか著**『改訂版　教師の条件―授業と学校をつくる力―』学文社，2016
　「教師とはいかにあるべきか」「どのような職業なのか」について，教職の歴史，制度，現状のほか，職務，専門性，力量など，幅広く論じられている。
2. **苅谷剛彦著**『学校って何だろう―教育の社会学入門―』筑摩書房，2005
　著者は，学校についての常識を疑ってかかることから新しい議論が始まるという。中学生向きに書かれた本ではあるが，大人が読んでも面白い。

第1章 子どもの生活と学校

第1節　最近の子どもの生活

第2節　最近の学校の中の子ども

　子どもは6歳で学校に入学し，その後18歳まで多くの時間を学校で過ごすことになる。学校における知識の取得や集団での社会性の獲得は，その後の子どもの社会生活を支える大きな糧となる。

　昨今急減に進んだ情報化社会は，子どもの生活にさまざまな影響を与え，おそらくそれは大人からは想像のつかない新たな社会，ネットワークをつくり出しているであろう。日ごろ子どもたちはどのように生活をし，何を感じて生活をしているのだろうか。教師は子どもを取り巻く現状がいかなる状態であったとしても，子どもの実態にあった援助を行い，支えていくことが求められる。

　本章はさまざまな調査結果を手がかりとして，最近の子どもの生活と学校での様子を概観していく。ここでの調査結果を一つの客観的材料として，子どもの実態とそれを把握する力をつけて欲しい。

第1節　最近の子どもの生活

Ⅰ　生　活

1　子どもの1日

　子どもはどのように1日を過ごしているのだろうか。図1-1をみると，子どもは1日の多くの時間を学校で過ごしていることがわかる。学校は子どもの生活の主要な場所であり，そこで多くのことを学び，社会的な経験を積むことになる。

　子どもの1日が始まる朝の起床時間は，小学高学年生～高校生までおおよそ同じで，6時30分～6時40分ごろで，就寝時間は小学高学年生で21時57分（平均睡眠時間：8時間41分），中学生で22時55分（同：7時間46分），高校生で23時42分（同：6時間54分）となっている（表1-1）。ちなみに朝は小学高学年生から高校生まで約半数の子どもが自分で起きている。

表1-1　起床時刻と就寝時刻（2011年）
（内閣府「平成27年度版　子供・若者白書」2015）

	平均起床時刻 （平日）	平均就寝時刻 （平日）
小学生（10歳以上）	6時38分	21時57分
中学生	6時41分	22時55分
高校生	6時36分	23時42分

図 1-1　1 日の時間配分（2013年）
（ベネッセ教育総合研究所「第2回　放課後の生活時間調査―子どもたちの24時間―　ダイジェスト版[2013]」2015）

2　家庭での学習

　子どもは学校から帰宅し，平日にどのくらい勉強しているのだろうか。次ページ図 1-2 を見ると，宿題をする時間は，小学 5 年生は41.2 分，中学 1 年生は45.5分，中学 3 年生は44.1分，高校 1 年生は49.4分，高校 3 年生は36.1分となっている。一方で宿題以外の勉強時間（次ページ図 1-3）は，小学 5 年生で28.5分，中学 1 年生は46.8分，中学 3 年生では98.8分，高校 1 年生では35.9分，高校 3 年生では107.8分である。子どもの学習時間は，宿題をする時間は各学校段階で変わらないが，宿題以外の時間は受験期に長くなっていることがわかる。

　放課後に塾に通っている割合（p.19, 図 1-4）は，中学生で最も高く，2 人に 1 人以上は塾に通っている。小学生は塾に通う割合は35.1%で，塾に加えて習い事に行っている比率も高く（小学高学年生：80.0%，中学生：41.3%，高

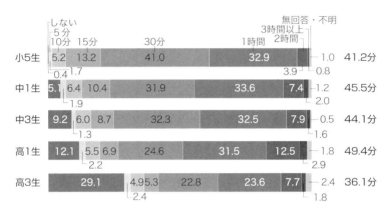

図1-2　学校の宿題をする時間（2013年）
（ベネッセ教育総合研究所「第2回　放課後の生活時間調査―子どもたちの時間の使い方［意識と実態］速報版［2013］」2014）

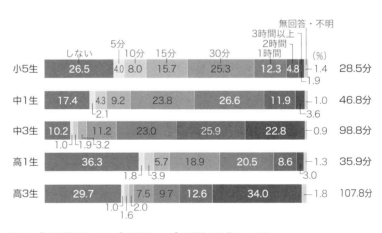

図1-3　学校の宿題以外の勉強をする時間（2013年）
（ベネッセ教育総合研究所「第2回　放課後の生活時間調査―子どもたちの時間の使い方［意識と実態］速報版［2013］」2014）

校生17.6%)、放課後はかなり忙しく過ごしている。そのことが影響しているのか、小学生の半数が「忙しい」、「疲れやすい」と感じ、4人に3人が「もっとゆっくりすごしたい」と答えている（図1-5）。この傾向は中学、高校と学校段階が進むにつれて強くなり、全体的に子どもはゆとりのない毎日を送っているといえる。

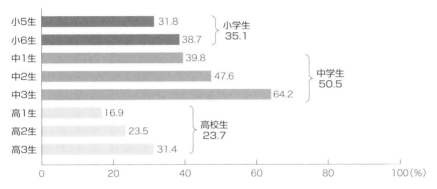

図1-4　学習塾に通う割合（2013年）
（ベネッセ教育総合研究所「第2回　放課後の生活時間調査 ―子どもたちの時間の使い方［意識と実態］速報版［2013］」2014)

※（ ）は、2008年度からの推移。※数値は「とても感じる」+「わりと感じる」の合計

図1-5　生活に対する意識（2013年）
（ベネッセ教育総合研究所「第2回　放課後の生活時間調査 ―子どもたちの時間の使い方［意識と実態］速報版［2013］」2014)

3　携帯電話・スマートフォン

　子どものコミュニケーションツールに携帯電話が使われるようになって十数年以上が経ったが，スマートフォンが普及し，単純に「話をする」という電話機能だけでなく，メールもインターネットもゲームも楽しめるツールとして子ども社会に広がっている。特にSNS（ソーシャルネットワークサービス）といった他者と容易につながることができるコミュニケーション型のwebサイトを使用したチャットや映像をやり取りする子どもが急激に増えている。

　子どもの携帯電話・スマートフォンの普及率はどれくらいだろうか。図1-6をみると，自分専用の携帯電話もしくはスマートフォンを持っている割合は，小学高学年生で55.5%，中学生で66.7%，高校生では97.1%となっている。年々，低年齢の子どもにおいても所有する割合が増えている。こういった携帯電話・スマートフォン，そしてパソコンやタブレット端末など，デジタル端末を用いてどのようなことをしているかについて図1-7に示した。これをみると，中学，高校生はデジタル端末を用いることによって，直接話をするのではなく，電子化された間接的なやり取りによって他者とつながり，見えにくいコミュニケーションが主流になってきていることがわかる。また，携帯電話・スマートフォンの使用時間は，中学生以降でテレビゲームや携帯ゲーム機を抜き，高校生では最も長い時間を費やすツールとなっている（図1-8）。p.22の図1-9は，1日

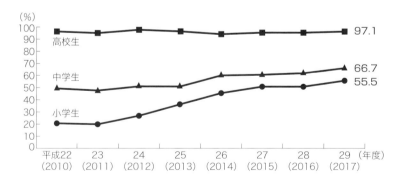

図1-6　スマートフォン・携帯電話の所有・利用状況
（内閣府「平成29年度　青少年のインターネット利用環境実態調査」2018　より作成）

第1節　最近の子どもの生活

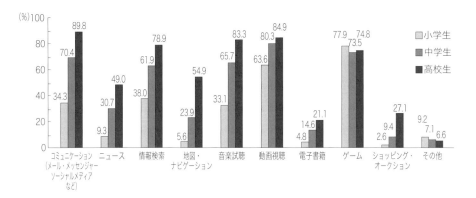

図 1-7　デジタル端末の用途（2017年）
（内閣府「平成29年度　青少年のインターネット利用環境調査」2018　より作成）

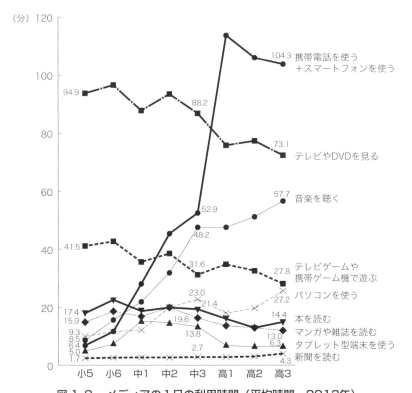

図 1-8　メディアの1日の利用時間（平均時間，2013年）
（ベネッセ教育総合研究所「第2回　放課後の生活時間調査 ―子どもたちの時間の使い方［意識と実態］速報版［2013］」2014）

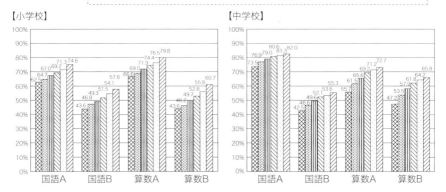

図1-9 携帯電話・スマートフォンでの通話やメール，インターネットと算数・数学・国語の平均正答率との関係（2014年）
（文部科学省・国立教育政策研究所「平成26年度全国学力・学習状況調査 報告書」2014）

あたりの携帯電話・スマートフォンでの通話やメール，インターネットの時間と国語と算数（数学）の成績との関係を示したものである。小学高学年生，中学生の結果のみだが，携帯電話・スマートフォンでの通話やメール，インターネットの時間が長ければ長いほど明らかに成績が悪いことがわかる。

近年では携帯電話・スマートフォンがないと不安で，昼夜を問わずに使用し続ける依存状態や，不特定多数の人との交流によるトラブル，また，子ども同士の悪口やいじめの発生源になるなど，携帯電話・スマートフォンをめぐってさまざまな問題が生じている。これらのトラブルに対して，家庭では子どもに携帯電話・スマートフォンを持たせる年齢を再考すること，事業者は有害情報から子どもを守るためのフィルタリング（有害サイトアクセス制限）サービスの利用を推奨すること，学校ではトラブルに巻き込まれる危険性の認知を高める啓蒙活動を展開することなど，それぞれの立場が連携を取りながらトラブルを回避する対策が必要である。

4 児童虐待

1990年代より児童虐待が社会問題化し，2000年には「児童虐待防止等に関する法律」が施行され，児童虐待の防止が法律として定められた。「児童虐待」とは，保護者（親権を行う者，未成年後見人その他の者で，児童を現に監護するものをいう）がその監護する児童（18歳に満たない者をいう）について行う次に掲げる行為をいう。1. 身体的虐待：児童の身体に外傷が生じ，又は生じるおそれのある暴行を加えること，2. 性的虐待：児童にわいせつな行為をすること又は児童をしてわいせつな行為をさせること，3. ネグレクト：児童の心身の正常な発達を妨げるような著しい減食又は長時間の放置など，保護者としての監護を著しく怠ること，4. 心理的虐待：児童に対する著しい暴言又は著しく拒絶的な対応など，児童に著しい心理的外傷を与える言動を行うこと（同法第2条）。

児童虐待は，増加の一途をたどっており（図1-10），予防，防止策が追いついていっていないのが現状である。平成29年度の調査（厚生労働省，2018）によると虐待の内容は，心理的虐待（54.0%）が多く，次いで，身体的虐待（24.8%）ネグレクト（20.0%），性的虐待（1.2%）となっている。虐待者は，実母（48.5%）が最も多く，次いで実父（38.9%）となっており，子育てに対する多角的な支援が必要である。また虐待を受けた子どもの年齢構成は，小学生（34.0%）が最も多く，次いで3歳〜学齢前（25.6%），0歳〜3歳未満（19.5%），中学生

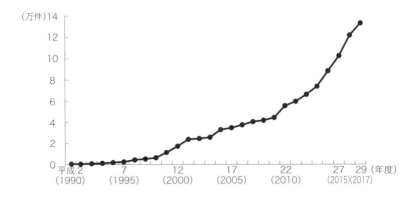

図1-10　児童虐待相談対応件数の推移
（厚生労働省「平成29年度　児童相談所での児童虐待相談対応件数（速報値）」2018）

（14.2%），高校生等（6.7%）となっている。

さきの「児童虐待防止等に関する法律」では，学校の教職員など，児童の福祉に職務上関係のある者は，児童虐待を発見しやすい立場にあることを自覚して児童虐待の早期発見に努めなければならないことが明記されており，さらに児童虐待を受けたと思われる児童を発見した者は，速やかに，市町村，都道府県の設置する福祉事務所もしくは児童相談所に通告しなければならないことも定められている。教師は，児童虐待を発見できる立場にあることを自覚して，日ごろから児童生徒の洋服の汚れや体のアザ，成績の極端な降下などを観察し，より早く危機的な状況に気がつくようにしたい。

Ⅱ 意識

1 自己認識

子どもは自分のことをどのようにとらえているのだろうか。

自分のことを「自信が持てない」と答える子どもは，小学高学年生で33.5％，中学生で46.8％，高校生では56.3％となっている（ベネッセ教育総合研究所, 2014）。自信が持てない子どもは年齢とともに高くなっている。

世界の子どもと日本の子どもを比較した場合，どのような結果になるだろうか。世界7カ国の中学生以上に「自分自身に満足している」かについてたずねた結果をみると（図1-11），日本の中学，高校生は他国と比べて低い結果となった。これは日本の中学，高校生は自分を肯定的にとらえられないとも，また自分自身に求めているものが高いとも考えられるが，他国と比較すると極端に低く，自分に満足していないことは日本の中学，高校生の特徴といえる。

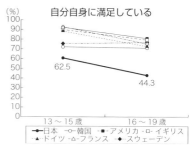

(注)「次のことがらがあなた自身にどのくらいあてはまりますか。」との問いに対し，「私は，自分自身に満足している」に「そう思う」「どちらかといえばそう思う」と回答した者の合計。

図1-11 自分自身への満足度
(内閣府「平成26年度 子供・若者白書」2014)

2　心の状態

　心の状態を取り上げても，他国と比較して日本の子どもは特徴的である。「ゆううつだと感じた」ことをたずねると，日本の中学，高校生は突出して高く，将来への希望も低いことが示された（図1-12）。しかし，ベネッセ教育総合研究所（2014a）がたずねた「毎日が楽しい」ということへの回答では，小学高学年生の86.6%，中学生の81.6%，高校生の78.2%が"とてもあてはまる"，"わりとあてはまる"と回答しており，子ども全般に"ゆううつ"と感じる状態と"楽しい"と感じる状態とが混在しているともいえよう。

3　学習意欲

　勉強に対する子どもの意識はどうだろうか。「勉強が好きかどうか」をたずねると，"とても好き""まあ好き"と回答する小学高学年生は62%である一方で，中学生になるとその割合は37.6％に減ってしまう。中学生は小学高学年生と比較して「上手な勉強の仕方が分からない」「やる気が起きない」「テストで良い点が取れない」と感じている割合が高く（次ページ図1-13），中学生が勉強を好きになれない背景には，勉強にどのように取り組めばよいのかわからないことが影響している側面があるのだろう。

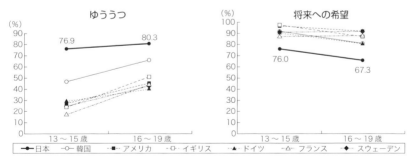

（注）この1週間の心の状態について「次のような気分やことがらに関して，あてはまるものをそれぞれ1つ選んでください。」との問いに対し，「ゆううつだと感じたこと」に「あった」「どちらかといえばあった」と回答した者の合計。

（注）「あなたは，自分の将来について明るい希望を持っていますか。」との問いに対し，「希望がある」「どちらかといえば希望がある」と回答した者の合計。

図1-12　ゆううつ感，および将来への希望
（内閣府「平成26年度　子供・若者白書」2014）

中学生の学習方法の特徴は、「成績上位×学習時間が短い」中学生と「成績下位×学習時間が長い」中学生を比べた場合、「何が分かっていないか確かめながら勉強をする」「○つけをした後に解き方や考え方を確かめる」などで差異があり（図1-14）、「成績上位×学習時間が短い」中学生ほど、勉強でわからない点や考え方を振り返りつつ学習していることがわかる。教師としては、学習内容のみならず、学習方法についてもしっかり教えることが必要である。

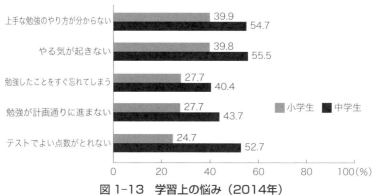

図1-13　学習上の悩み（2014年）
（ベネッセ教育総合研究所「小中学生の学びに関する実態調査　速報版」2014）

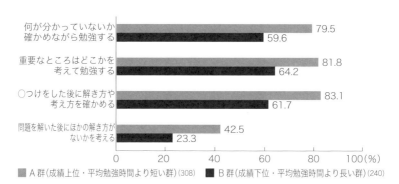

注1　「よくある」＋「ときどきある」の％。
注2　成績の自己評価から総得点を算出し、さらに「成績上位」・「成績中位」・「成績下位」と3分割した。平日の家での勉強時間「ほとんどしない」「15分くらい」～「6時間以上」から平均勉強時間を算出し、「平均勉強時間より長い群」と「平均勉強時間より短い群」と2分割した。成績と平均勉強時間をかけ合わせた6群のうち、「成績上位・平均勉強時間より短い群」と「成績下位・平均勉強時間より長い群」の数値を図示した。

図1-14　学習方法と成績の関係（2014年）
（ベネッセ教育総合研究所「小中学生の学びに関する実態調査　速報版」2014）

第2節 最近の学校の中の子ども

I 学校と子ども

1 学校の楽しさ

　近年学校は、いじめや不登校、学級崩壊など、問題が山積みされている。実際に児童生徒は学校をどう思っているのだろうか。「学校に行くのは楽しいと思いますか？」とたずねた結果をみると、彼らの83%～86%が"そう思う""どちらかと言えば、そう思う"と答えている（文部科学省, 2014）。したがって多くの子どもは学校生活を楽しく過ごしているといえる。

　また、「学校生活で、友達関係など悩みを抱えたら、だれに相談することが多いですか」との質問では、小学高学年生では"家の人（47.3%）"が最も多く、次いで"友達（26.5%）"、中学生では"友達（45.4%）"が最も多く、次いで"家の人（23.5%）"であった（文部科学省, 2014）。発達に沿って、中学生は親から離れつつあり、友達との密な関係が重要となっているのだろう。ちなみに、"学校の先生"と回答した小学高学年生は4.5%、中学生は2.9%で、学校の教員は気軽に相談できる相手にはなっていないようである。しかし、別の調査（NHK放送文化研究所, 2013）ではあるが、「担任の先生が自分のことをよくわかってくれていると思うか」をたずねた結果では"わかってくれている"と回答した中学生が85%、高校生は83%であり、中学、高校生にとって教師は、自分たちを理解してくれる存在として認識されている。

2 部活動

中学，高校時代を振り返ると，部活動を思い出す人も多いのではないだろうか。現在の中学，高校生の部活参加率は図1-15をみると，受験直前の3年生を除いた場合，中学1，2年生の約90%が，高校1，2年生の約75〜80%前後が部活動を行っている。部活動の種類としては中学生の65%程度，高校生の40〜50%程度が運動部である。部活は現在でも盛んに行われ，子どもにとっては体力をつけること，先輩・後輩の関係を学ぶこと，達成感を得ること，チームで努力し助け合うことなどこの時期の得るべき課題を多く提供してくれる。

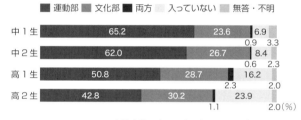

図1-15　部活動の加入率（2018年）
（木村治生「第1回 部活動の役割を考える　子どもたちに適切な活動の機会を提供するために　その1」ベネッセ教育総合研究所，2018　より作成）

II　生徒指導上の問題

1　不登校

学校に行かない児童生徒の報告は，日本においては1950年代ごろから見られるようになり，1970年以降「登校拒否」と呼ばれるようになった。その後，1980年代後半からその人数が徐々に増加し，それとともに広く学校に行けないあるいは行かない状態を指すものとして「不登校」という用語が一般化している。文部科学省の調査でも1999年から「不登校」という名称を用いるようになり現在にいたっている。

文部科学省は例年，「児童生徒の問題行動等生徒指導上の諸問題に関する調査」において，不登校の児童生徒数を発表している。ここでいう「不登校」とは，年間30日以上の欠席がある児童生徒の中で，「何らかの心理的，情緒的，身体

的，あるいは社会的要因・背景により，児童生徒が登校しないあるいはしたくともできない状況にあること(ただし，病気や経済的な理由によるものを除く)」を指している。その現状をみていくと（図1-16），平成29年度は小学校では35,032人（0.54％），中学生では108,999人（3.25％）で，小学生で185人に1人，中学生で31人に1人となり，実に中学校では学級に1名は不登校生徒がいるこ

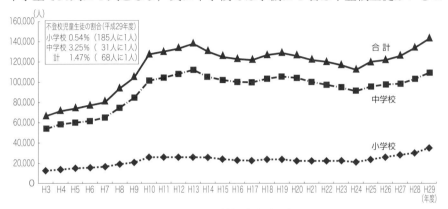

図1-16　不登校児童生徒の推移
（文部科学省「平成29年度児童生徒の問題行動・不登校等生徒指導上の諸問題に関する調査について」2018）

図1-17　学年別不登校児童生徒数（2017年）
（文部科学省「平成29年度児童生徒の問題行動・不登校等生徒指導上の諸問題に関する調査について」2018）

とになる。さまざまな施策や取組みを行っているものの，不登校児童生徒数はこの約20年，減少したかと思うと増加し大きな変化がないのが現状である。

　学年による不登校の数をみると（前ページ図1-17），小学1年生から学年とともに年々増え続けている。特に小学6年生と中学1年生の間で不登校児童生徒数が大きく増加し，中1ギャップと言われる学校段階間の環境移行による課題が指摘されている。おそらく中学校で顕在化した問題は，それ以前から潜在的に存在している場合が多いのではないだろうか。小学校から中学校への移行に当たり，学校間のより細かい情報伝達，連携を充実させて，問題を未然に防ぐことが求められている。

　不登校の要因としては「『不安』の傾向がある（小学校36.8％，中学校30.6％）」，「『無気力』の傾向がある（小学校27.7％，中学校32.1％）」が多く，それらの背景として，不安の傾向については，「家庭に係る状況（小学校46.1％，中学校25.7％）」，「いじめを除く友人関係をめぐる問題（小学校21.7％，中学校29.2％）」が，無気力の傾向については「家庭に係る状況（小学校67.6％，中学校38.4％）」，「学業の不振（小学校20.1％，中学校31.5％）」があげられている（文部科学省，2018）。また，小学，中学校とも不登校後，30％ほどの児童生徒が指導の結果学校に復帰している。文部科学省（2014）の報告によると，その措置で最も有効だったこととして，小学校で「登校を促すため，電話をかけたり迎えに行くなどした」，中学校で「家庭訪問を行い，学業や生活面での相談に乗るなどさまざまな指導・援助を行った」であった。教師がいかに子どもと接点を持ち，粘り強くかかわっていくかが，学校復帰への一つの鍵となっている。

　なお，不登校に対する基本的な考え方としては，以下の点があげられている（文部科学省，2015）。

① 将来の社会的自立に向けた支援の視点
　　不登校の解決の目標は子どもたちの将来的な「社会的自立」であり，不登校は「心の問題」のみならず「進路の問題」であるとの認識に立つこと。
② 個別の児童生徒に対する組織的・計画的支援

個々の児童生徒ごとに不登校となったきっかけや不登校の継続理由が異なることから，それらの要因を適切に把握し，個々の児童生徒に合った支援策を策定し，組織的・計画的に実施していくこと。
③　連携ネットワークによる支援
児童生徒の状態や必要としている支援を適切に見極め，適切な支援と多様な学習の場を提供するために学校，地域，家庭で密接な連携を取ること。
④　将来の社会的自立のための学校教育の意義・役割
義務教育段階の学校・教育機関はすべての児童生徒が学校に自己を発揮できる場があると感じ，楽しく通うことができるよう，一層の充実のための取組を展開していくこと。
⑤　児童生徒の可能性を伸ばす学校の柔軟な対応
既存の学校教育になじめない児童生徒については，場合によっては社会的自立を促す観点から教育支援センター，ICTを使った学習支援やフリースクールなど，さまざまなツールを活用した社会的自立への支援を検討する必要があること。
⑥　働き掛けることや関わることの重要性
児童生徒の自立する力をただ待つだけでなく，主体的な社会的自立や学校復帰に向けて，周囲のものが状況をよく見極め，適切な働きかけをすること。
⑦　学校内外を通じた切れ目のない支援の充実
学校内外全体として教育環境を整え，個々の児童生徒の状況に応じた支援を推進すること。
⑧　保護者の役割と家庭への支援
不登校解決のために保護者がその役割を適切に果たすことができるよう，保護者との共通する課題意識の下で連携をはかること。

最近では，上記「②　個別の児童生徒に対する組織的・計画的支援」に関して，学級担任，養護教諭，スクールカウンセラー，スクールソーシャルワーカー等が中心となり，児童生徒や保護者との話し合いを通して「児童生徒理解・教育支援シート」を作成，活用することが進められている。また「③　連携ネットワークによる支援」としては，不登校児童生徒の学校外での居場所として，「教育支援センター（適応指導教室）」の利用があげられ，そこでは在籍校と連

携を取りつつ，小集団での指導や教科指導を行い，そこでの出席が在籍校での出席扱いになるなど，児童生徒の様態に合わせて対応している。また，中学卒業後の進路としては，通信制高校を始めさまざまな種類の高校が設置されており，不登校児童生徒の「進路の問題」はかつてより柔軟な形で対応することが可能となっている。

　ではかつて不登校だった児童生徒は不登校経験をどのようにとらえ，その後どのような生活をしているのだろうか。平成18年度に不登校だった児童生徒に対して5年後に実施した調査（不登校生徒に関する追跡委員会, 2014）では，彼らがインタビューにおいて不登校経験を振り返り，"行かないことも意味があった"という肯定的な回答は32.6%，"行けば良かったと後悔している"という否定的な回答は39.4%，"仕方がない又は考えないようにしている"という中立的な回答は28.1%という結果であった。また，彼らのその後の進学状況を確認すると，高校進学率は85.1%，大学・短期大学・高等専門学校への就学率は22.8%，専門学校・各種学校への就学率は14.9%であった。

　これらの状況をみると，不登校児童生徒に対して在籍中の学校復帰を促すのみならず，場合によっては進学指導に力を入れ，長い将来を見据えた支援をしていくことが必要である。

2　い じ め

　「いじめ」が大きな社会問題として取り上げられるようになったのは1980年代のことである。当時は日本独特の現象ととらえられがちであったが，その後，北欧やイギリスなど各国でいじめが報告されるようになり，現在では多数の社会に共通して見られる現象であることがわかっている。

　日本では，いじめをめぐって児童生徒が自殺する事態が生じており，大きな社会問題として認識されるようになってから長く経過している。いっこうに改善されない状況を受けて2013年に「いじめ防止対策推進法」が公布された。この法律は，いじめ防止のための対策に関し，基本理念を定め，国および地方公共団体等の責務を明らかにすることで，いじめ防止対策を総合的かつ効果的に

推進することを目的としている。今後，いじめ防止に対しては国，各地方公共団体，各学校で方策を立て，より具体的に積極的に実施していくことが求められている。なお，この法律においていじめとは「児童等に対して，当該児童等が在籍する学校に在籍している等当該児童等と一定の人的関係にある他の児童等が行う心理的又は物理的な影響を与える行為（インターネットを通じて行われるものを含む。）であって，当該行為の対象となった児童等が心身の苦痛を感じているものをいう」としている。

日本におけるいじめの現状をみていくと，平成29年度のいじめの認知件数は414,378件（小学校317,121件，中学校80,424件，高校14,789件，特別支援学校2,044件）となっている（図1-18）。いじめの件数をどのように把握するのかによって認知件数に大きな差異が生じてしまい，実際数を把握することはなかなか難しいのが現状である。

学年別のいじめの認知件数をみると（次ページ図1-19），小学1年〜5年生，中学1年生で多く，その後は減少することがわかる。いじめの態様としては，

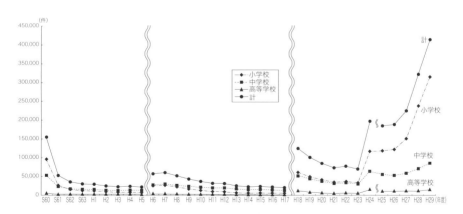

注1　平成5年度までは公立小・中・高等学校を調査。平成6年度からは特殊教育諸学校，平成18年度からは国私立学校，中等教育学校を含める。
注2　平成6年度及び平成18年度に調査方法等を改めている。
注3　平成17年度までは発生件数，平成18年度からは認知件数。
注4　平成25年度からは高等学校に通信制課程を含める。

図1-18　いじめの認知（発生）件数の推移
（文部科学省「平成29年度児童生徒の問題行動・不登校等生徒指導上の諸問題に関する調査について」2018）

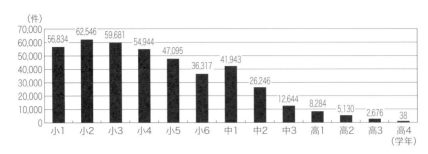

図 1-19　学年別いじめの認知件数のグラフ（2018年）
（文部科学省「平成29年度児童生徒の問題行動・不登校等生徒指導上の諸問題に関する調査について」2018）

全ての学校段階で「冷やかしやからかい，悪口や脅し文句，嫌なことを言われる」が最も多くなっており（小学校61.4％，中学校65.7％，高等学校62.5％，特別支援学校53.7％），学校でのいじめは口頭による直接的ないじめが多い。

また，いじめの発見のきっかけについては全ての学校段階で「アンケート調査など学校の取組により発見」（小学校56.7％，中学校37.4％，高校52.7％，特別支援学校42.3％）が最も多い。これ以外にも「本人からの訴え」（小学校16.1％，中学校24.3％，高校22.7％，特別支援学校20.9％）が多くなっている。いじめの早期発見，早期対応には定期的なアンケート調査や個別の教育相談の実施など，学校側の工夫が不可欠である。

また，「いじめ防止対策推進法」の中で，学校，国および地方公共団体に対して以下のことが求められている。

1　学校の設置者及び学校が講ずべき基本的施策として(1)道徳教育等の充実，(2)早期発見のための措置，(3)相談体制の整備，(4)インターネットを通じて行われるいじめに対する対策の推進を定めるとともに，国及び地方公共団体が講ずべき基本的施策として(5)いじめの防止等の対策に従事する人材の確保等，(6)調査研究の推進，(7)啓発活動について定めること。
2　学校は，いじめの防止等に関する措置を実効的に行うため，複数の教職員，心理，福祉等の専門家その他の関係者により構成される組織を置くこと。
3　個別のいじめに対して学校が講ずべき措置として(1)いじめの事実確認，(2)いじめを受けた児童生徒又はその保護者に対する支援，(3)いじめを行った児

童生徒に対する指導又はその保護者に対する助言について定めるとともに，いじめが犯罪行為として取り扱われるべきものであると認めるときの所轄警察署との連携について定めること。
4 懲戒，出席停止制度の適切な運用等その他いじめの防止等に関する措置を定めること。

　この法律のもと，各学校におけるいじめ防止への具体的な取組みはまだ始まったばかりである。

〈参考資料〉
ベネッセ教育総合研究所「第2回　放課後の生活時間調査―子どもたちの時間の使い方［意識と実態］速報版［2013］」2014a
　（http://berd.benesse.jp/up_images/research/2014_houkago_all.pdf）
ベネッセ教育総合研究所「第2回　放課後の生活時間調査―子どもたちの24時間―ダイジェスト版［2013］」2014b
　（http://berd.benesse.jp/up_images/research/file_all.pdf）
ベネッセ教育総合研究所「小中学生の学びに関する実態調査　速報版［2014］」2014
　（http://berd.benesse.jp/up_images/research/Survey-on-learning_ALL.pdf）
不登校生徒に関する追跡調査研究会「不登校に関する実態調査―平成18年度不登校生徒に関する追跡調査報告書」2014
　（http://www.mext.go.jp/component/a_menu/education/detail/_icsFiles/afieldfile/2014/08/04/1349956_02.pdf）
木村治生「第1回　部活動の役割を考える　子どもたちに適切な活動の機会を提供するために　その1」ベネッセ教育総合研究所，2018
　（https://berd.benesse.jp/special/datachild/comment01.php）
厚生労働省「平成29年度　児童相談所での児童虐待相談対応件数（速報値）」2018
　（https://www.mhlw.go.jp/content/11901000/000348313.pdf）
厚生労働省「平成28年度福祉行政報告例の概況」2017
　（https://www.mhlw.go.jp/toukei/saikin/hw/gyousei/16/dl/gaikyo.pdf）
文部科学省「不登校児童生徒の支援に関する中間報告」2015
　（http://www.mext.go.jp/component/b_menu/shingi/toushin/_icsFiles/afieldfile/2015/09/07/1361492_01.pdf）
文部科学省「平成29年度児童生徒の問題行動・不登校等生徒指導上の諸課題に関する調査結果について」2018
　（http://www.mext.go.jp/b_menu/houdou/30/10/__icsFiles/afieldfile/2018/10/25/1410392_1.pdf）

(http://www.mext.go.jp/b_menu/houdou/30/10/__icsFiles/afieldfile/2018/10/25/1410392_2.pdf)
文部科学省・国立教育研究所「平成26年度全国学力・学習状況調査　報告書」2014　(http://www.nier.go.jp/14chousakekkahoukoku/report/data/qn.pdf)
文部科学省・国立教育研究所「平成27年度全国学力・学習状況調査　報告書」2015（https://www.nier.go.jp/15chousakekkahoukoku/report/data/qn.pdf）
内閣府「特集今を生きる若者の意識―国際比較からみえてくるもの―」「平成26年度版　子供・若者白書」2014
内閣府「平成27年度版　子供・若者白書」2015
内閣府「平成29年度　青少年のインターネット利用環境実態調査」2018
　(http://www8.cao.go.jp/youth/youth-harm/chousa/h29/net-jittai/pdf-index.html)
NHK放送文化研究所編『NHK中学生・高校生の生活と意識調査 2012　失われた20年が生んだ"幸せ"な十代』NHK出版，2013
東京大学社会科学研究所・ベネッセ教育総合研究所共同研究「子どもの生活と学びに関する親子調査2017」2017
　(https://berd.benesse.jp/up_images/research/All_oyako_tyosa_2015_2017_web.pdf)

演習問題

1．自分の小学校，中学校，高校時代をそれぞれ思い出して，その当時最も関心があったことを書いてみよう。
2．学校で楽しかったこと，つらかったことを思い出して書いてみよう。
3．教師として，自分のクラスのいじめ防止のための対策，いじめの発見のための対策を考えてみよう。

第2章 教師の仕事

第1節　学習指導
第2節　生徒指導・進路指導
第3節　教育相談
第4節　学級経営

　教師の仕事には,専門の教科指導はもとより,学級（ホームルーム）担任として,教科となった道徳,総合的な学習の時間,学級（ホームルーム）活動の指導,子どもの生徒指導,学校行事への参加・指導,保護者や地域社会との連携・協力など,多様な仕事がある。
　こうしたさまざまな仕事を通して,子どもの知的発達,人格形成,社会性の発達を支援・促進する立場の教師には,それにふさわしい資質・能力が求められる。
　そこで本章では,教師の仕事を,「学習指導」「生徒指導・進路指導」「教育相談」「学級経営」の視点から明らかにしていくことにする。

第1節 学習指導

I 学習指導の意義と役割

　一般に「学習（learning）」は，一定の経験（観察，訓練，練習，活動など）によって，行動様式が永続的，進歩的，向上的，価値的に変容することをいう。「学習」には，日常の生活経験の中で自然に習得するものもあれば，他者の意図的・計画的な働きかけによって達成されるものもある。例えば，母語を話す能力は，言語が使用される環境の中にいれば，自然に習得されるのが普通であるが，母語の読み書き能力は，学習のための材料が用意され，一定の指導がなされることによって初めて獲得されるのが普通である。

　このように，日常の生活経験だけでは得ることが難しい知識や技能，価値等を習得させるため，意図的・計画的に「学習」を組織し，目標の達成を図るのが「学習指導」である。

　とりわけ，学校における「学習指導」は，文化を媒介として，子どもが知識・技能・態度などを効果的に獲得するよう指導することを意味する。こうした「学習指導」は，各教科の授業を通して行われることが多い。

　これに対して「生徒指導」は，子どもの人格的発達を促すために，教師が直接子どもの人格に働きかけ，指導する行為である。子ども一人一人の社会性や道徳性を伸ばすことが目的であるから，これらは主として教科外活動，例えば学級活動や個別指導を通して行われることが多い。

　ただし，「学習指導」と「生徒指導」は，教科と教科外という領域概念ではなく重要な教育機能であるから，教師の行う指導行為の2つの側面ととらえた

ほうが実際に近い。例えば、「特別の教科　道徳」や国語科の文学教材を通して読解能力と同時に、子どもの人格的発達を促すこともあるし、学級会の議論を通して社会性と同時に言語的能力を高める場合もあるからである。このように子どもの知的発達と人格的発達は不可分の関係にあるため、教師はさまざまな場面を用いてこの両者の発達をめざすことになる。

Ⅱ　学習指導の目的と方法

1　学習指導の前提

　学習指導を始める前に、教師が、あらかじめ知っておかなければならないことがある。それは、学習の「レディネス」「発達課題」、そして「発達の最近接領域」である。

　まず、学習の「レディネス」とは、ある学習を可能にし、その効果を高めるのに最も適した心身の準備状態をいう。レディネスには、身体的、認知的、社会的、情緒的なものがあり、それぞれの子どもによって個人差が見られる。したがって、一定のレディネスがない状態で学習を開始すると、学習につまずくことが多い。また、学習の目標がレディネスをはるかに下回っていても、学習者は学習に関心を示さない。

　また「発達課題」とは、個人が生涯の各段階で学ばなければならないさまざまな課題のことであり、各個人の身体的な成熟や発達要求、所属する社会や集団の要請（市民として社会参加するための資質・能力）など、さまざまな要素の相互作用から生じてくるものである。

　さらに「発達の最近接領域」とは、ロシアの心理学者ヴィゴツキー（Vygotsky, L.S. 1896-1934）が提唱した概念で「まだ完全には到達していないが、現在発達しつつある領域」のことである。つまり、現在は独力ではできないが、他者の援助があれば解決できる発達の領域である。例えば、逆上がりを思い浮かべてみよう。まだ完全に一人では回れないが、だれかに少し押してもらえれば回れるという段階がある。これがその子どもにとっての「発達の最近接領域」である。

したがって、教師が立てる学習指導上の目標は、この「発達の最近接領域」から離れていてはいけない。レディネスと発達課題を把握し、子どもにとって「発達の最近接領域」がどこにあるかを見極めたうえで、目標設定や教材分析を行うことが重要である。

2 学習指導と指導過程

学習指導には、いくつかのプロセスがある。その流れをみてみよう。

(1) 目標設定・目標分析

学習指導の最初の仕事は、まず目標設定もしくは目標分析である。学校教育においては、学習指導要領が各教科および各学年の目標を大まかに設定しているため、教師はまず、この目標を学校および学級の実情に合わせて「目標分析」する。そして、各学年および各教科の大きな目標を、各学級に合った学期や単元、授業ごとの小さな目標へと再度「目標設定」していくことになる。

(2) 教材分析・教材作り

学習指導の次の仕事は、教材分析と教材・教具作りである。一般的には教科書および副教材が教材分析のおもな対象であるが、子どもの実態や目標に即してあらたに教材を作る場合があり、これを「教材作り」という。教材を分析するときの視点としては、学習目標に適合しているか、また年間指導計画上の位置づけが適切か、さらに授業で展開しようとしている学習活動との整合性はどうか、などがあげられる。

(3) 動機づけ

さらに学習指導に欠かせない教師の仕事として、「動機づけ」がある。「動機づけ」とは、「ある行動を引き起こし、その行動を持続させて一定の方向に導く過程」（辰野千壽、2005）と定義されている。「動機づけ」が学習指導上重要なのは、その成否によって学習意欲が高まる場合もあれば、そうでない場合もあるからである。動機づけの方法には、大きく分けて①外発的動機づけ、②内発的動機づけの2つがある。

① 外発的動機づけ

外発的動機づけとは，賞罰や競争など他者からの誘因によって学習活動を促進しようとするものである。「賞罰」の代表的なものは，教師や親などが与える賞賛や叱責などである。概して賞賛は，年少児や学業不振児，自己肯定感の低い子どもなどに有効で，叱責は比較的年長の子どもや優秀児，自信のある子どもなどに効果的だと言われている。ただし，安易な活用には問題がある。なぜなら，罰が機能しない場面（例えば教師や親が見ていない場面）では，むしろ抑制効果がはずれることが多く，本質的な改善には結びつかないからである。また，罰を与えることが日常化すれば，教師は子どもにとって監視・懲罰者の役割しか果たさないことになる。また，賞罰自体が学習の目的となり，学習本来の意味が見失われるという危険性もある。子どもの学習の改善点を見つけ，さらに学習を促進しようとするのならば，賞罰よりもむしろ適切な「評価」と他者からの「承認」が重要である。

② 内発的動機づけ

内発的動機づけとは，学習者自身が学習に楽しさや面白さを見いだし，自主的に学習を欲することである。内発的動機づけの中心をなすのは，知的好奇心である。知的好奇心とはそもそも，生死には直接関係がない知識や情報であっても，未知の事柄に興味をもってそれを求める傾向をいう。例えば，すでにもっている知識に反する現象を提示されたとき，人は驚きや疑問を抱くが，同時にその真偽や根拠を知りたくなる。これが知的好奇心である。

内発的動機づけには，知的好奇心以外にも「自己決定感」「向上感・有能感」「自尊感情」「他者受容感」などがある。自己決定感をもたせるには，学習課題や学習方法を学習者自身が選ぶという方法がある。また，向上感や有能感を高めるには，たとえわずかであっても以前の状態と学習後の状態との間の進歩をとらえる「評価」が重要である。他者受容感とは，自分が仲間などから受け入れられているという実感をもつことであるから，学習の成果を教え合うなどの活動が有効である。

これらの情意的・社会的誘因によって学習が内発的に動機づけられたとき，学習意欲は高まり，学ぶことの意味が子ども自身に発見されていくのである。

3　学習指導と学習形態

　一般に，学習のための基本的集団は「学級」であるが，学級＝学習集団ではない。日本の学校教育においては，学級は生活集団としての性格も帯びている。近年，算数・数学などの特定の教科において習熟度別学級編成が行われているが，この場合も，これら特定教科を除けば「学級」は生活集団である。したがって，学習集団・学習形態をどのように組織するかは，学習の目標や教材，指導法にかかわる重要な問題である。ここでは，学習集団の形態から「一斉学習」「小集団学習」「個別学習」の3つに分類し，それぞれの特徴をみてみよう。

(1)　一斉学習

　一斉学習とは，教師が学級を基盤として行う一斉授業による学習形態である。これは，近代学校の成立と普及に伴って求められた学習内容の普遍化と学習の効率化を背景に誕生したものである。一斉学習は，すべての子どもが，共通の学習目標・教材・学習方法で学ぶため，ややもすると，子どもたちを受身にし，学習を画一化する危険性をはらんでいる。しかし，教師の発問や提示の仕方しだいでは，多様な子どもの間で異質な意見が出て，それらが相互にぶつかることで練り上げられ，協働して真理に到達することができる学習形態でもある。ただし，個々の子どものレディネスやニーズは多様で，「発達の最近接領域」も異なることから，一人一人の子どもの学習を効率的に促すためには，後述する「小集団学習」「個別学習」を弾力的に取り入れることが必要となってくる。

(2)　小集団学習

　小集団学習は，学級を少人数（一般的には5〜6人まで）のグループに分けて学習活動を行う形態で，日本の学校教育の中では「班学習」と呼ばれてきたものがこれに当たる。小集団学習の特徴は，メンバーが少人数であるために，それぞれの子どもが気軽に活動に参加し，発言しやすい状況が生まれること，また，子どもたちの教え合い，学び合う活動を促し，協力的な関係を生み出すのに役立つということである。ただし，この学習形態を用いるにあたっては，各グループで何のために，どのような活動を行うのかを明確にしておくこと，さらに小集団学習の成果を学級に戻して相互に批評し，高め合う機会をつくる

ことが重要である。

(3) **個別学習**

　個別学習は，子ども一人一人の興味や関心，レディネス，発達の最近接領域などに従って，個人で学習する形態である。個別学習のねらいには，大きく分けて2つある。

　1つは，レディネスの違いに対応し，一斉学習を補完するための個別化である。一斉学習や小集団学習では対応できないような子どもの個人差やつまずきなどをカバーする場合がこれに当たる。個別の教材を用意したり，個別の指導時間を設けたりすることもある。授業モデルとしては，「完全習得学習」や「プログラム学習」などがある。

　もう1つは，興味や関心の違いに対応し，一斉学習を発展・応用させるための個別化である。自由研究や課題選択学習のように，学習課題を子どもが自由に選び，さまざまなメディアや素材を用いながら学習を進めていく場合がこれに当たる。

　特に，インターネットやコンピュータ情報端末，タブレット端末の普及によって，個別学習の可能性は高まっており，学習者の学習状況をチェックしたり，支援したりする働きをコンピュータが担う学習形態（CAL: Computer-Assisted Learning）も広がった。これらを活用すれば，個別学習を効果的に進めることも可能になっているが，これに依存しすぎれば，学習者が特定のソフトやウェブサイトから偏った世界観の影響を受ける危険性もあり，情報リテラシーを含めた総合的なICT活用教育の必要性が増大している。

4　学習指導の評価──診断的評価・形成的評価・総括的評価

　学習指導の評価とは，学習者の学習活動が発達課題の解決に向けて円滑に進んでいるかどうかを分析し，指導の改善を図るためのものである。したがって，それは「学習の評価」が中心であるが，学習者を評価することが目的ではない。

　学習指導の評価には，大きく分けて3つの段階がある。

　1つめは，学習を開始する前に行う「**診断的評価**」である。これは，予定し

ている学習目標や学習活動に対して，それぞれの学習者がどのくらいレディネスをもっているかを調べるためのものである。具体的には，学年や学期の始めに，既習事項がどの程度定着しているかをテストやアンケートなどで調査する。その結果，既習事項が十分に定着していない子どもには個別指導を行ったり，特別な課題を出したりすることで，新しい単元に向けレディネスを確保するのである。

　2つめは，単元や学習項目を学習している途中で行う**「形成的評価」**である。これは，学習が順調に進行しているかどうかを確認するための評価である。例えば，毎時の終了間際に確認のための小テストを行うことによって，教師は，それぞれの子どもがその日の学習目標に到達したかどうかを知ることができる。もし学習項目のどこかでつまずいていたとしても，どこでつまずいているかがわかれば，回復の手だてをすぐに講じることができるのである。また，多くの子どもが目標に到達できなかった場合は，教材や指導法にどこか問題はなかったか，そもそも学習目標自体が子どもの発達の最近接領域を超えていたのではないか，など指導の改善につなげることができる。

　3つめは，単元や学期の終了直前に行う**「総括的評価」**である。これは，あるまとまった学習の成果を測ることにより，それまでの学習活動によって最終的にどのような力が身に付いたかを，子どもと教師それぞれが確認するためのものである。テストで行う場合もあるが，子どもにまとめの作文を書かせたり，学習の成果を発表させたりする方法もある。また，そうした学習の成果を文集や新聞などにまとめたり，批評し合ったりすることによって，それまでの学習の意味を学級で共有するという方法もある。それによって，子ども自身が発達の過程を確認するとともに，次の学習への動機づけとなる。

　このように，学習指導を進めるうえで「評価」は大きな役割を担っている。学習指導は，計画立案→実施→評価→計画改善という一連のサイクルによって成り立っており，指導の改善にとって評価は不可欠なのである。

Ⅲ 学習指導論の歴史的変遷

 何をどこまで教えるのか，どのように教えるのかという学習指導論の問いは，時代や社会の要請に応える形で変化を遂げてきた。ここでは，戦後日本の学習指導論がどのような考え方を経て，現在に至ったのかをみてみよう。

1 経験重視の学習指導

 戦後日本の新教育では，教師が特定の知識や価値を絶対的真理として教え込む「注入主義」的な教育（「インドクトリネーション（indoctrination）」と呼ばれる）をどのように克服するかが重要な課題とされた。この課題の解決のために導入されたのが，アメリカの経験主義の理論，とりわけデューイ（Dewey, J. 1859-1952）やキルパトリック（Kilpatric, W.H. 1871-1965）の理論である。デューイは，1896年にシカゴ大学に実験学校を設立し，「生活を通して，生活との関連において学ぶ」ことを主張し，学校での教育を「経験の再構成」として定義した。また，こうした学校での学習経験が，社会での労働経験や地域の社会経験と連続することによって民主主義の共同体を準備すると提唱した。

 こうしたデューイの理論をさらに発展させたキルパトリックは，「プロジェクト・メソッド」と呼ぶ問題解決型の学習活動を考案した。「プロジェクト・メソッド」とは，構案法とも呼ばれ，子どもたち自身が課題を見つけ，目標・計画を立て，遂行し，それを評価していく協働作業のことである。

 日本の最初の学習指導要領である1947年版は，こうした経験重視の考え方に基づくアメリカの「バージニア・プラン」を参考に作成された。これらのカリキュラムでは，子どもの発達段階に即した学習の順序（シークエンス）を縦軸に，現実の社会生活に対応した学習の範囲（スコープ）を横軸にとって，学習内容を構造化した。シークエンスとスコープの交差するところに，「単元」を置くのである。

 しかしこうした経験重視の学習指導は，1950年代になると，生活や経験的事

実によって何を学習させようとするのかが不明確であると批判が高まり、「はいまわる経験主義」と呼ばれることになった。ただその後も「プロジェクト学習」や「総合的学習」などの指導方法に、経験重視の考え方は生かされている。

2　系統重視の学習指導

1950年代後半になると、経験重視の学習指導では基礎学力が低下するとの批判がますます強まり、一方で系統を重視した学習指導に対する期待が高まった。その背景には、高度経済成長を支えるために科学技術の高度化を担う人材の育成が急務となってきたことがある。

1957年に当時のソビエト連邦が史上初の人工衛星打ち上げに成功すると、これがアメリカに大きな衝撃を与え（いわゆる「スプートニクショック」）、経験重視の教育を見直し、教育に現代科学の成果を取り入れ、刷新しようとする「教育の現代化」の動きがさらに進んだ。

1958年に改訂された学習指導要領では、上述のような反省に立って、教科の系統性を重視した教育課程が編成された。それは、教科の内容を学問の体系に則して系統化したうえで、その系統化された内容について順序よく学習を進めていくことを重視する立場である。こうした立場に理論的影響を与えたのが、アメリカの認知心理学者ブルーナー（Bruner, J.S.）である。ブルーナーは、彼の著書 "The Process of Education"（1960、邦訳『教育の過程』1986）で、知識の構造化を提唱し、学習には「構造」と呼ばれる学問の基本的な概念や法則、原理がとりわけ重要であること、これら「構造」を子どもが発見していく「発見学習」が有効であることなどを説いた。こうした系統重視の学習指導と教育内容の現代化の流れは、日本においては、1968年の小学校学習指導要領の改訂、1969年の中学校学習指導要領改訂と続くことになった。

3　人間性重視の学習指導

高度経済成長の時代が終わり1970年代に入ると、それまでの高度化、効率化を追求した「教育の現代化」路線に対する見直しが進み、「ゆとりと充実」をキー

ワードとする人間性重視の教育への転換が図られるようになる。「教育の現代化」は知的優秀性を高めるうえでは効果的であるが，反面で高度な授業内容についていけない学習者を多数生み出し，校内暴力や非行の増加を招いたとする見方が広がったからである。また，このころアメリカでも，全米教育協会（NEA）の "Curriculum for the Seventies"（1970，邦訳『人間中心の教育課程』1976）等が大きな反響を呼び，人間性重視の教育への転換が追求されるようになったことも影響している。

これらは，具体的には，子どもの知的側面と情意的側面をバランスよく育てる「平行カリキュラム」の考え方として構想された。また，学習指導の形態としては，個別指導や個人差に応じた指導，小集団学習なども大幅に取り入れられるようになった。

こうして1977年の小学校学習指導要領の改訂，1978年の中学校学習指導要領の改訂では，道徳教育や体育の重視，各教科の教育内容の精選，年間授業時数の削減，体験的な活動の活用などが盛り込まれたのである。

4　個性重視の学習指導

1980年代後半になると，国際化，情報化に伴って価値観の多様化も進み，「個性重視の教育」が主張されるようになる。1989年の小学校学習指導要領は，「今日の科学技術の進歩と経済の発展は（中略）情報化，国際化，価値観の多様化，核家族化など，社会の各方面に大きな変化をもたらすに至った」と述べて，今後求められる学力を「新学力観」と呼んだ。「新学力観」とは，知識・理解・技能と並んで関心・意欲・態度を重視し，子どもの「自ら学ぶ意欲や思考力，判断力，表現力」を高めようとする考え方である。生涯を通じて学習が必要な現代社会においては，「自己教育力」が不可欠だとの認識に基づいている。

また，こうした子どもの主体性から出発しようとする考え方は，同時に「基礎的・基本的な内容を児童一人一人に確実に身に付けさせるようにするため，個に応じた指導など指導方法の改善を図る」（文部科学省，2011）ことを目標とし，それまでの一斉授業を中心とした学習指導を抜本的に見直し，個性を重

視する学習活動を強調することになった。

　また，こうした「自己教育力」と「個性」を重視した学習指導は，子ども一人一人の興味や関心から出発することが基本であったから，そのためには，子どもの選択に基づく体験的活動を重視したり，個別指導やグループ指導を採用したりすることが推奨されたのである。

　ただ，「個性重視の学習指導」において留意すべき点は，「個性」と「個人差」とは別物だということである。「個性」とは個人に見られる全体的な特性であって，他者との質的な違いを意味するが，「個人差」とは個人の部分的な特性であって，特定の領域における他者との量的な違いを意味する。したがって，個性を伸ばすためにも学力の「基礎・基本」は重要であり，基礎学力保障と個性重視は矛盾するものとはいえないのである。

IV　教育課程の編成とその意味

1　教育課程（カリキュラム）はなぜ必要か

　そもそも学校は，発達への助成的介入を意図的・計画的に行う機関であるため，教育にあたっては計画化と組織化が求められる。また，そうした計画の内容や方法について保護者，子ども，教師，市民などが共通の理解を得られるよう，広く社会に向けて明示する必要もある。こうした必要に基づいて立案・編成されるのが教育課程（カリキュラム）である。

　今日，「教育課程」と「カリキュラム(curriculum)」は，ほぼ同義に用いられるが，そもそもは前者が後者の訳語として登場し，前者は公的文書に，後者は研究的な用語として用いられることが多かった。したがって，現在でも「カリキュラム」のほうがやや広い意味で「教育の計画」を表している。

　「教育課程」の構成要素には，教育目標，指導内容や授業時数の配分などがある。日本の教育課程は，大きく分けて教科の領域と教科外（いわゆる「特別活動」）の領域から構成されるが，小・中学校では，これ以外に「総合的な学習の時間」が加わっている。さらに2008年度からは小学校で5，6年生を対象

人「外国語活動」が加わるなど，教育課程は多くの領域からなっている。なお，2020年度から小学5，6年生は「外国語」が正式に教科となり，小学3，4年生で「外国語活動」が開始される。

2 教育課程の編成原理

　一般に教育課程は，学習者の発達，文化の継承・発展，社会の発達，という3つの要請に応えることをその編成原理としている。

　第1の「学習者の発達」の原理とは，子どもの発達課題やレディネス，興味や関心，個性などを考慮したうえで教育課程の編成をすることである。例えば，各教科の教育課程は，年齢や発達段階に応じた遊びやグループ活動，体験活動を取り入れることが望ましい。

　第2の「文化の継承・発展」の原理とは，すべての子どもに共通に必要な基礎的な知識や技能，社会性などを人類の文化遺産から選択し，教育課程として編成することを意味する。例えば，教科教育，教科外活動などそれぞれの指導領域においては，人類の文化遺産の各領域に対応すると同時に，これを次世代に伝え，さらに発展させるという観点から教育課程を編成するのである。

　第3の「社会の発達」の原理とは，人間の発達を通してその時代や社会の課題に応えようとするものである。それぞれの国や地域が抱える課題は，歴史性や地域性を帯びており，そこで求められる人間像や発達課題もさまざまである。そこでそうした発達課題を教育課程に盛り込むことで地域や社会の課題に応えようとするものである。

　こうした3つの編成原理は，ときには相互に矛盾や対立を生じることもあるが，これを調整し，社会の中で合意を形成していく手続きが民主主義社会における教育課程行政の大きな任務といえる。

V　学習指導要領とその変遷

　「学習指導要領」とは，日本の学校で実施すべき教育課程の基準を文部科学

省告示として公に示したものである。これは，教育水準の維持と教育の機会均等の保障に対する責任を国家が担うという考え方に基づいている。

　実際の学習指導要領作成は，文部科学大臣の諮問機関である中央教育審議会初等中等教育分科会の下に教育課程部会が常設され，その部会の中に専門部会が置かれて，これら専門部会で学習指導要領の作成と見直しが行われている。

　学習指導要領には，教育課程の領域のほか，各教科，各学年の目標と内容，基準授業時数，また高校の場合には卒業単位数などが記載され，場合によっては指導上の留意点などが書かれることもある。

　学習指導要領の基準性と法的拘束力についてこれまでさまざまな議論がなされてきたが，時代によってその性格や位置づけが異なる。以下，これまでの学習指導要領の変遷（pp.52-54，表 2-1 参照）と今後の改訂の方向性をみてみよう。

1　戦後学習指導要領の変遷

(1)　1947（昭和22）年学習指導要領

　戦前における公教育の教育課程は，学校令に基づく「教則大綱」や「教授要目」などでその国家的基準が定められ，さらに明治後期からは教科書の国定化も加わり，国家により厳しく統制されていた。しかし戦後は，1946（昭和21）年に連合軍最高司令官マッカーサーに提出された『米国教育視察団報告書』が日本の教育の民主化政策を示し，これを受けた文部省が1947（昭和22）年に最初の学習指導要領である「学習指導要領一般編（試案）」を出した。この学習指導要領には，「これまでの教師用書のように，一つの動かすことのできない道をきめて，それを示そうとするような目的でつくられたものではない。新しく児童の要求と社会の要求とに応じて生まれた教科課程をどんなふうにして生かしていくかを教師自身が自分で研究して行く手びきとして書かれたものである」と書かれ，最初の学習指導要領はあくまで「試案」としての性格を与えられた。また，戦前の修身・公民・地理・歴史は廃止され，社会科・家庭科・自由研究の 3 科が新設された。

(2) 1958（昭和33）年改訂

学習指導要領はその後，1951（昭和26）年の改訂でも「試案」としての性格を有していたが，1958（昭和33）年の改訂で大きな転換が起こる。それは，学習指導要領が文部省告示として官報に公示されることで，従来の「試案」「手びき」から，「法的拘束力」をもつ国家基準になったからである。また，経験主義の教育課程から系統主義の教育課程への転換も図られたほか，「道徳」の時間を小・中学校で特設するという大きな変化もあった。

(3) 1968（昭和43）年，1977（昭和52）年改訂

続いて1968（昭和43）年の学習指導要領改訂では，経済界の人的能力開発への要求を背景として，教育内容の現代化と中等教育の能力主義的多様化が進められた。とりわけ，算数・数学科では，それまで高校で扱っていた集合・確率・不等式などが小・中学校で扱われるようになるなど，高度化が進んだ。

さらに1977（昭和52）年の改訂では，「教育の現代化」が学校での「落ちこぼれ」を生んだとする反省から，学習指導要領は「ゆとりと充実」を掲げ，教育内容の1割削減が行われた。

(4) 1989（平成元）年改訂

学習指導要領はその後，1989（平成元）年に5度目の改訂がなされる。ここでは，科学技術の進展と社会の国際化，情報化，高齢化に対応するため，「自ら学ぶ意欲と社会の変化に主体的に対応できる能力の育成を重視すること」を強調することとなった。また，日の丸・君が代の取り扱いを重視するなど道徳の強化を図ったほか，小学校低学年「生活科」の新設が行われた。

(5) 1998（平成10）年改訂

そして1998（平成10）年，学習指導要領は「生きる力」をキーワードとした6度目の改訂が行われる。ここで提唱された「生きる力」は，第1に自ら課題を見つけ，学び，主体的に問題を解決する資質や能力，第2に柔軟な感性や基本的倫理観，第3に健康や体力などを総合的に意味するものであった。そこでこうしたねらいを実現するため，「教科」「道徳」「特別活動」のいずれにも属さない「総合的な学習の時間」が新設された。ただし，2002（平成14）年に，

表2-1 戦後学習指導要領の特徴（小学校を中心として）

	基本方針	特徴
1947 (昭和22) 年 (試案)	○この書は、……これまでの教師用書のように、1つの動かすことのできない道を決めて、それを示そうとするような目的でつくられたものではない。新しく児童の要求と社会の要求とに応じて生まれた教科課程をどんなふうにして生かして行くかを教師自身が自分で研究して行く手びきとして書かれたものである。 ○児童や青年は、現在ならびに将来の生活に起こる、いろいろな問題を適切に解決して行かなければならない。そのような生活を営む力が、またここで養われなくてはならないのである。	○「試案」の明記──教師の研究のための手引き書の性格 ○「学習指導」としての教授──児童の発達・経験を重視（経験主義） ○「社会科」「家庭科」「自由研究」の新設 ○教育評価への新しい提起──学習指導のための学習結果の考査
1951 (昭和26) 年 (試案)	○学習指導要領は、どこまでも教師に対してよい示唆を与えようとするものであって、決してこれによって教育を画一的なものにしようとするものではない。 ○教育課程は、……経験の再構成を有効にさせるように、学習経験を組織することでなければならない。	○「試案」としての性格を強化──学校での教育課程の編成手続きを具体化 ○問題解決学習の強調──児童生徒の経験の組織が教科であるとする ○「教育課程」の使用──教科と教科外の活動（特別教育活動──中高）の二領域でもって編成 ○「自由科」の廃止
1955年 社会科のみ	○地理、歴史の改善 ○道徳教育の強調（社会公共のために尽くすべき個人の立場や役割を自覚し、国を愛する心）	○安藤社会科──従来の社会科が社会的性格に偏したとして、個人的心情や愛国心を重視 ○「試案」の削除
1958 (昭和33) 年	最近における文化・科学・産業などの急速な進展に即応して国民生活の向上を図り、かつ、独立国家として国際社会に新しい地歩を確保するためには、…… ①道徳教育の徹底については、……その徹底を期するため、新たに「道徳」の時間を設け、 ②基礎学力の充実については、特に、小学校における国語科および算数科の内容を充実し、 ③科学技術教育の向上については、……算数科、数学科、理科およびその他の関係教科の内容を充実し、特に、中学校においては、……技術科を新たに設けて、……	○「官報告示」──法的拘束力の強調 ○「道徳時間」の特設 ○教育課程の編成──教科・道徳・特別教育活動及び学校行事等の四領域 ○基礎学力の充実および科学技術教育の重視──「系統学習」の強調 ○中学校で選択教科の種類が増える（進路指導に応じて）
1968 (昭和43) 年	①日常生活に必要な基本的な知識や技能を習得させ、自然、社会および文化についての基礎的理解に導くこと ②健康にして安全な生活を営むに必要な習慣や態度を身に付けさせ、強健な身体と体力の基礎を養うこと ③正しい判断力や創造性、豊かな情操や強い意志の素地を養うこと ④家庭、社会および国家について正しい理解と愛	○教育課程の編成──教科・道徳・特別活動の三領域 ○「教科の現代化」の進行──高度な教科内容の低年齢化 ex.算数科に集合（←高1）・確率（←高1）・負の数（←中1）・文字式（←中1） ○のぞましい人間形成の上から調和と統一の教育課程──「期待され

年		
	情を育て，責任感と協力の精神をつちかい国際理解の基礎を養うこと	る人間像」(1966年)→社会科で神話の復活 ○生徒の能力・適性に応じる教育の徹底──能力主義の登場(1963年)→後期中等教育の多様化の進行
1977 (昭和52) 年	自ら考え正しく判断できる力をもつ児童生徒の育成ということを重視し…… ①人間性豊かな児童生徒を育てること ②ゆとりのあるしかも充実した学校生活が送られるようにすること ③国民として必要とされる基礎的・基本的な内容を重視するとともに児童生徒の個性や能力に応じた教育が行われるようにすること	○ゆとりの教育──教科の時間数の削減。教科内容の削減。ゆとり時間(勤労生産学習等) ex.集合削除・確率計算，負の数は中学へなど ○人間性の教育──人物中心の歴史・道徳の重視(道徳的実践力の養成)・君が代の国歌化 ○高校教育課程の改訂──小・中・高一貫，習熟度別学級編成
1989 (平成元) 年	今日の科学技術の進歩と経済の発展は，……情報化，国際化，価値観の多様化，核家族化など，社会の各方面に大きな変化をもたらすに至った。 ①豊かな心をもち，たくましく生きる人間の育成を図ること ②自ら学ぶ意欲と社会の変化に主体的に対応できる能力の育成を重視すること ③国民として必要とされる基礎的・基本的な内容を重視し，個性を生かす教育の充実を図ること ④国際理解を深め，我が国の文化と伝統を尊重する態度の育成を重視すること	○臨教審答申の影響──国際化・情報化・高齢化の社会，個性重視の教育，生涯学習社会の構想，評価の多元化 ○生活科の新設──低学年社会科，理科の廃止 ○高校社会科の再編成──地歴科と公民科そして世界史必修 ○道徳の強調──日の丸，君が代の取り扱い強化，生活科・国語科・特別活動でも ○中学への選択制の拡大──中学を中等教育として位置づける ○六年制中等学校，単位制高等学校
1998 (平成10) 年	各学校が「ゆとり」の中で「特色ある教育」を展開し，子どもたちに自ら学び自ら考える「生きる力」をはぐくむ。 ①豊かな人間性や社会性，国際社会に生きる日本人としての自覚の育成 ②多くの知識を教えこむ教育を転換し，子どもたちが自ら学び自ら考える力の育成 ③ゆとりのある教育を展開し，基礎・基本の確実な定着と個性を生かす教育の充実 ④各学校が創意工夫を生かした特色ある教育，特色ある学校づくり	○授業時数の縮減──年間70単位(週当たり2単位)縮減 ○教育内容の厳選 ○「総合的な学習の時間」の創設 ○選択学習の幅の拡大 ○情報化への対応──高校で「情報」科新設
2003 (平成15) 年 一部改正	1998年指導要領のねらいを一層実現することをめざし，また「学力低下」への対応として「確かな学力」の向上をめざして一部改正を行う。	○学習指導要領の「基準性」の一層の明確化──「はどめ規定」の見直し ○「個に応じた指導」の一層の充実──「習熟度別指導」「発展的な学習」

年		
2008 (平成20) 年	改正教育基本法等を踏まえ,「生きる力」をはぐくむという理念の実現をめざす。 ①基礎的・基本的な知識・技能の習得 ②基礎的・基本的な知識・技能の活用を通じて思考力・判断力・表現力等の育成 ③確かな学力を確立するために必要な授業時数の確保 ④学習意欲の向上や学習習慣の確立 ⑤豊かな心や健やかな体の育成のための指導の充実	○小・中学校の授業時数を10％程度増加 ○言語活動の充実 ○理数教育の充実――国際的な通用性,内容の系統性の観点から ○伝統や文化に関する教育の充実 ○小学校5,6年に「外国語活動」を導入 ○ICT活用教育,情報モラル教育の充実 ○「はどめ規定」(詳細な事項は扱わないなどの規定)を原則排除
2015 (平成27) 年 一部改正	「道徳の時間」を「特別の教科　道徳」に変更	○児童生徒の道徳性の評価については,多面的,継続的に把握し,総合的に評価する。また数値などによる評価は行わず,文章で記述する。
2017 (平成29) 年	社会に開かれた教育課程の実現 ①社会や世界の状況を幅広く視野に入れ,教育課程を介して目標を社会と共有していくこと ②社会や世界に向き合い関わり合い,自分の人生を切り拓いていくために求められる資質・能力とは何かを,教育課程において明確化し育んでいくこと ③学校教育を学校内で閉じずに,そのめざすところを社会と共有・連携しながら実現させること	○すべての教科等を　①知識及び技能,②思考力・判断力・表現力等,③学びに向かう力・人間性等の3つの柱で再整理 ○主体的・対話的で深い学びの視点からの学習過程の改善 ○小学校外国語教育の充実(小学校3,4年生に「外国語活動」を,小学校5,6年生に「外国語科」を導入する) ○情報活用能力の指導(プログラミング教育等)の充実 ○「考え,議論する道徳」への質的転換 ○高校「地理・歴史」分野の科目を「地理総合」「地理探求」「歴史総合」「日本史探求」「世界史探求」の5科目に再編 ○高校「公民」分野の科目を「公共」「倫理」「政治・経済」に再編

2003年までは,田中耕治『新しい時代の教育課程』有斐閣アルマ,2005,pp.308-309より引用。
2008年以降は,斎藤里美が加筆作成。

　この学習指導要領の施行とあわせて,学校週5日制が完全実施されたことに伴って,総授業時数が小・中学校の各学年を通じて約70単位時間(週2コマ相当)減少した。これに「総合的な学習の時間」の新設が重なって教科の教育内容の約3割削減を余儀なくされたことが,「ゆとり教育」に対する批判が高まるきっかけとなったのである。

さらに，2000年以降になると，OECDが実施する学習到達度調査（PISA）の結果から，日本の子どもたちの学力が低下しているのではないかとの批判が相次ぎ，文部科学省は学力低下問題への対応を迫られることになる。6度目の改訂から5年後の2003（平成15）年，文部科学省は学習指導要領の総則を中心に一部改正を行った。それは，第1に学習指導要領を教育課程の最低基準とし，子どもの実態によっては学習指導要領に記載されていない内容でも教えてよいとしたこと，第2に「総合的な学習の時間」の一層の充実を求めたこと，第3に「個に応じた指導の充実」を求め，習熟度別指導や補充・発展学習等を例示したことである。このように，学習指導要領の基準性が弾力化されたことにより，地域や学校の実態にあった学習指導が可能になる半面，教育の地域格差・学校格差を危惧する声もあがり，学習指導要領の基準性をどうとらえるかがあらためて課題となっている。

(6) 2008（平成20）年改訂

2008（平成20）年，文部科学省は戦後7度目の学習指導要領改訂を行った。改訂の背景には，OECDによる学習到達度調査（PISA）などから，日本の子どもたちの学力低下に歯止めがかからないという状況があったこと，また現代の国際社会で求められているのは知識中心の学力ではなく，「キーコンピテンシー」と呼ばれる汎用的な能力（文化的ツールを活用する力，人間関係形成能力，自律性など）であると考えられたこと，などがある。これらの改訂でめざされた学力像は「活用型学力」とも呼ばれている。

まず，改訂の内容を授業時数からみると，小・中学校で行われている「総合的な学習の時間」が年間約30時数削減され，その代わりに国語，社会，算数・数学，理科，外国語，体育等の授業時数が約1割増えた。また年間の総授業時数も，小学校4～6年生では945時数から980時数へ，中学校1～3年生では980時数から1015時数へと増えている。これに伴い，1998年の改訂で小学校から中学校へと移動した学習内容の多くが再び小学校の学習内容として復活した。復活したのは，小学校算数の「台形の面積」「反比例」など，小学校理科の「てこの働き」「太陽と月」など，中学校算数では「不等式」「平方根の有理数，無

理数」「2次方程式の解の公式」，中学校理科の「イオン」「生物の進化」「遺伝の規則性」などである。

　また，この学習指導要領の大きな特色は，小学校の教育課程に教科以外の活動として「外国語活動」が新設されたことである。小学校5，6年生を対象に年間35時数（週1時数）用意された。

　さらに，高等学校においては，数学に「数学活用」が，理科に「科学と人間生活」「課題研究」が新設された。また外国語は従来の6科目が全面的に改訂され「コミュニケーション英語基礎」「コミュニケーション英語Ⅰ」「コミュニケーション英語Ⅱ」「コミュニケーション英語Ⅲ」「英語会話」「英語表現Ⅰ」「英語表現Ⅱ」の7科目に再編された。

　これらのことから，この学習指導要領の特徴として，活用型学力観への転換，一層の国際化と知識基盤社会に向けた理数教育および外国語教育の強化があげられる。

(7) 2015（平成27）年一部改訂

　2015年の一部改正のねらいは，それまで教科以外のものとして位置づけられてきた「道徳」を「特別の教科　道徳」として位置づけなおしたことである。

　道徳教育は，『心のノート』の配布（2002年〜）や教育基本法の改正（2006年）など，近年の教育改革における主要な論点の一つであった。2013（平成25）年1月に設置された「教育再生実行会議」では，これをさらに推し進め，同年2月の第一次提言の中で，道徳教育の充実と道徳の教科化を求めた。この提言が道徳教育の教科化を求める背景としてあげているのは，道徳の指導内容や指導方法が学校や教員によって差があること，またいじめに起因した問題が相次いでいることである。

　これを受けて，同年12月には，文部科学省「道徳教育の充実に関する懇談会」が報告書の中で「特別の教科　道徳」（仮称）として教育課程に位置づけることを提言した。また2014（平成26）年10月の中央教育審議会答申「道徳に係る教育課程の改善等について」によって道徳教育の教科化と充実に向けたより具体的な答申がなされ，2015（平成27）年3月には，学校教育法施行規則の改正と学習

指導要領の一部改正がなされた。これにより，道徳教育は，戦後初めて教科として位置付けられ，2018年度の全面実施に向けた準備が進められることとなった。

　文部科学省（2017）「新しい学習指導要領の考え方―中央教育審議会における議論から改訂そして実施へ」によれば，この改正による主な改善点は以下のとおりだという。

① 道徳科に検定教科書を導入
② 内容について，いじめの問題への対応の充実や発達の段階をより一層踏まえた体系的なものに改善
　「個性の伸長」「相互理解，寛容」「公正，公平，社会正義」「国際理解，国際親善」「よりよく生きる喜び」の内容項目を小学校に追加
③ 問題解決的な学習や体験的な学習などを取り入れ，指導方法を工夫
④ 数値評価ではなく，児童生徒の道徳性に係る成長の様子を認め，励ます評価（記述式）
　指導要録の様式例は示すが，内申書には記載せず，入学者選抜に使用しない

　なお，中央教育審議会「道徳に係る教育課程の改善等について（答申）」では，教員の指導力の向上，教員免許制度や教員養成課程の改善，幼稚園，高等学校，特別支援学校等における道徳教育の充実が課題としてあげられており，これらについても改革が検討されている。

VI　2017（平成29）年改訂の新学習指導要領とその方向性

　これまで，学習指導要領の改訂は，一部改正を除けば，ほぼ10年おきに行われることが多かった。しかし，2014（平成26）年11月に，下村文部科学大臣（当時）が，中央教育審議会に対して「初等中等教育における教育課程の基準等の在り方について」の諮問を行い，中央教育審議会は学習指導要領改訂にむけた検討に着手した。この背景には，人工知能など技術革新に伴う社会の急激な変化によって予測困難な状況にも対応できる汎用的能力への要求が世界的に高まって

いること，また2020年の東京オリンピック・パラリンピック開催が決定し，グローバル化に対応した人材育成が急務になったことなどがある。

約2年の審議を経て，2016（平成28）年12月に答申および学習指導要領の改訂案が示され，2017年3月には，幼稚園，小学校，中学校の学習指導要領等の改訂告示が公示された。この告示により，新学習指導要領による教育課程は，幼稚園が2018年度，小学校が2020年度，中学校が2021年度，高校が2022年度から全面実施されることとなる。

1　新学習指導要領がめざす新しい学力観・能力観とその方向性

21世紀に入り，グローバル化とイノベーションによる社会構造の変化が激しくなるにつれて，世界の教育界では，単なる知識や技能ではなく，変化に柔軟に対応し，学び続けることのできる，より汎用的な能力の育成が求められるようになってきた。たとえば，前述したOECDの「キーコンピテンシー」のほか，国際団体「ATC21s」（The Assessment and Teaching of 21st-Century Skills＝21世紀型スキル効果測定プロジェクト）によって提唱される「21世紀型スキル」等がそれである。「21世紀型スキル」とは，次代を担う人材が身につけるべきスキルを総称したものであり，それは，4つの領域「思考の方法」「働く方法」「働くためのツール」「世界の中で生きる方法」に分類された10のスキルから構成されるものである。10のスキルには「創造性とイノベーション」「批判的思考，問題解決，意思決定」「学び方の学習／メタ認知（認知過程についての知識）」「コミュニケーション」「コラボレーション（チームワーク）」「情報リテラシー」「ICTリテラシー」「シチズンシップ―ローカルとグローバル」「人生とキャリア発達―文化認知とコンピテンスを含む」「個人の責任と社会的責任」があげられている。情報やこれにかかわる新しいテクノロジーを理解し，他者との協働に活用していくことが，21世紀に不可欠のリテラシーとして位置づけられているのである。

こうしたなか，中央教育審議会では，従来の学習指導要領が柱としてきた「何を学ぶか」だけでなく，「何ができるようになるか」「どのように学ぶか」の観点からも検討を進め，今回の改訂の方向性を図2-1のように図示した。学習指導

図 2-1　2017年に改訂された新学習指導要領の方向性
(文部科学省「新しい学習指導要領の考え方―中央教育審議会における議論から改訂そして実施へ―」2017)

要領がこのような3つの観点を具体的に明示したのは初めてのことである。

　例えば、「どのように学ぶか」において強調されているのは、子どもが課題に対して主体的・対話的に学ぶ「アクティブ・ラーニング」の充実である。文部科学省（2012）によれば、「アクティブ・ラーニング」とは「教員による一方向的な講義形式の教育とは異なり、学修者の能動的な学修への参加を取り入れた教授・学習法の総称」であると説明される。これは、課題を見つけ、解決に向けて探究し、成果を表現するまでの過程を、子どもが主体的に行う学習方法のことである。具体的には、体験学習や調べ学習、教室内でのグループ・ディスカッション、ディベート、グループ・ワークなどがある。「アクティブ・ラーニング」が提唱される背景には、前回の学習指導要領改訂以降、日本の子どもの学力向上が見られるなど一定の成果はあったものの、PISA調査などで日本の子どもの論理的思考力の不足や学習意欲、社会参画意識の低さなどが指摘され、改善が求められていることがあげられる。しかし、この「アクティブ・ラーニング」という用語は、最終的には改訂学習指導要領そのものには盛り込まれ

ず，「主体的・対話的で深い学びの実現」という表現に留まった。それは，「指導法を一定の型にはめ，教育の質の改善のための取組が，狭い意味での授業の方法や技術の改善に終始するのではないかといった懸念」(文部科学省「新しい学習指導要領の考え方」2017, p.21) が指摘されたからである。指導方法の適否は，教育の目標や子どもや学級の実態に基づいて判断され，採用されるものであることが示されたともいえる。

2　小学校外国語活動および中学校・高校英語教育の改革

　新学習指導要領のもう一つの特徴は，小・中・高等学校と一貫した外国語教育の充実が強調されていることである。2020年に東京オリンピック・パラリンピック開催が予定され，グローバル人材の育成は急務の政策課題となった。そこで文部科学省は，2013（平成25）年12月に「グローバル化に対応した英語教育改革実施計画」を公表し，小学校第5，6学年で実施してきた活動型の小学校「外国語活動」を前倒しして小学校第3，4学年で実施することとし，また，小学校第5，6学年では教科型の「外国語」を新設することとしたのである（授

表2-2　小学校の標準授業時数

〔改訂後〕

	1学年	2学年	3学年	4学年	5学年	6学年	計
国語	306	315	245	245	175	175	1461
社会	–	–	70	90	100	105	365
算数	136	175	175	175	175	175	1011
理科	–	–	90	105	105	105	405
生活	102	105	–	–	–	–	207
音楽	68	70	60	60	50	50	358
図画工作	68	70	60	60	50	50	358
家庭	–	–	–	–	60	55	115
体育	102	105	105	105	90	90	597
特別の教科である道徳	34	35	35	35	35	35	209
特別活動	34	35	35	35	35	35	209
総合的な学習の時間	–	–	70	70	70	70	280
外国語活動	–	–	35	35	–	–	70
外国語	–	–	–	–	70	70	140
合計	850	910	980	1015	1015	1015	5785

〔現行〕

	1学年	2学年	3学年	4学年	5学年	6学年	計
国語	306	315	245	245	175	175	1461
社会	–	–	70	90	100	105	365
算数	136	175	175	175	175	175	1011
理科	–	–	90	105	105	105	405
生活	102	105	–	–	–	–	207
音楽	68	70	60	60	50	50	358
図画工作	68	70	60	60	50	50	358
家庭	–	–	–	–	60	55	115
体育	102	105	105	105	90	90	597
道徳	34	35	35	35	35	35	209
特別活動	34	35	35	35	35	35	209
総合的な学習の時間	–	–	70	70	70	70	280
外国語活動	–	–	–	–	35	35	70
合計	850	910	945	980	980	980	5645

※ この表の授業時数の1単位時間は，45分とする。
※ 各教科の授業について，15分程度の短い時間を活用して学習活動を行う場合については，総授業時間数や学習活動の特質に照らし妥当かどうかの教育的な配慮に基づいた判断が必要である。

業時数は表 2-2 を参照)。

こうした外国語教育の充実に向けた改革の動きは，中学校および高校の英語教育改革とも連動している。中学校および高校では，英語を用いて授業を行うことを基本とし，とくに高等学校では幅広い話題について発表，討論，交渉するなど言語活動を高度化することをめざしている。初等教育から中等教育修了までを見通した体系的な英語教育が構想されているのである。

3 高校における科目の新設と再編

高校における科目の新設・再編も新学習指導要領における大きな改正点の一つである（図 2-2 参照）。これまで，高校の地理歴史は世界史が必修であり，日本史と地理はどちらか 1 科目を選択すればよいとされていたため，文部科学省の調査によれば普通科の高校生の約 3 割が日本史を履修しておらず，自国の歴史を学ばない生徒が多いことが指摘されてきた。こうした状況を受け，中央教育審議会は，2015 年 8 月に示した新学習指導要領の骨子案で，世界史の必修

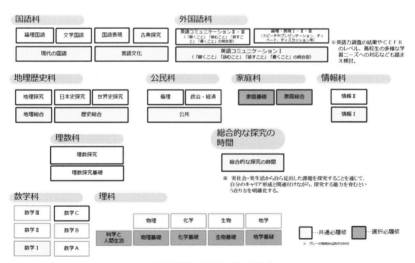

図 2-2　高等学校の教科・科目構成について
(科目構成等に変更があるものを抜粋)
(文部科学省「新しい学習指導要領の考え方―中央教育審議会における議論から改訂そして実施へ―」2017)

をやめ，日本史Aと世界史Aを統合して近現代史を中心に学ぶ必修科目「歴史総合」を新設することを提案した。また，地球規模の課題を解決する力を養う「地理総合」を必修とし，コンピュータ上で地理情報を作成する技能の習得とグローバルな視点からの地域理解をめざすこととした。

さらに，選挙権年齢が18歳以上に引き下げられたことを受け，選挙など政治参加や社会保障，雇用などについて学習することをねらいとした「公共」も新設されることとなった。今後，高校の公民科教育と地理歴史科教育の内容と方法が大きく変わることが予想される。

このように次期学習指導要領では，新たな学力観・能力観，教科の再編・新設などこれまでになく大きな改訂が盛り込まれているが，それに伴って授業時間の確保，教材の開発，教員の研修などが今後の課題である。

〈参考文献〉
柴田義松『教育課程論　第2版』学文社，2008
日本教育方法学会『現代教育方法事典』図書文化，2004
辰野千壽『最新　学習指導用語事典』教育出版，2005
田中耕治ほか『新しい時代の教育課程』有斐閣，2005
西岡加名恵・石井英真・田中耕治『新しい教育評価入門』有斐閣，2015

〈参考資料〉
文部科学省「学習指導要領等の改訂の経過」2011（http://www.mext.go.jp/a_menu/shotou/new-cs/idea/__icsFiles/afieldfile/2011/03/30/1304372_001.pdf）
文部科学省「新しい学習指導要領の考え方―中央教育審議会における議論から改訂そして実施へ―」2017（http://www.mext.go.jp/a_menu/shotou/new-cs/__icsFiles/afieldfile/2017/09/28/1396716_1.pdf）
中央教育審議会「新たな未来を築くための大学教育の質的転換に向けて～生涯学び続け，主体的に考える力を育成する大学へ～（答申）」2012（http://www.mext.go.jp/b_menu/shingi/chukyo/chukyo0/toushin/1325047.htm）
文部科学省「グローバル化に対応した英語教育改革実施計画」2013（http://www.mext.go.jp/b_menu/houdou/25/12/__icsFiles/afieldfile/2013/12/17/1342458_01_1.pdf）

📖 演習問題

1．学習指導の大まかな流れを図にしてみよう。
2．戦後の学習指導論の歴史的変遷を表にしてみよう。
3．新旧の『学習指導要領』を比較し，共通点と相違点を表にしてみよう。

第2節 生徒指導・進路指導

Ⅰ 生徒指導

1 生徒指導とは何か

　生徒指導と聞くと，持ち物や頭髪のチェック，非行行為の抑制といった規則違反や問題行動への指導と考える人が多いのではないだろうか。実際に生徒指導の一環としてそれらの指導を受けた人も多いであろう。

　文部科学省（かつての文部省）は，生徒指導に関する基本書，あるいは体系的資料として，1965年に『生徒指導の手びき』，その後改訂版として1981年に『生徒指導の手引』，そして2010年に『生徒指導提要』を発行している。それぞれはその時代の社会的な背景をもとに作成され，最新の『生徒指導提要』の最初の部分で，生徒指導については以下のように記載されている。

　　「生徒指導とは一人一人の児童生徒の人格を尊重し，個性の伸長を図りながら，社会的資質や行動力を高めることを目指して行われる教育活動のことです。すなわち，生徒指導は，すべての児童生徒のそれぞれの人格のよりよき発達を目指すとともに，学校生活がすべての児童生徒にとって有意義で興味深く，充実したものになることを目指しています。生徒指導は学校の教育目標を達成する上で重要な機能を果たすものであり，学習指導と並んで学校教育において重要な意義を持つものと言えます。

　　各学校においては，生徒指導が，教育課程の内外において一人一人の児童生徒の健全な成長を促し，児童生徒自ら現在及び将来における自己実現を図っていくための自己指導能力の育成を目指すという生徒指導の積極的な意義を踏ま

え，学校の教育活動全体を通じ，その一層の充実を図っていくことが必要です。」
これを読むと生徒指導は，以下のように要約できる。

① 「一人一人の児童生徒の人格を尊重し，個性の伸長を図りながら，社会的資質や行動力を高めることを目指して行われる教育活動のこと」と定義される。
② すべての児童生徒を対象にしている。
③ 学校の教育目標を達成する上で重要な機能を果たす。
④ 学習指導と並んで学校教育において重要な意義を持つ。
⑤ 教育課程の内外において一人一人の児童生徒の健全な成長を促す。
⑥ 児童生徒の自己実現を図っていくための自己指導能力の育成をめざす。
⑦ 学校教育の全体を通じて行っていくものである。

2 生徒指導の目的

まず確認しておきたいことは，生徒指導はすべての児童生徒を対象にしているということである。したがって，生徒指導が児童生徒の問題行動の改善を目的としていると考えるのはきわめて狭義のとらえ方となる。生徒指導の大きなねらいは，すべての児童生徒の「社会的資質や行動力を高めること」で，自己実現を図るための自己指導力の育成である。自己実現とは，自分が持っている素質や能力を最大限発展，発揮して何かを成し遂げることであり，また自己指導能力とは，「自己をありのままに認め（自己受容），自己に対する洞察を深めること（自己理解），これらを基盤に自らの追求しつつある目標を確立し，また明確化していくこと。そしてこの目標の達成のため，自発的，自立的に自らの行動を決断し，実行すること」（文部省『生徒指導資料第20集・生徒指導研究資料第14集』1988）と示されている。

つまりは将来社会の一員として自分の持っている力を十分に発揮できるように，児童生徒が日常生活の場で，どのような選択が適切であるか自分で判断し，決定して実行する力を育むことが生徒指導である。

また，『生徒指導提要』（文部科学省，2010）では，生徒指導の最終的な目標

を"社会的なリテラシー"としている。リテラシーとはさまざまな学びを使いこなし，活用する能力のことである。そして"社会的なリテラシー"とは，さまざまな知識やスキル，資質や能力を統合して主体的に行動できるようになることであり，「社会の目的を達成していく包括的・総合的な能力」となる。この概念は，児童生徒が社会の形成者として自分と社会とのつながりを考えることができるようになることも自己指導能力育成の一環として重要であることを示している。

3　機能としての生徒指導
(1)　教育課程全体における生徒指導

学校の授業は教育課程に沿って進められているが，生徒指導は一つの教科として独立しているわけではない。それはつまり，生徒指導が特定の教科だけで行われるものではなく，教育課程のすべての領域において機能することが求められていることを意味している。逆を言えば，生徒指導は学校教育のありとあらゆる目標達成のための機能としてとらえられている。さらにそれは，教育課程内にとどまらず，休み時間や放課後に行われる個別の指導や，学業不振な児童生徒のための補充指導，部活動や教育相談，地域における体験活動など教育課程外の学校教育全体を通して行っていく指導である。

しかし，これではどのようなことを生徒指導と呼ぶのかイメージしにくいかもしれない。次ページ図2-1に，学校場面での生徒指導の具体例を取り上げた。これを読むと，学校のさまざまな場面で生徒指導が行われていることがわかるであろう。

(2)　生徒指導の3機能

教師の指導が有効に作用するには，日々の教育活動における以下3つの機能を意識して生徒指導を行っていくことが大事である（文部科学省，2010）。これらは生徒指導の3機能と呼ばれている。

　① 児童生徒に自己存在感を与えること

　　自己存在感とは，自分は価値ある存在であると実感することである。人は

例えば，こんなことも生徒指導

様々な学校場面で何げなく行われている働きかけの多くは，児童生徒の成長・発達を促したり支えたりする生徒指導の働きかけのはずです。以下に，幾つかの例を示します。

登校時や授業の場面では

登校時の朝のあいさつにはじまり，始業時のあいさつ，終業時のあいさつなどを促す。
始業開始とともに着席すること，
正しい姿勢で机に向かって学習すること，
教師やほかの児童生徒の話に積極的に耳を傾けること，
自らも積極的に考えたり発言したりすること，
…などを指導する。

授業中に，教科の授業を通して獲得した知識や技能を，どう活用したら自分や周りの人々が幸せになるのかを思い描かせる。

学校の教育目標や，学年・学級のめあて，校訓や建学の精神等によって目指すべき人間像を示す。

道徳教育や特別活動，キャリア教育などの場面では

自己の言動や生活態度をより好ましいものに高めるよう問いかけ，見つめ直させる。

友人関係について考えてみたり，異なる学年や異なる世代の人と積極的に交流したりする機会や場を与えて進んで活動させたりする。

将来のために，今，何をすべきか諭したり，自分の生き方や将来の職業等について思いをめぐらすよう示唆したりする。

特別支援教育や教育相談の場面では

他人に迷惑をかけるような行為を心ならずも行ってしまう児童生徒に向き合い，学校や社会にうまく適応が図れるよう配慮する。

自分自身について悩んだり，人間関係に傷ついたりした児童生徒を受けとめ，次の一歩を踏み出せるよう支えていく。

◆ふだんから，当たり前のように行っている児童生徒への働きかけのほとんどは，十分に自覚されていないだけで，実は生徒指導。
◆児童生徒の成長・発達を促したり支えたりする意図でなされる働きかけという明確な自覚を持ち，適切に行っていくことが大切。

参考資料：滝充「小学校からの生徒指導〜『生徒指導提要』を読み進めるために〜」『国立教育政策研究所紀要』第140集，2011年，http://www.nier.go.jp/a000110/kiyou140p.pdf）イラスト：わたなべふみ

図2-1　学校で行われる生徒指導の例
（国立教育政策研究所「生徒指導リーフ　生徒指導って，何？」2012）

他者とのかかわりの中で自分の存在感を見出せるとき，生き生きと活動できるのであり，児童生徒は自己存在感を得ることにより自己実現を図ることができる。教師は，児童生徒一人一人の存在を大切にし，児童生徒自身が自己存在感を持つことができるように配慮することが肝要である。

② 共感的な人間関係を育成すること

共感的な人間関係とは，相互に人間として無条件に尊重し，語り合い，理解し合う態度のことである。このような人間関係の中にあってこそ，児童生徒自身の自己受容，自己理解は一層促進される。教師と児童生徒の間に，さらには児童生徒同士にこのような共感的人間関係が存在することが必要不可欠であり，生徒指導を進めるうえでの基盤となる。

③ 自己決定の場を与え自己の可能性の開発を援助すること

自己決定とは自分で決めて実行し，その責任をとることである。これらの経験を通して，自己指導能力の育成が図られる。そしてそれは自分勝手な自己決定ではなく，他者の人々を尊重することを通した自己決定である。学校は，児童生徒自身が自らの可能性を発見し，伸長できるように，自己決定の場をできるだけ多く用意し，他者とのかかわりの中で児童生徒が判断力を高め，責任のある行動をとれるように支援する必要がある。

教師は，学校教育の全体を通じてこれらの3機能が効果的に働くように，指導の方法を工夫していきたい。

(3) 学習指導と生徒指導

これらの配慮は当然学習指導においても求められている。学習指導における生徒指導としては，次のような2つの側面が指摘されている。

「1つは，教科等における学習活動が成立するために，一人一人の児童生徒が落ち着いた雰囲気のもとで学習に取り組めるよう，基本的な学習態度の在り方等についての指導を行うことです。もう1つは，各教科等の学習において，一人一人の児童生徒が，そのねらいの達成に向けて意欲的に学習に取り組めるよう，一人一人を生かした創意工夫ある指導を行うことです。

前者は，一人一人の児童生徒の学習場面への適応をいかに図るかといった生

徒指導であり，後者は，一人一人の児童生徒の意欲的な学習を促し，本来の各教科等のねらいの達成や進路の保障につながる生徒指導です。」（文部科学省，2010）

　これらの達成のために，教師はさきの3機能を生かす授業づくりをしていくことになる。それは児童生徒一人一人の興味関心を生かした自己存在感を得られる指導や，共感的な人間関係を育成すべく互いの考えを発表，交流し，互いのよさを学び合うことができるように工夫した指導，さらに主体的な学びが可能な課題の設定や学び方を自ら選択，自己決定できるような場を提示した指導など，さまざまな工夫をすることが考えられる。

4　生徒指導の方法
(1) 生徒指導の基盤となる児童生徒理解

　児童生徒を理解することは，単純に相手を知ることだけでなく，互いの信頼関係を築く基礎となり，それは効果的な教育活動に結びついていく。もちろん児童生徒はそれぞれ異なる能力，適性，興味・関心を持っているため，教師はその個性や資質，潜在的可能性をよく理解して，それぞれに合った指導を展開していきたい。

　児童生徒を理解するためにはまず情報の収集が必須である。

　情報の収集には，①その児童生徒個人の情報：生育歴，学習状況，健康状態，能力の問題，情緒的問題，発達上の課題，交友関係，興味・関心など，②その児童生徒を取り巻く他者や環境の情報：家庭環境，生活環境，学級の雰囲気，付き合っている友人の様子など，③児童生徒と他者や環境とのかかわりに関する情報：援助資源，現在までの支援，問題行動の発生場所など，があげられる。

　なお，情報は児童生徒本人，保護者，前担任教師，部活動の顧問，養護教諭，スクールカウンセラーなど，さまざまな方面から得ることが望ましい。

　さらに情報は得るだけでなく，それぞれがどのように作用し合って児童生徒の生活や人格形成，問題行動に影響を及ぼしているのかという視点で総合的に検討していくことが必要である。図2-2に示したが，一つの問題が生じるには，

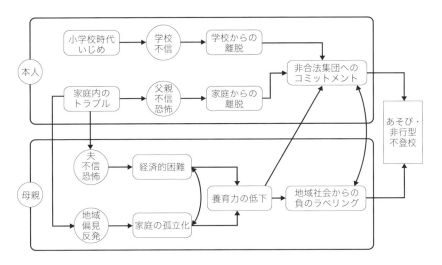

図2-2　Aさんの「あそび・非行型」不登校の背景・要因
（八並光俊・國分康孝『新生徒指導ガイド』図書文化，2008　一部改変）

その児童生徒を取り巻く環境的要因，個人的要因が複雑に絡み合っていることが多い。問題行動にのみに目を向けていたのでは，問題の根本的解決が困難になり，たとえ表面的に解決したとしても，再び同じ問題が生じることは想像できる。教師はできる限り児童生徒の背景にある絡み合った要因を理解し，そのうえで一人一人に有効で適切な指導，支援を提供したい。もちろん状況に合わせて，①目に見える問題行動の解決に着手する，②根本的な問題解決を試みる，③現状で最も取り組みやすい問題の解決にのみ着手する，など，問題解決を広い視野でとらえ，状況に合わせて柔軟に指導の仕方を変えていきたい。

(2) **集団指導と個別指導**

　学校集団とは，いわば社会の縮図のようなものであり，将来，社会において集団生活を営むための態度，力を育成する場としても機能している。学校での集団指導とは，ホームルーム，授業，部活動，学校行事，全体集会などでの指導，援助のことであり，①社会の一員としての自覚や責任の育成，②他者との協調性の育成，③集団の目標達成に貢献する態度の育成，をめざし，集団指導を通して最終的には個を育成していくことを指している。

個別指導とは、集団指導において個に配慮すること、さらに集団とは離れて個別に指導を行うことを指している。例えば教育相談や、休み時間、放課後での個別的な声かけが含まれ、個に配慮した指導を行うことを通して個性の伸長を図り、最終的には、個人と集団の社会的資質や行動力を高めることをめざしている。そして、これら2つの指導は、「集団指導を通して個を育成し、個の成長が集団を発展させるという相互作用により、児童生徒の力を最大限に伸ばすことができる。」（文部科学省, 2010）

また、集団指導、個別指導が有効に機能するために、文部科学省（2010）では生徒指導の以下の3つのモデルが提示されている（図2-3）。

① **成長を促す指導**：すべての児童生徒を対象にして学校生活が有意義でかつ充実したものになるように働きかけ、成長を促す指導（例：各教科における学習指導、体験学習、学級での行事など）。

② **予防的な指導**：児童生徒の問題行動等の未然防止、早期発見、改善を図る指導（例：人間関係づくり、児童生徒会活動、交通安全・薬物乱用防止教室、家庭訪問、校門での挨拶運動など）。

③ **課題解決的な指導**：何かしらの問題を抱えた児童生徒に対する課題解決をめざした指導（スクールカウンセラーとの連携、関連専門機関との連携など）。

日ごろから児童生徒をよく観察し、理解することを通して、すべての子ども

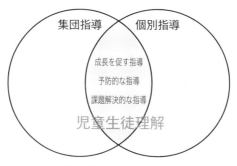

図2-3 集団指導と個別指導の指導原理
（文部科学省『生徒指導提要』2010）

に，状態像に合った適切な指導を提供することをめざしたい。

(3) 生徒指導の体制確立

教師は学校で自分の学級運営だけを行っているのではなく，校務分掌のもと，それぞれの役割を担いながら学校全体の運営に参加している。より効果的な生徒指導を実施していくには校長の経営方針のもと，それぞれの役割が適切に連携をし，学校全体が一つの組織として機能することが重要となる（次ページ図2-4）。児童生徒一人一人が安心して学校生活を過ごすことができるよう，また課題を抱えた児童生徒は解決へと向かうことができるように，学校一丸となって指導，支援していくことが求められている。

また，生徒指導を体系的・継続的に行っていくために年間を通した生徒指導計画を作成することも重要なことである。学校現場で「今週の生徒指導目標」と書いてある貼り紙を見たことはないだろうか。また，職員室や各教室に「めざす子ども像」と掲げられているプレートを覚えていないだろうか。各学校は，在籍する児童生徒の特徴，実態に合わせた生徒指導の目標を立て，その目標を達成するための年間指導計画を作成する（p.73，図2-5）。そして，その年間指導計画をより具体的に実施するために，目標に向けて指導を行う「時期」と「内容」を検討し，各学期，各月，各週と細分化した計画を作成していく。つまり学校全体での生徒指導は意図的・計画的に行っていくものである。

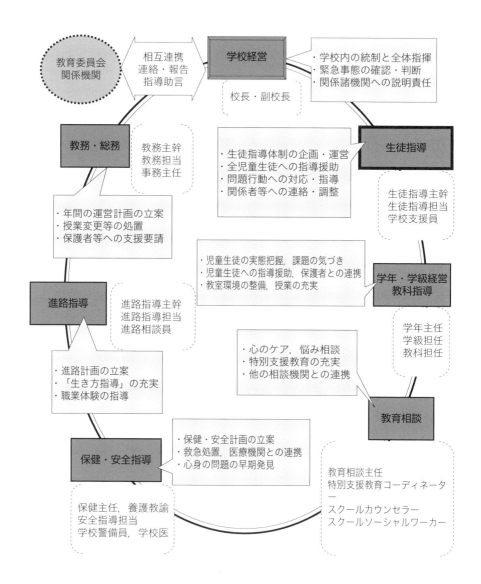

図2-4　生徒指導の学校教育活動における位置づけ
（文部科学省『生徒指導提要』2010）

| 本校の教育目標　自ら学び　心豊かで　たくましい子どもの育成 |

↓

| 本校の目指す児童像　　　（具体的目標から）
◆進んで学ぶ子　　　　○正しい判断力を身につけ，創意工夫して，物事を解決しようとする子
◆思いやりのある子　　○美しいものを愛し，思いやりの心をもって，協力し合える子
◆たくましい子　　　　○強い意志と体力を持ち，ねばり強く物事をやり遂げようとする子 |

↓

| 生徒指導の目標
(1) 児童一人一人の人格を尊重し，個性の開発と伸長を図る。
(2) あらゆる機会を通し，児童との人間的ふれあいを心がけ，生き生きした学校生活を送れるよう援助する。
(3) 一人一人の学業に関する問題を的確に把握し，効果的な援助・指導に努める。
(4) 集団への所属感や連帯感の深化を図る。 |

↓

| 指導の重点
(1) 日常生活の基本的行動様式の徹底を図り，望ましい生活態度をつくるように指導・援助する。
(2) 一人一人にわかる授業を推進し，意欲的に学習に取り組む態度を育成する。
(3) 全教職員共通理解の上に立って，一貫した指導に当たる。
(4) 児童理解のために，日記指導等を通して，児童とのふれあいの機会を多くもつ。
(5) 児童同士の相互理解を深め，だれに対しても公平にふるまうような，思いやりのある，心豊かな子どもになるように指導・援助する。
(6) 児童の校外での生活指導を推進する。 |

↓

| 学年目標
低学年：児童一人一人が学校生活に楽しさや安心感をもって適応できるように集団生活を通して基本的な生活習慣を身につけさせる。
中学年：学級（学校・学年）成員の一人としての自覚をもって学校生活に参加し，自信と希望をもって，お互いに協力し合いながら，自分の能力を伸長できるようにする。
高学年：児童一人一人が責任をもって学校生活に参加し，正しい判断力をもって進んで規律を守り，協力し合って，好ましい人間関係をつくり，自己実現できるようにする。 |

| 生徒指導の具体的な方策
(1) 学校生活
　・生活，学習（教師指導用，児童用）のきまりの検討，改善
　・習慣形成のための計画・検討
　・児童理解のための諸調査の実施と活用
(2) 校外指導
　・休日前の生徒指導（事故防止など）
　・連休，長期休業中の計画的な過ごし方の指導
　・PTA校外補導委員会等，地域との連帯感の深化
(3) 教育相談……個々の適性の発見
　・家庭環境の把握
　・問題をもつ子の把握
　・関係機関との連携
　・相談的対応
(4) 「気になる児童」についての情報交換と研修会 |

| 来年度に向けての引き継ぎ・課題事項（評価） |
| |

図2-5　生徒指導の全体指導計画例

(山口豊一著・石隈利紀監修『学校心理学が変える新しい生徒指導』学事出版，2005)

II 進路指導

1 進路指導とは何か

　進路指導は昭和30(1955)年代前半まで職業指導と呼ばれていた。学校教育における職業指導は，昭和2(1927)年に文部省が「児童生徒ノ個性尊重及職業指導ニ関スル件」を通達したことが始まりと言われたが，戦後まもなくは教育課程の「職業科」の中で扱われ，さらに「職業・家庭科」の中に位置づけられた。

　職業指導の定義（文部省『職業指導の手びき―管理・運営編』1953）では，「学校における職業指導は，個人資料，職業，学校情報，啓発的経験および相談を通じて，生徒みずからが将来の進路の選択，計画をし，就職または進学して，さらにその後の生活によりよく適応し，進歩する能力を伸長するように，教師が教育の一環として，組織的，継続的に援助する過程である」としている。その後すぐに「進路指導」と呼称が変わって現在にいたっているが，定義は職業指導の語義をそのまま引き継いでいた。

　昭和40(1965)年代，50(1975)年代では，進路指導の定義は「将来の生活における職業的自己実現に必要な能力や態度を育成する」という言葉が盛り込まれ，生徒の自己実現を意識し，さらに卒業後の社会生活・職業生活における成長をめざすために必要な能力や態度の育成が進路指導の中心的な役割であることを示した。

　職業指導・進路指導は戦後一貫して，中学校・高等学校卒業後の将来を展望し，生徒自らの人生を切り拓く力を育てる教育活動として，中学校および高等学校の教育課程に位置づけられてきている。

2 キャリア教育

　近年，進路指導とともにキャリア教育が大きく推進されている。キャリア教育と進路指導は，定義，概念では大きな差異はない。ただし進路指導は，さきにも見たように職業指導を原点としていたため，学習指導要領上，中学校およ

び高等学校（中等教育学校，特別支援学校中学部・高等部を含む）に限定された教育活動であり，それ以外の場所（就学前の幼児の指導にあたる幼稚園・保育所，中学校入学までの義務教育を担う小学校など），あるいは大学や短期大学などの高等教育機関においては正式な活動として設けられていない。つまり，進路指導は中学校・高等学校における教育活動であり，入学試験や就職試験への合格を目的としたきわめて限定的な「出口指導」のようで，生徒の社会的，職業的自立に向けた意識の変容や能力の育成にはなっていないという状態が少なからずあった。実際にこれらの面の育成を確実に行っていくには，中学校からではなく，発達段階や発達課題に沿って，幼少期から意識的体系的に取り組んでいくことが必要である。

　キャリア教育は，そのことを踏まえて就学前教育から初等教育，高等教育を通して，学校から社会への移行を基盤においた継続的な支援，実践をめざしている教育である。

3　キャリア教育が求められた背景

　20世紀後半，情報技術の革新やそれに起因した社会経済・産業環境の国際化，グローバリゼーションといったさまざまな社会環境の変化が，日常生活に大きな影響を及ぼしたことは周知の事実である。こういった状況のもと，児童生徒の生育環境も変化している。

　児童生徒の生活・意識の変化としては，①身体的な早熟傾向に比して，精神的・社会的自立が遅れる傾向，②生活体験，社会的体験等の機会の喪失，③職業について考えることや職業選択・決定を先送りにする傾向が高まり，自立的な進路選択や将来計画が希薄なまま進学，就職する者の増加，があげられている。それに伴って，若者の①勤労観，職業観の未熟さと確立の遅れ，②社会人，職業人としての基礎的資質・能力の発達の遅れ，③社会の一員としての経験不足と社会人としての意識の未発達傾向，が指摘された（文部科学省, 2011）。

　具体的状態としては，新規学卒者のフリーターやニートの増加，就職後3年以内の離職率の増加が顕在化し，学校教育と職業生活との接続に課題があるこ

とが浮き彫りになっていた。社会の環境としても，また，個人の健全な成長を促す環境としても，社会的・職業的な自立をめざすにはなかなか難しい時代になっている。この間，国は，「若者自立・挑戦プラン」（2004）を策定し，その中でキャリア教育の推進を重要な柱として位置づけた。さらに文部科学省（2011）は，キャリア教育推進にあたり，現在の学校教育に求められている姿として「生きる力」の育成をあげ，将来社会人として自立していくことができるように，以下6つの教育を重視している。

① 学校の学習と社会とを関連付けた教育
② 生涯にわたって学び続ける意欲の向上
③ 社会人としての基礎的資質・能力の育成
④ 自然体験，社会体験等の充実
⑤ 発達に応じた指導の継続性
⑥ 家庭・地域と連携した教育

4 キャリア教育の定義

キャリア教育とは何であろうか。定義としては以下のように提示されている。

「一人一人の社会的・職業的自立に向け，必要な基盤となる能力や態度を育てることを通して，キャリア発達を促す教育」（中央教育審議会，2011）

ではキャリアとは何であろうか。もともと「キャリア」の語源はラテン語の「車道」が起源であり，人がたどる行路やその足跡，経歴，遍歴などを意味していた。キャリア教育でいう「キャリア」とは，以下のように示されている。

「人は，他者や社会とのかかわりの中で，職業人，家庭人，地域社会の一員等，様々な役割を担いながら生きている。これらの役割は，生涯という時間的な流れの中で変化しつつ積み重なり，つながっていくものである。また，このような役割の中には，所属する集団や組織から与えられたものや日常生活の中で特に意識せず習慣的に行っているものもあるが，人はこれらを含めた様々な役割の関係や価値を自ら判断し，取捨選択や創造を重ねながら取り組んでいる。

　人は，このような自分の役割を果たして活動すること，つまり『働くこと』

を通して，人や社会にかかわることになり，そのかかわり方の違いが『自分らしい生き方』となっていくものである。

　このように，人が，生涯の中で様々な役割を果たす過程で，自らの役割の価値や自分と役割との関係を見いだしていく連なりや積み重ねが，『キャリア』の意味するところである。」（中央教育審議会，2011）

最後に「キャリア発達」についても確認しておきたい。

「社会の中で自分の役割を果たしながら，自分らしい生き方を実現していく過程を『キャリア発達』という。」（中央教育審議会，2011）

これら全体を考えると，キャリア教育とは「一人一人の社会的・職業的自立に向け，必要な基盤となる能力や態度」を育成することであり，それは一人一人が他者や社会とのかかわりの中で役割を担い，その役割に価値を見いだすことを通して，自己と社会との自分らしい関係をとらえることで達成されるといえよう。そしてもちろん，学校教育ではこれらの育成を支援する計画的・体系的な取組みが必要になってくる。

5　育成されるべき能力・態度

国立教育政策研究所生徒指導研究センターでは「職業観・勤労観を育む学習プログラムの枠組み（例）」（2011）を開発し，キャリア発達を促す視点に立って，将来自立した人として生きていくために必要な具体的能力や態度を構造化し，例として示している（次ページ表2-2）。

この学習プログラムでは，基本的な軸として4領域8能力を挙げている（表2-2，図2-6を参照）。これらは一定の普遍性をもつように開発されてはいるが，実際のところ必要な能力や態度は，各学校において児童生徒の実態を把握したうえで設定することが望ましい。現に，この4領域8能力は一例だったにもかかわらず，そのようには取り扱われずに学校現場で固定的にとらえられ，また，十分な理解がされないまま実践に取り入れられているという指摘があった。そこで，中央教育審議会は2011年に「分野や職種にかかわらず，社会的・職業的自立に向けて必要となる能力」を再構成して提示した。それが「基礎的・汎用

表2-2　職業観・勤労観を育む学習プログラムの枠組み（例）
（国立教育政策研究所「児童生徒の職業感・勤労観を育む

			小　学　校		
			低学年	中学年	高学年
職業的（進路）発達の段階			進路の探索・選択にかかる基盤形成の時期		
○職業的（進路）発達課題（小～高等学校段階） 各発達段階において達成しておくべき課題を，進路・職業の選択能力及び将来の職業人として必要な資質の形成という側面から捉えたもの。			・自己及び他者への積極的関心の形成・発展 ・身のまわりの仕事や環境への関心・意欲の向上 ・夢や希望，憧れる自己イメージの獲得 ・勤労を重んじ目標に向かって努力する態度の形成		
職業的（進路）発達にかかわる諸能力			職業的（進路）発達を促すために		
領域	領域説明	能力説明			
人間関係形成能力	他者の個性を尊重し，自己の個性を発揮しながら，様々な人々とコミュニケーションを図り，協力・共同してものごとに取り組む。	【自他の理解能力】 自己理解を深め，他者の多様な個性を理解し，互いに認め合うことを大切にして行動していく能力	・自分の好きなことや嫌なことをはっきり言う。 ・友達と仲良く遊び，助け合う。 ・お世話になった人などに感謝し親切にする。	・自分のよいところを見つける。 ・友達のよいところを認め，励まし合う。 ・自分の生活を支えている人に感謝する。	・自分の長所や欠点に気付き，自分らしさを発揮する。 ・話し合いなどに積極的に参加し，自分と異なる意見も理解しようとする。
		【コミュニケーション能力】 多様な集団・組織の中で，コミュニケーションや豊かな人間関係を築きながら，自己の成長を果たしていく能力	・あいさつや返事をする。 ・「ありがとう」や「ごめんなさい」を言う。 ・自分の考えをみんなの前で話す。	・自分の意見や気持ちをわかりやすく表現する。 ・友達の気持ちや考えを理解しようとする。 ・友達と協力して，学習や活動に取り組む。	・思いやりの気持ちを持ち，相手の立場に立って考え行動しようとする。 ・異年齢集団の活動に進んで参加し，役割と責任を果たそうとする。
情報活用能力	学ぶこと・働くことの意義や役割及びその多様性を理解し，幅広く情報を活用して，自己の進路や生き方の選択に生かす。	【情報収集・探索能力】 進路や職業等に関する様々な情報を収集・探索するとともに，必要な情報を選択・活用し，自己の進路や生き方を考えていく能力	・身近で働く人々の様子が分かり，興味・関心を持つ。	・いろいろな職業や生き方があることが分かる。 ・分からないことを，図鑑などで調べたり，質問したりする。	・身近な産業・職業の様子や変化が分かる。 ・自分に必要な情報を探す。 ・気付いたこと，分かったことや個人・グループでまとめたことを発表する。
		【職業理解能力】 様々な体験等を通して，学校で学ぶことと社会・職業生活との関連や，今しなければならないことなどを理解していく能力	・係や当番の活動に取り組み，それらの大切さが分かる。	・係や当番活動に積極的にかかわる。 ・働くことの楽しさが分かる。	・施設・職場見学等を通し，働くことの大切さや苦労が分かる。 ・学んだり体験したりしたことと，生活や職業との関連を考える。
将来設計能力	夢や希望を持って将来の生き方や生活を考え，社会の現実を踏まえながら，前向きに自己の将来を設計する。	【役割把握・認識能力】 生活・仕事上の多様な役割や意義及びその関連等を理解し，自己の果たすべき役割等についての認識を深めていく能力	・家の手伝いや割り当てられた仕事・役割の必要性が分かる。	・互いの役割や役割分担の必要性が分かる。 ・日常の生活や学習と将来の生き方との関係に気付く。	・社会生活にはいろいろな役割があることやその大切さが分かる。 ・仕事における役割の関連性や変化に気付く。
		【計画実行能力】 目標とすべき将来の生き方や進路を考え，それを実現するための進路計画を立て，実際の選択行動等で実行していく能力	・作業の準備や片づけをする。 ・決められた時間やきまりを守ろうとする。	・将来の夢や希望を持つ。 ・計画づくりの必要性に気付き，作業の手順が分かる。 ・学習等の計画を立てる。	・将来のことを考える大切さが分かる。 ・憧れとする職業を持ち，今，しなければならないことを考える。
意思決定能力	自らの意志と責任でよりよい選択・決定を行うとともに，その過程での課題や葛藤に積極的に取り組み克服する。	【選択能力】 様々な選択肢について比較検討したり，葛藤を克服したりして，主体的に判断し，自らにふさわしい選択・決定を行っていく能力	・自分の好きなもの，大切なものを持つ。 ・学校でしてよいことと悪いことがあることが分かる。	・自分のやりたいこと，よいと思うことなどを考え，進んで取り組む。 ・してはいけないことが分かり，自制する。	・係活動などで自分のやりたい係，やれそうな係を選ぶ。 ・教師や保護者に自分の悩みや葛藤を話す。
		【課題解決能力】 意思決定に伴う責任を受け入れ，選択結果に適応するとともに，希望する進路の実現に向け，自ら課題を設定してその解決に取り組む能力	・自分のことは自分で行おうとする。	・自分の仕事に対して責任を感じ，最後までやり通そうとする。 ・自分の力で課題を解決しようと努力する。	・生活や学習上の課題を見つけ，自分の力で解決しようとする。 ・将来の夢や希望を持ち，実現を目指して努力しようとする。

－職業的（進路）発達にかかわる諸能力の育成の視点から
教育の推進について」2002）

※ 太字は，「職業観・勤労観の育成」との関連が特に強いものを示す

中 学 校	高 等 学 校
現実的探索と暫定的選択の時期	現実的探索・試行と社会的移行準備の時期
・肯定的自己理解と自己有用感の獲得 ・興味・関心等に基づく職業観・勤労観の形成 ・進路計画の立案と暫定的選択 ・生き方や進路に関する現実的探索	・自己理解の深化と自己受容 ・選択基準としての職業観・勤労観の確立 ・将来設計の立案と社会的移行の準備 ・進路の現実吟味と試行的参加

育成することが期待される具体的な能力・態度

中学校	高等学校
・自分の良さや個性が分かり，他者の良さや感情を理解し，尊重する。 ・自分の言動が相手や他者に及ぼす影響が分かる。 ・自分の悩みを話せる人を持つ。	・自己の職業的な能力・適性を理解し，それを受け入れて伸ばそうとする。 ・他者の価値観や個性のユニークさを理解し，それを受け入れる。 ・互いに支え合い分かり合える友人を得る。
・他者に配慮しながら，積極的に人間関係を築こうとする。 ・人間関係の大切さを理解し，コミュニケーションスキルの基礎を習得する。 ・リーダーとフォロアーの立場を理解し，チームを組んで互いに支え合いながら仕事をする。 ・新しい環境や人間関係に適応する。	・自己の思いや意見を適切に伝え，他者の意志等を的確に理解する。 ・異年齢の人や異性等，多様な他者と，場に応じた適切なコミュニケーションを図る。 ・リーダー・フォロアーシップを発揮して，相手の能力を引き出し，チームワークを高める。 ・新しい環境や人間関係を生かす。
・産業・経済等の変化に伴う職業や仕事の変化のあらましを理解する。 ・上級学校・学科等の種類及び特徴及び職業に求められる資格や学習歴の概略が分かる。 ・生き方や進路に関する情報を，様々なメディアを通して調査・収集，整理し活用する。 ・必要応じ，獲得した情報に創意工夫を加え，提示，発表，発信する。	・卒業後の進路や職業・産業の動向について，多面的・多角的に情報を集め検討する。 ・就職後の学習の機会や上級学校卒業時の就職等に関する情報を探索する。 ・職業生活における権利・義務や責任及び職業に就く手続き・方法が分かる。 ・調べたことなどを自分の考えを交え，各種メディアを通して発表・発信する。
・将来の職業等との関連の中で，今の学習の必要性や大切さを理解する。 ・体験等を通して，勤労の意義や働く人々の様々な思いが分かる。 ・係・委員会活動や職場体験等で得たことを，以後の学習や選択に生かす。	・就業等の社会参加や上級学校での学習等に関する探索的・試行的な体験に取り組む。 ・社会規範やマナー等の必要性や意義を体験を通して理解し，習得する。 ・多様な職業観・勤労観を理解し，職業・勤労に対する理解・認識を深める。
・自分の役割やその進め方，よりよい集団活動のための役割分担やその方法等が分かる。 ・日常の生活や学習と将来の生き方との関係を理解する。 ・様々な職業の社会的役割や意義を理解し，自己の生き方を考える。	・学校・社会において自分の果たすべき役割を自覚し，積極的に役割を果たす。 ・ライフステージに応じた個人的・社会的役割や責任を理解する。 ・将来設計に基づいて，今取り組むべき学習や活動を理解する。
・将来の夢や職業を思い描き，自分にふさわしい職業や仕事への関心・意欲を高める。 ・進路を立てる意義や方法を理解し，自分の目指すべき将来を暫定的に計画する。 ・将来の進路希望に基づいて当面の目標を立て，その達成に向けて努力する。	・生きがい・やりがいがあり自己を生かせる生き方や進路を現実的に考える。 ・職業についての総合的・現実的な理解に基づいて将来を設計し，進路計画を立案する。 ・将来設計，進路計画の見直し再検討を行い，その実現に取り組む。
・自己の個性や興味・関心等に基づいて，よりよい選択をしようとする。 ・選択の意味や判断・決定の過程，結果には責任が伴うことなどを理解する。 ・教師や保護者と相談しながら，当面の進路を選択し，その結果を受け入れる。	・選択の基準となる自分なりの価値観，職業観・勤労観を持つ。 ・多様な選択肢の中から，自己の意志と責任で当面の進路や学習を主体的に選択する。 ・進路希望を実現するための諸条件や課題を理解し，実現可能性について検討する。 ・選択結果を受容し，決定に伴う責任を果たす。
・学習や進路選択の過程を振り返り，次の選択場面に生かす。 ・よりよい生活や学習，進路や生き方等を目指して自ら課題を見出していくことの大切さを理解する。 ・課題に積極的に取り組み，主体的に解決していこうとする。	・将来設計，進路希望の実現を目指して，課題を設定し，その解決に取り組む。 ・自分を生かし役割を果たしていく上での様々な課題とその解決策について検討する。 ・理想と現実との葛藤経験等を通し，様々な困難を克服するスキルを身につける。

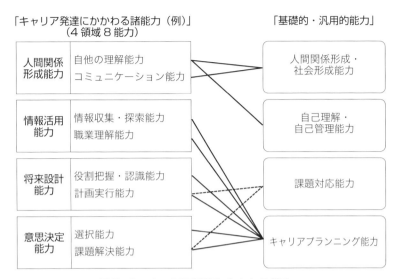

図2-6 キャリア発達にかかわる能力
(文部科学省『中学校キャリア教育の手引き』2011)

的能力」であり，そこには4つの能力があげられている（図2-6）。これらの4つの能力は「仕事に就くこと」に焦点を当て，また分野や職種にかかわらず，社会的・職業的自立に向けて必要な基盤となる能力であると考えられている。今後各学校では「4領域8能力」から「基礎的・汎用的能力」への転換を徐々に図っていくことになる。

　キャリア教育に関する各学校の計画的取組みや実践はまだ模索中である。

〈参考文献〉
文部科学省『生徒指導提要』教育図書，2010
八並光俊・國分康孝『新生徒指導ガイド―開発・予防・解決的な教育モデルによる発達援助』図書文化，2008
文部科学省『中学校キャリア教育の手引き』教育出版，2011
文部科学省『高等学校キャリア教育の手引き』教育出版，2012
文部科学省『小学校キャリア教育の手引き＜改訂版＞』教育出版，2011
国立教育政策研究所「生徒指導リーフ　生徒指導って，何？」2012（http://www.nier.go.jp/shido/leaf/leaf01.pdf）
山口豊一著・石隈利紀監修『学校心理学が変える新しい生徒指導』学事出版，2005

中央教育審議会「今後の学校におけるキャリア教育・職業教育の在り方について（答申）」2011（http://www.mext.go.jp/component/b_menu/shingi/toushin/__icsFiles/afieldfile/2011/02/01/1301878_1_1.pdf）

演習問題

1. 自分の小学校・中学校・高等学校時代に受けてきた生徒指導について考え，具体的にあげてみよう。
2. 自分が免許を取得する教科で，生徒指導の3機能のそれぞれを育成するための具体的な授業案を考えてみよう。
3. 小学校・中学校・高等学校でキャリア教育が，どのように行われているのか調べてみよう。

COLUMN　性的少数者の児童生徒への配慮とは

　性同一性障害などを含む性的少数者の児童生徒への配慮を求めて，文部科学省は，2015年4月に「性同一性障害に係る児童生徒に対するきめ細やかな対応の実施等について」という通知を出した。

　通知では，いかなる理由でもいじめや差別は許さないという適切な生徒指導・人権教育等を推進することを土台として，教職員には，悩みや不安を抱える児童生徒のよき理解者となること，そして，性同一性障害などを含む性的少数者の児童生徒は，自身のそうした状態を秘匿しておきたい場合があることを踏まえつつ，日ごろより児童生徒が相談しやすい環境を整えていくことを求めている。

　また，性同一性障害の児童生徒への配慮として，自認する性別の制服・衣服や，体操着の着用を認めること，職員トイレ，多目的トイレの利用を認めること，体育授業では別メニューを設定することなど，学校における具体的な対応が提示された。

「性同一性障害者」の定義
　この法律において「性同一性障害者」とは，生物学的には性別が明らかであるにもかかわらず，心理的にはそれとは別の性別（以下「他の性別」という。）であるとの持続的な確信を持ち，かつ，自己を身体的及び社会的に他の性別に適合させようとする意思を有する者であって，そのことについてその診断を的確に行うために必要な知識及び経験を有する二人以上の医師の一般に認められている医学的知見に基づき行う診断が一致しているものをいう。

（「性同一性障害者の性別の取扱いの特例に関する法律」第2条より）

第3節 教育相談

I 教育相談の定義・目的・機会

　本節で取り上げる教育相談の定義としては、これまでさまざまなものが示されてきた。『生徒指導提要』（文部科学省，2010）では、「個別指導の代表的な形態には教育相談があるが、教育相談は、一人一人の生徒の教育上の問題について、本人又はその親などに、その望ましい在り方を助言することである」という、『中学校学習指導要領解説　特別活動編』（文部科学省，2008a）に見られる定義を引用している。そのうえで、「教育相談は、児童生徒それぞれの発達に即して、好ましい人間関係を育て、生活によく適応させ、自己理解を深めさせ、人格の成長への援助を図るもの」と説明している。なお、「小集団を対象とする教育相談も、個別の教育相談がもつねらいや機能を有するので、個別の教育相談に類するものと考えて良い」（文部省，1990）とあるように、教育相談は必ずしも、援助者と被援助者が一対一の状況で行われるとは限らない。援助者（複数の場合もありうる）が小集団に対して行っている援助も、教育相談とみなしうる。

　教育相談は、①子どもが抱える問題の解決を援助するため、②問題が生じたり、さらに悪化したりするのを予防するため、③子どもの成長を促すため、というように目的によって3つに大別される。いじめ被害にあった生徒を援助する（問題解決的教育相談）、休みや遅刻が目立ち始め、長期欠席のおそれがある子どもを呼び出して話を聴く（予防的教育相談），グループ活動を通して個々の子どもの共感性を高める（開発的教育相談とか、発達促進的教育相談と呼ば

れる）というようにである。最後の例からわかるように，教育相談は問題を持っている，または持ちそうな一部の子どものみを対象にするのではなく，すべての子どもを対象とする活動である。

不登校の子どもと手紙や電話を使ってやりとりをするというように，直接対面しない形での教育相談もありうるが，たいていの場合は直接対面して援助が行われる。そのような機会としては，①チャンス相談（廊下ですれ違うなど偶発的な出会いをとらえて話をする），②呼出し相談（意図的に特定の生徒や保護者を呼び出して面接する），③定期相談（すべての子どもや保護者と定期的に面接する），④自発相談（子どもや保護者が自発的に相談しにくる）といったものがあげられる。

II 教育相談の実践者

教育相談の実践は，すべての教員に求められるものであるが，それぞれの立場により，おもに求められる仕事が異なってくる。以下に主たる立場について簡単に述べる。

(1) 学級（ホームルーム）担任教師の役割

まず，学級（ホームルーム）担任教師の役割・責任が非常に大きいことは言うまでもない。担任教師は，受け持つ子どもに関して最も豊富な情報を得られる立場にある。したがって，子どもに変化が起こったときに，真っ先に気づき，対処することが可能である。問題の早期発見・早期援助のかなめといえる。また，子どもや保護者の側も一般に担任には相談しやすいものである。保護者に協力を求めなければならない場合にも，担任の立場からは発言しやすい。

(2) 教育相談担当教員の役割

校務分掌については第6章で触れるが，教育相談を特に担当とする教員（教育相談担当教員とか，教育相談係と呼ばれる）の果たす役割も大きい。教育相談担当教員のおもな仕事を以下にあげる（文部科学省，2010）。

① 学級担任・ホームルーム担任へのサポート（担任に対して助言を行った

り，保護者面接に同席したりするなど）
② 校内への情報提供（生徒理解やカウンセリングなどについての情報を校内に提供するなど）
③ 校内・校外の資源との連携
④ 危機介入のコーディネート（危機介入とは，「親友の死」というような，対処困難な状況に直面している人への短期集中的援助のこと）
⑤ 教育相談に関する校内研修の企画運営
⑥ 教育相談に関する調査研究の推進（いじめについてのアンケートを行うなど）

(3) 養護教諭の役割

養護教諭の存在も，教育相談には欠かせないものである。養護教諭は健康診断，健康相談，救急処置などを担当する教諭である。「保健室の先生」と言ったほうがなじみがあるだろう。養護教諭は，子どもの身体面だけではなく，心理面のケアも求められている。特にスクールカウンセラーがいない学校では，心理面へのケアについての期待が大きくかけられる。ほかの教師にない重要な特徴としては，以下の点があげられる。

① 子どもの成績評価を行わないため，子どもは素直に自分のことを話しやすい。
② 活動の中心である保健室は，不安・緊張などに苦しむ子どもにとって，リラックスしやすい場である。
③ 心身症に苦しんでいたり，虐待・いじめを受けていたりする子どもに気づきやすい。

心身症とは，発症や経過にストレスなど心理的なものの関与が密接に関与している体の病気のことである。心身症の一種である起立性調節障害（特に午前中に，めまいや気分不良を訴えるケースが多い）は不登校につながりやすく，養護教諭とその他の教師が連携して援助することが求められている。

(4) スクールカウンセラーの役割

これまで述べてきたのは，いずれも教師であり，教育の専門家である。教育

第3節　教育相談　85

相談の実践に当たる重要な校内のスタッフには，教師以外の存在もいる。
　そのような存在として，スクールカウンセラーはすでによく知られていると言っていいだろう。スクールカウンセラーは，心理学という視点から教育相談にかかわる専門家である。大部分のスクールカウンセラーの雇用形態は非常勤であり，その点が教師とは大きく異なる。おもな仕事は，以下のとおりである（文部科学省，2010）。
　①　児童生徒や保護者に対する援助
　②　教師に対する援助
　③　校外の専門機関との連携
　一般に，スクールカウンセラーの仕事としては，実際に何らかの問題を抱えて困っている子どもやその保護者へのカウンセリングというイメージが強いだろう。しかし，教育相談に関する会議に出て発言する，教師が行っている子どもへの相談活動について助言するといった，教師に対する援助も大切な仕事である。スクールカウンセラーが児童相談所など校外の専門機関でも働いている場合，その機関と学校の間の連携に役立つことは言うまでもない。

(5)　スクールソーシャルワーカーの役割

　ところで，子どもが何らかの問題を持っているとき，つい，その子ども自身にだけ目を向けて援助をしようと考えがちになるのではないだろうか。しかし，実際には，人は全く独立した個として真空の中に存在しているわけではない。家庭，学校，地域社会など，必ず何らかの環境の中におり，これらの環境と相互作用しているものである。個々の子どもの問題の背景には，これらの環境からの影響があるだろうし，逆に，それまで利用できなかった環境からの力をうまく使うことによって，問題解決にいたることも期待できる。このような視点から教育相談にかかわる専門家として，スクールソーシャルワーカーがいる。文部科学省が2008年度にスクールソーシャルワーカー活用事業を実施したことにより，学校関係，福祉関係の専門家の間では，一躍認知度が高まった。
　スクールソーシャルワーカーには，教育と福祉の両面についての専門性が求められている。そのおもな仕事は，以下のとおりである（文部科学省，2008b）。

① 問題を抱える児童生徒が置かれた環境への働きかけ
② 関係機関等とのネットワークの構築・連携・調整
③ 学校内におけるチーム体制の構築・支援
④ 保護者，教職員等に対する支援・相談・情報提供
⑤ 教職員等への研修

こうした実践者は，それぞれが個別に動いて子どもや保護者を援助するのではない。チームとして互いに協力し合いながら援助することがますます求められている。例えば，いじめ，不登校などの問題を早期に発見するための会議（スクリーニング会議）を定期的に持ったり，発生した問題に対してはその援助策を検討するためのケース会議を実施することが求められている（教育相談等に関する調査研究協力者会議，2017）。

III 教育相談に活かせるカウンセリングの知識

　本節の冒頭で教育相談の定義と目的を示したが，それらを実現するためにはカウンセリングの知識が大いに参考になる。カウンセリングと一言でいっても，背景にある人間観や具体的な援助技法は一つだけではなく，さまざまである。表2–3にその一部を示した。

　ここでは，クライエント中心療法についてのみ簡単に紹介することにする。クライエント中心療法は，アメリカの心理学者であるカール・ランサム・ロジャーズが提唱したカウンセリングの理論である。この理論では，援助者が，自己一致，無条件の肯定的配慮，共感的理解という3つの条件を満たしてクライエントに接することを重視する。自己一致とは，援助者がその時その時の自分の内面，つまり，考えや感情を素直に受け入れ，それをクライエントに伝えようとすることである。無条件の肯定的配慮とは，クライエントがどのようなことを考えたり感じたりしようが，一貫してクライエントを大切な存在として尊敬していくことである。共感的理解とは，あたかもクライエントになったかのようにクライエントの内面をクライエントの視点から理解し，その理解した

表2-3 教育相談に活かせる主なカウンセリング理論

名　称	解　説
精神分析	人が自分では直接自覚できない無意識の働きを重視する。教師がこの方法を厳密に適用して子どもを援助することは考えにくいが、心の構造論、防衛機制といった主要概念は子どもの理解に役立つ。
行動療法	心理学で言う「学習」を基礎としている。最終目標の達成（例：長期欠席中の子どもが完全に授業に出席する）を性急に求めるのではなく、「担任に電話をする」「午後から登校する」というように一歩一歩の達成を求めるというシェイピング法など、学校での問題解決のヒントになる技法が多い。
クライエント中心療法	自己一致、無条件の肯定的配慮、共感的理解という条件を援助者が面接場面で満たすことで、質の高い人間関係をつくることを求める。子どもや保護者との間で信頼関係を育むのに参考になる。基本的なカウンセリング法として学ぶ人が多い。
論理行動情動療法	「完璧に振るまえなければ自分はダメな人間だ」というような、自分で自分を苦しめることにつながる考えを修正していく。
交流分析（TA）	子どもが自分について、また教師が子どもについて理解するツールであるエゴグラムが特に有名である。子ども間や、子どもと保護者間などで頻繁に繰り返される不適切なやりとりに介入する技法など、対人関係での問題解決に役立つ技法が多い。
解決志向ブリーフセラピー	「問題」に注目するのではなく、その「問題」が解決され、より幸せになっているイメージに焦点を当てる。「できている部分」「うまく働いている部分」を強調するので、子どもや保護者に受け入れられやすい。
ソーシャルスキル・トレーニング（SST）	ソーシャルスキル、つまり、対人関係でうまくやっていくコツを子どもが適切に学習しているかどうかに注目する。学習が不適切で対人場面で問題を起こしている子どもに対しては、ソーシャルスキルを学習させる指導を行う。学級などの集団に対して一斉にソーシャルスキルを学ばせるソーシャルスキル教育が、開発的教育相談の手法として注目されつつある。
アサーション・トレーニング	自分の気持ちを、自分と相手の双方を大切にしながら表現する方法を身に付けさせる。
構成的グループエンカウンター（SGE）	現代社会ではなかなか体験することが難しくなっている本音でやりとりする機会を、ある程度枠が決まったやり方で子どもに提供するというもの。子ども間のコミュニケーションの質を高めるといった効果が期待される。開発的教育相談の手法として普及している。

内容をクライエントに伝えることである。こうした3つの条件が満たされた関係がつくられると，クライエントは自己評価を高めたり，自己理解を深めて問題の解決方法を自ら発見したりすると考えられている。

IV 校外の専門機関との連携

「II 教育相談の実践者」のところで，たびたび，校外の専門機関について触れてきた。子どもが抱える問題について，校内だけで十分に満足のいく援助ができるとは限らないことをあらためて確認したい。例えば，精神障害の一種である統合失調症の子どもへの援助を考えてみる。統合失調症患者の治療に当たっては，薬物療法が基本的な柱となっている。したがって，必然的に，医療機関との連携が必要になってくる。

統合失調症ほどではないが，校外の専門機関と連携することによって，より確実に，すみやかに，子どもが抱える問題の解決が期待できることがある。学校が連携できる専門機関としては，表2-4のようなものがあげられる。

連携の形としては，①学校が専門機関の援助を受ける場合，②保護者・子どもに専門機関の援助を勧める場合，③すでに保護者・子どもが専門機関の援助を受けている場合，などが考えられる（日本学校教育相談学会刊行図書編集委員会, 2006）。

これら専門機関との連携に当たっては，学校側に十分な配慮が求められている。例えば，保護者・子どもに専門機関の援助を勧める場合だけをみても，①専門機関に行くことを学校側が一方的に勧めるのではなく，保護者・子どもの気持ちに配慮しつつ，ていねいに話を進めていく，②複数の専門機関の選択肢を示し，保護者・子ども自身に選択してもらう，③子どもの情報を記した紹介状を用意するなど，保護者・子どもが円滑に専門機関の援助を得られるよう工夫する，④学校での援助を継続する，といったことが望まれる（会沢・安齊, 2010）。

表2-4　学校が連携できる主な校外の専門機関
(文部科学省，2008b，2010を参考に作成)

機関		教育相談に関連する活動の説明
教育関係	教育相談所	性格，行動，心身障害，学校生活，家庭生活などの，教育に関する相談を行う。
	教育支援センター（適応指導教室）	不登校の子どもの学校復帰への支援を行う。
福祉関係	児童相談所	18歳未満の子どもに関する種々の相談活動（養護相談，非行相談，知的障害相談，育成相談など）を行う。子どもや家庭について必要な心理判定や調査を実施し，指導を行う。
	福祉事務所	生活保護や子ども，家庭などの福祉に関する相談を行う。
医療・保健関係	保健所	精神保健に関する事項を含め，幅広く地域住民の健康の保持・増進に関連する業務を行っている。
	医療機関の各診療科	小児科，心療内科，精神科など。
警察関係	警察署	少年非行や少年の犯罪被害に関する相談活動を行っている。また，児童虐待について児童相談所への通告などを行う。
	少年サポートセンター	少年非行や少年の犯罪被害に関する相談活動を行う。

〈引用文献〉

会沢信彦・安齊順子（編著）『教師のたまごのための教育相談』北樹出版，2010

教育相談等に関する調査研究協力者会議「児童生徒の教育相談の充実について～学校の教育力を高める組織的な教育相談体制づくり～（報告）」2017
　(http://www.mext.go.jp/component/b_menu/shingi/toushin/icsFiles/afieldfile/2017/27/1381051_2.pdf)

文部科学省『中学校学習指導要領解説　特別活動編』ぎょうせい，2008a

文部科学省「スクールソーシャルワーカー実践活動事例集」2008b
　(http://www.mext.go.jp/a_menu/shotou/seitoshidou/1246334.htm)

文部科学省『生徒指導提要』教育図書，2010

文部省『生徒指導資料第21集』大蔵省印刷局，1990

日本学校教育相談学会刊行図書編集委員会（編著）『学校教育相談学ハンドブック』　ほんの森出版，2006

第4節　学級経営

　現代日本では一般的に，小学校では「学級担任制」，中学校・高等学校では「教科担任制」がとられている。小学校はもとより，中学・高校においても，専門教科の指導のほか，多くの教師は学級担任として一つの学級（ホームルーム）を受け持ち，生活指導全般にかかわる仕事に取り組んでいる。子どものさまざまな姿と向き合う学級経営は，教師の教育観や人間観，教育実践者としてのあり方が問われる場面といえる。

　中央教育審議会答申（2012）では，「学校現場における諸課題の高度化・複雑化により，初任段階の教員が困難を抱えており，養成段階における実践的指導力の育成強化が必要」と指摘されている。その諸課題の一つが，1990年代半ばから社会問題化した「学級の荒れ」「学級崩壊」であろう。

　1998年に，当時の文部省から研究委嘱を受けた国立教育研究所は「学級経営研究会」を立ち上げて，全国の実態把握を行い，「子どもたちが教室内で勝手な行動をして教師の指導に従わず，授業が成立しないなど，集団教育という学校の機能が成立しない学級の状況が一定期間継続し，学級担任による通常の方法では問題解決ができない状態に立ち至っている場合」と定義づけた。そして，その要因が家庭教育や就学前教育（生活習慣の欠如，わがままなど）のほか，「学級経営が柔軟性を欠いている」「授業の内容と方法に不満をもつ子どもがいる」「いじめなどの問題行動への対応が遅れた」「校内の連携・協力が確立していない」など教師や学校のあり方にあると指摘した。今日，教師をめざす者にとって，いかに子どもの実態と向き合いながら学級経営を行っていくか，という問いと学びは「実践的指導力の育成強化」のために必要不可欠なのである。

I 「学級」と「学級経営」

1 「学級」とは何か

　現在，私たちが「学級」と聞いてイメージするのは，同一年齢や同一習熟度で編成された集団だろう。現代日本で一般的なこうした「学級」は，日本社会においては1890年代以降（明治20年代半ば以降）に，世界的には19世紀に成立し，広がっていった。その代表例としてモニトリアル・システム（日本語訳：助教法）がある。1798年にベル（Bell, A.）とランカスター（Lancaster, J.）が熟達度が均一な何人かの少年からなる学級に分け，効率的に 3 R'sを一斉教授する安上がりな方法として生み出したものである。ここからわかるように，「学級」とは，学ぶ側よりは教育する側の効率性重視による「システム」だったのである。

　これが1872年の「学制」により日本にも導入されることになる。毎月の月次試験で成績順の席次を決め，進級試験で進級・落第・飛び級を判定する競争重視の「等級制」であり，異年齢の「学習集団」としてのスタートであった。大正期には同一年齢の学級集団のもと「学級文庫」「学級通信」「学級自治会」といった，「学習集団」のみならず「生活集団」としての学級経営の試みが生まれる。昭和初期には子どもに自身の生活を題材にした文章を書かせ，子どもたちと教師が共同で読み合い，また書くという「生活綴方教育運動」が展開され，教師が子どもの生活指導の手がかりをつかみ，子ども同士が切実感をもって問題解決的な話し合いをするといった「生活集団」・「学習集団」としての可能性の追究が見られた。そして以後，日本の「学級」は知識・技能を教授・学習する「学習集団」として成立しつつも，共同体の一員としての意識や行動を育む「生活集団」としての性格をも有するもの，として現在にいたるのである。

　これは，英米の「学級」が学習集団としての特性が強いのと比較しても特徴的である。近年,「教育の個性化・多様化」「個に応じた指導」「アクティブ・ラーニング」などの授業改革が進むなかで，選択教科の拡大，習熟度別編成や少人

数学級編成，ティーム・ティーチングなど，学習場面や指導目的により学級を組み換える試みも生まれている。それでもなお，「子どもの居場所」「ホームルーム」といった「生活集団」としての学級の存在意義は，強く残存し続けている。これは今後も変わることがないであろう。

2　「学級経営」とは何か

学級経営とは，学級担任が「学習集団」「生活集団」の両方の教育機能を十分に発揮できるように，授業，道徳教育，特別活動，生徒指導，進路指導，教育相談，保護者との連携といったさまざまな活動を通して，子どもたちを指導・支援していくことである。河村茂雄（2010）は学校現場の教師たちが持つ「学級経営」のイメージを図2-7のようにまとめている。

このように学校教育全体にかかわる広い概念であり，子どもの実態に寄り添いながら，担任教師の創意と自主性により学級集団の育成・維持が行われていく。教育基本法第1条「教育の目的」にある「人格の完成を目指し，平和で民主的な国家及び社会の形成者として必要な資質を備えた心身ともに健康な国民の育成を期」すことを基本に，第2条「教育の目標」で掲げられている5項目（巻末付録 p.190参照）を念頭に，子どもの実態とのはざまで「目標」や「理想」を設定し続けていくことが重要なのである。

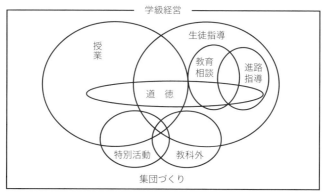

図2-7　学級経営のイメージ
(河村茂雄, 2010, p.20)

3　学級経営の基本とこれからの学級経営のあり方

河村（2010）は，これまで日本の教師たちが模索してきた「望ましいと考える学級集団」を以下の5点にまとめている。

- 自由で温かな雰囲気でありながら，集団としての規律があり，正しい集団生活が送れている。
- いじめがなく，すべての子どもが学級生活・活動を楽しみ，学級内に親和的で支持的な人間関係が確立している。
- すべての子どもが意欲的に，自主的に学習や学級の諸々の活動に取り組んでいる。
- 子ども同士の間で学び合いが生まれている。
- 学級内の生活や活動に子どもたちの自治が確立している。

近年，不登校やいじめ問題の発生，学級の荒れ，学力の低下，通常学級における特別支援教育推進の困難といった問題が噴出している。教師の間で積み重ね，形づくられてきた学級集団の姿を実現することに困難が伴っている。

これに対し，教師が「理想」をもとに規律や人とかかわる最低限のマナーを共有化し，次に班活動・係活動などで，親和的に認め合っていく関係の構築に向かう実践に，その有効性が確認されている。確かな子どもの実態把握のもと，微修正し続ける地道な取組みが大切なのである。

4　「チーム学校」の実現による学級経営の充実

子どもの実態と向き合ううえで，複数の視点を活かす，いわば学級経営を学校経営や学年経営と結びつけて，チームで取り組むことも求められる。これまで，学級づくりは教師の個性であるとして，他の学級の問題に口出ししない学校も存在してきた。こうした学校では，学級経営が危機的状況になってはじめて問題が顕在化することも多い。「学級王国」に閉じこもらず，学級の問題や子どもの問題行動を共有し，協力体制のもとで解決していくことが，学校全体の創造的な活力のため，そして危機管理という視点からも重要である。

そのためには，学年主任を中心とした学年会の話し合いが，単なる学年間の

連絡調整や学校行事等の打ち合わせといった事務的・形式的な話し合いに終わることなく,「学年経営」という意識と理念のもとに運営され,学年集団としての発展・充実をめざすチームワークが形成されるようにしたい。2014年10月21日の中央教育審議会「道徳に係る教育課程の改善等について(答申)」でも,「特別の教科　道徳」の指導に当たって「全てを学級担任任せにするのではなく,校長をはじめとする管理職や,学校や学年の教員全体が,自らの得意分野を生かす取組なども重要である」と述べ,道徳教育の充実においてもチームワークの重要性が強調されている。

2015年12月21日の中央教育審議会「チームとしての学校の在り方と今後の改善方策について(答申)」では,「教員が行うことが期待されている本来的な業務」の一つに学級経営を挙げ,「専門スタッフとの間で連携・分担を行い,学校の教育力を最大化していくことが必要である」として,図2-8のようなイメージを掲げている。スクールカウンセラーやスクールソーシャルワーカー等と連携しつつ,学級経営をより充実させていくことが学級担任に求められている。

清水宏吉(2014)は,大阪府内の「力のある学校」に「『子どもをエンパワーする集団作り』＝学び合い・励まし合い・高め合うプロセスを発生させようとするアプローチ」「チーム力を大切にする学校運営」「実践志向の積極的な学校文化」＝がんばっている学校の先生方は常に前向き,という特徴を見いだしている。子ども同士をかかわらせ,そして,自らもチームワークを大切にする積極的な姿勢が,これからの学級担任に求められているのである。

II　学級経営と特別活動

1　特別活動の目標と内容

特別活動の目標は,次のとおりである(中学校学習指導要領)。

　　集団や社会の形成者としての見方・考え方を働かせ,様々な集団活動に自主的,実践的に取り組み,互いのよさや可能性を発揮しながら集団や自己の生活上の課題

第4節 学級経営

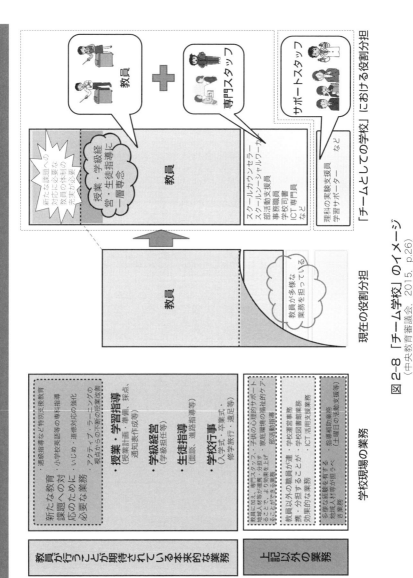

図2-8 「チーム学校」のイメージ
(中央教育審議会, 2015, p.26)

を解決することを通して，次のとおり資質・能力を育成することを目指す。
(1) 多様な他者と協働する様々な集団活動の意義や活動を行う上で必要となることについて理解し，行動の仕方を身に付けるようにする。
(2) 集団や自己の生活，人間関係の課題を見いだし，解決するために話し合い，合意形成を図ったり，意思決定したりすることができるようにする。
(3) 自主的，実践的な集団活動を通して身に付けたことを生かして，集団や社会における生活及び人間関係をよりよく形成するとともに，人間としての生き方についての考えを深め，自己実現を図ろうとする態度を養う。

中学・高校の特別活動の内容は，大きくは「学級活動（ホームルーム活動）」「生徒会活動」「学校行事」の3つである（小学校では「クラブ活動」がある）。

学級活動	「学級や学校での生活をよりよくするための課題を見いだし，解決するために話し合い，合意形成し，役割を分担して協力して実践したり，学級での話合いを生かして自己の課題の解決及び将来の生き方を描くために意思決定して実践したりすることに，自主的，実践的に取り組む」ものであり，特別活動に充てられた年間35時間（週1時間）は実際はこの活動に充てられる。
生徒会活動	「異年齢の生徒同士で協力し，学校生活の充実と向上を図るための諸問題の解決に向けて，計画を立て役割を分担し，協力して運営することに自主的，実践的に取り組む」ものである。
学校行事	「全校又は学年の生徒で協力し，よりよい学校生活を築くための体験的な活動を通して，集団への所属感や連帯感を深め，公共の精神を養」うものであり，①儀式的行事，②文化的行事，③健康安全・体育的行事，④旅行・集団宿泊的行事，⑤勤労生産・奉仕的行事，がある。

2 学級活動の内容

このうち「学級活動（高校ではホームルーム活動）」は，以下の3つに分類されている（中学校学習指導要領）。

(1) 学級や学校における生活づくりへの参画
ア 学級や学校における生活上の諸問題の解決
学級や学校における生活をよりよくするための課題を見いだし，解決するために話し合い，合意形成を図り，実践すること。
イ 学級内の組織づくりや役割の自覚
学級生活の充実や向上のため，生徒が主体的に組織をつくり，役割を自覚しながら仕事を分担して，協力し合い実践すること。

ウ　学校における多様な集団の生活の向上
　　　生徒会など学級の枠を超えた多様な集団における活動や学校行事を通して学校生活の向上を図るため，学級としての提案や取組を話し合って決めること。
(2)　日常の生活や学習への適応と自己の成長及び健康安全
　ア　自他の個性の理解と尊重，よりよい人間関係の形成
　　　自他の個性を理解して尊重し，互いのよさや可能性を発揮しながらよりよい集団生活をつくること。
　イ　男女相互の理解と協力
　　　男女相互について理解するとともに，共に協力し尊重し合い，充実した生活づくりに参画すること。
　ウ　思春期の不安や悩みの解決，性的な発達への対応
　　　心や体に関する正しい理解を基に，適切な行動をとり，悩みや不安に向き合い乗り越えようとすること。
　エ　心身ともに健康で安全な生活態度や習慣の形成
　　　節度ある生活を送るなど現在及び生涯にわたって心身の健康を保持増進することや，事件や事故，災害等から身を守り安全に行動すること。
　オ　食育の観点を踏まえた学校給食と望ましい食習慣の形成
　　　給食の時間を中心としながら，成長や健康管理を意識するなど，望ましい食習慣の形成を図るとともに，食事を通して人間関係をよりよくすること。
(3)　一人一人のキャリア形成と自己実現
　ア　社会生活，職業生活との接続を踏まえた主体的な学習態度の形成と学校図書館等の活用
　　　現在及び将来の学習と自己実現とのつながりを考えたり，自主的に学習する場としての学校図書館等を活用したりしながら，学ぶことと働くことの意義を意識して学習の見通しを立て，振り返ること。
　イ　社会参画意識の醸成や勤労観・職業観の形成
　　　社会の一員としての自覚や責任をもち，社会生活を営む上で必要なマナーやルール，働くことや社会に貢献することについて考えて行動すること。
　ウ　主体的な進路の選択と将来設計
　　　目標をもって，生き方や進路に関する適切な情報を収集・整理し，自己の個性や興味・関心と照らして考えること。

　これらの学校・学級集団づくり，個人の心身両面の自己形成，学習指導・進路指導などは，学級経営上において極めて重要な位置に存在することがわかる。
　近年，国立教育政策研究所教育課程センターは小中高の各校種向けに「特別

活動」のパンフレット・指導資料集を作成し,「話合い活動」の充実を強調している。例えば2014年発行の中学校向けのパンフレットでは,「話合い活動」の質向上が促されている（図2-9）。そこに「教師主体」や「体験あって学びなし」が批判されているが,ひるがえせば「生徒主体」や「体験からの学び」を実現することが難しいことの証でもある。いかに「話合い活動」を指導・支援し,子ども同士が学び合い・励まし合い・高め合うプロセスを実現できるか,という点に学級担任としての重要な役割を見いだすことができる。

学校の様子を確認してみましょう

学級活動が教師主体になっていませんか。	「体験あって学びなし」体験や学びがその場限りになっていませんか。	学級のルールが,教師が決めたものばかりになっていませんか。
●係活動や当番活動が活発になるような工夫をしていますか。 ●常に学級目標を意識した活動が展開されていますか。	●体験活動の評価はどのように行われていますか。 ●「楽しかった」という事後の感想に満足していませんか。	●学級（集団）で意思決定したことに対する生徒の取組状況はどうですか。 ●共感的な人間関係が育ち,学級が居心地のよい場所になっていますか。 ●学級において,ルールは守られていますか。
▼	▼	▼
学級活動で大事にしたいこと	**学級活動で大事にしたいこと**	**学級活動で大事にしたいこと**
●学級目標の実現に向け,組織や取組の見直しを大事にしましょう。 ●係活動や行事等の実施に当たっては,入念に準備し,生徒の自主的,実践的な活動を大事にしましょう。	●個々の生徒が受けた感動を,学級の共通体験にできるよう,生徒への問い掛けを大事にしましょう。 ●体験を通して得られる新しい自分の発見など,向上心につながる"変化"の感覚を実感させましょう。	●問題の発見と共有から始まるプロセスを大事にしましょう。 ●集団による意思決定についての丁寧な指導をしましょう。 ●他者の存在を意識させ,規範意識の醸成につなげましょう。

意見の違いを超え,望ましい人間関係につなぐ **話合い活動**		
▼	▼	▼
自主的・実践的な態度を育みます	自己成長の自覚を促し,向上心を育みます	共感と秩序のある集団を育てます

図2-9 「学級活動は学級経営の要」
（国立教育政策研究所教育課程研究センター,2014,pp.3-4）

III 学級担任（ホームルーム担任）の心構え

　学校経営にかかわる幅広く奥行きのある仕事をみてきた。2017年に文部科学省が公表した「教職課程コアカリキュラム」では,「教育の基礎的理解に関す

る科目」の「教育に関する社会的，制度的又は経営的事項」の一つとして「学級経営の仕組みと効果的な方法を理解している」を位置付けている。加えて，「特別活動の指導法」の中にも「学級活動・ホームルーム活動の特質を理解している」を挙げ，教職課程で修得すべき資質能力の一つとして明示している。

河村（2010）は，2009〜2010年に全国各地の小学校教師たちの学級集団づくりを調査し，以下のように具体的な子どもとの対応の仕方をまとめている。学級担任の心構えとして，貴重な「知恵」の数々を見つけることができる。

(1) 子どもの存在を尊重する
    ① 問題行動は注意するが，人間性を否定するような言動はしない
    ② 相談された内容は，必要な場合以外は他言しない
    ③ ほかの子どもの前で子どもに注意しない
    ④ 子どもの批判を，その子のいないところで，ほかの子どもたちにしない
(2) 自分から子どもに話しかける
    ① 自分から名前を呼んで，あいさつする
    ② 子どもの情報をメモし，あいさつのときにひとこと添える
    ③ 自分の苦手な子ども，低い評価をつけている子どもにこそ，さりげなく，定期的に言葉がけをする，いい面を言葉にして伝える
(3) 子どもが話しかけやすい雰囲気を意識してつくる
    ① 休み時間や放課後などくつろいで子どもとおしゃべりできる時間を設定する
    ② 自己開示して，役割を越えた交流を楽しむ
(4) プラス志向のフィードバックをする
    ① 感動したこと，面白かったことなどの感情を，率直に表現する
    ② 子どものがんばりや，取り組んだ熱意に対して，小さいことでも言葉にしてほめる
(5) ユーモアと遊び心をもつ
    ① 子どもと共有でき，自分も楽しい話題，趣味をもち，一緒に楽しむ
    ② 子どもたちとよく冗談を言う

これらには，本章でも繰り返し述べてきた「『子どもをエンパワーする集団作り』＝学び合い・励まし合い・高め合うプロセスを発生させようとするアプローチ」につながる思いを感じ取ることができる。「学習集団」であり「生活集団」である日本の学級には，生き生きとする子も，ネガティブな反応を示す子

も存在する。その実態を受け止め，向き合い，子どもの成長を切に願う温かい眼差しを持ち続けること，そうした心構えを自らに刻むことが，学級経営の「実践的指導力」を高める出発点として重要なのである。

〈参考文献〉
中野光・平原春好『教育学〔補訂版〕』有斐閣，2004
佐藤秀夫『教育の文化史2　学校の文化』阿吽社，2005
河村茂雄『日本の学級集団と学級経営—集団の教育力を活かす学校システムの原理と展望—』図書文化，2010
中央教育審議会「教職生活の全体を通じた教員の資質能力の総合的な向上方策について（答申）」2012（http://www.mext.go.jp/component/b_menu/shingi/toushin/__icsFiles/afieldfile/2012/08/30/1325094_1.pdf）
河村茂雄「学級づくりのポイント」『指導と評価　10月号』2013，pp.4-7
志水宏吉『「つながり格差」が学力格差を生む』亜紀書房，2014
国立教育政策研究所教育課程研究センター「学級・学校文化を創る特別活動（中学校編）—学級活動の基本　話合い活動を中心にして—」2014，pp.3-4（https://www.nier.go.jp/kaihatsu/pdf/tokkatsu_j_leaf.pdf）
中央教育審議会「道徳に係る教育課程の改善等について（答申）」2014（http://www.mext.go.jp/b_menu/shingi/chukyo/chukyo0/toushin/__icsFiles/afieldfile/2014/10/21/1352890_1.pdf）
森川輝紀『教養の教育学』三元社，2015
中央教育審議会「チームとしての学校の在り方と今後の改善方策について（答申）」2015（http://www.mext.go.jp/b_menu/shingi/chukyo/chukyo0/toushin/__icsFiles/afieldfile/2016/02/05/1365657_00.pdf）
教育課程コアカリキュラムの在り方に関する検討会「教育課程コアカリキュラム」2017（http://www.mext.go.jp/component/b_menu/shingi/toushin/__icsFiles/afieldfile/2017/11/27/1398442_1_3.pdf）
文部科学省『中学校学習指導要領（平成29年告示）解説　特別活動編』東山書房，2018

演習問題

1．「学級の荒れ」や「学級崩壊」の実態を調べその原因を考察しよう。
2．学級担任（ホームルーム担任）の仕事をまとめてみよう。
3．過去に教わった小学校・中学校・高等学校の担任の先生を思い浮かべながら，学級経営として大事な事柄は何か考えてみよう。

第3章
教師に求められる資質・能力

第1節　教師に何を求めてきたか，
　　　　いま何が求められているか

第2節　子どもと教師——学ぶことと教えること

　医師，弁護士，代議士……日本社会には，社会的・専門的に権威が認められる職業人を，敬意を込めて「先生」と呼ぶ風習がある。教職課程の先にある学校の「先生」は「教師」と呼ばれ，人の成長・発達や文化（国家や社会・集団）の伝達・伝承を担う特殊性ゆえ，その果たすべき役割は幅広く，そして寄せられる期待は大きい。

　本章では，教師に求められる資質・能力について考える。第1節で日本社会における教師像の歩み，今日とこれからに期待される新たな期待を知り，第2節ではそれらをもとにして「資質・能力」の本質に迫っていく。

第 1 節　教師に何を求めてきたか，いま何が求められているか

I　戦前の教師像

1　聖職者としての教師像

　近世の日本社会には，人々の生活要求に応じて「読み・書き・算」や学問を教える手習塾（寺子屋）が全国的に広く普及していた。師匠（多くは武士・僧侶・神官・名主・庄屋の副業だった）は，金銭よりも名誉を重んじ，郷村社会の風教維持者となろうとする意識が強かった。いまでも各地に師匠を称える「筆子塚」が残っているように，聖職者として人格的尊敬を得る存在であった。

　1872（明治5）年に発布された「学制」により，日本における近代学校制度がスタートするが，実際に教育現場を担っていったのは，多くが寺子屋師匠や旧武士階級であった。1881年の「小学校教員心得」で「教員タル者ハ殊ニ道徳ノ教育ニ力ヲ用ヒ」と記されていたように，教師は「徳」の指導者であるべきとする考え方は色濃く継承されていったのである。

　1890年に「教育勅語」が出されると学校儀式・修身科における徳育が強調され，明治後半以降には一村の指導者としての教師像が掲げられ，そして昭和戦前期には皇国民錬成のための訓育者像が強調されていった。その時々の国策を反映した「徳」を人々に伝えるべく，聖職者としての教師像は生き続けたのである。

2　専門職的教師像

　一方で，近代学校を支える資質と能力を備えた「教員」として，「師匠」から専門職的教師像への転換もまた図られていった。1872年に東京に師範学校が

設置されたのをはじめ，1875年頃から全府県に師範学校が整備されていった。教員養成機関の出現は，専門職的教師像を拡大・普及させていく源となった。

1886年に制定された「師範学校令」は，第2次世界大戦後に師範学校が廃止されるまで，日本の教員養成の基本的枠組みとなったものである。初代文部大臣・森有礼は学問と教育とを区分し，教育の担い手である教師は「良キ人物ヲ作ルヲ以テ第一トシ学力ヲ養フヲ以テ第二トスヘシ」として，師範学校において以下のような三気質を養うことを掲げた（「師範学校令」第一条）。

順良：文部省及び校長の命に従順であること
信愛：友情を重んじて職務を共同で遂行すること
威重：生徒に対しては威厳をもって教育に当たること

この改革により，師範学校では週6時間の兵式体操が導入されたほか，寄宿舎の生活が軍隊をモデルに規律や上下関係の厳しいものとなり，生徒間の「密告」も奨励された。こうして養成された教師は，着実性・真面目・親切であるのだが，短所として内向性・裏表がある・偽善的・融通がきかないといった性質を持つ者が多く，「師範タイプ」と言われ批判されることもあった。

3 「大正自由教育」に取り組んだ教師たち

1910年代になると，教師たちの中で定型化した授業への批判が高まり，学習者である子どもの視点から教育を再構築する「大正自由教育」が展開された。
　その先駆となったのは都市部に新設された私立学校や師範学校附属小学校であった。1912（大正元）年に西山哲治が創設した帝国小学校では，可能なかぎり子どもと向き合うため，あえて校長室や職員室を作らず，「教師は常に慈愛を以て師弟互に親み児童を未来の紳士淑女として親切に待遇すべし」「児童の実力養成を主眼としなるべく自ら攻究努力せしむる様導く」ことが掲げられた。1917年創立の成城小学校では，校長・澤柳政太郎により「科学的研究を基礎とする教育」が掲げられ，国定教科書の伝達者と化していた教師像を問い直し，成城の教師は「教えつつ学ぶ」を格言にしながら，低学年での修身科廃止，低学年からの理科の導入などが試みられていった。

明石女子師範学校附属小学校では，主事・及川平治により「分団式動的教育法」の実践が取り組まれた。「分団式」とは学級を随時解体して，子どもの能力や題材に応じて学習集団を適宜編成することであり，「動的教育法」とは子どもたち自らが学びを形づくっていく授業の姿を指している。千葉師範学校附属小学校の主事・手塚岸衛は，教師の行きすぎた指示を否定し，尋常１年生から学級自治会を組織し，写生遠足会，学芸発表会，綴方批評会などを企画・実行させていく実践に取り組んだ。奈良女子高等師範学校附属小学校の木下竹次は，子どもが学習の主体となり，「独自学習〜相互学習〜独自学習」というサイクルをたどる授業をめざし，教科の枠をはずした合科学習を展開した。

4 「綴方教師」たち

昭和初期には，国定教科書がなく制約が少なかった綴方（作文）において，子どもの生活現実と向き合おうとした「生活綴方教育運動」が広がりをみせた。具体的には，子どもに自身の生活を題材にした文章を書かせ，子どもたちと教師が共同で読み合い，また書くというサイクルを繰り返す。生活現実を直視させることで社会認識を育てる「生活指導のための表現指導」に取り組んだ教師たちがいた。教育学者・大田堯（1992）は，「綴方教師」と呼ばれた彼らの実践を以下のように述べている。

> 「生活と表現」という問題を，一人ひとりの子どものなかに緊張としてつかまえていくということ，一日のいとなみ，毎日のいろいろな所作，振舞いのなかで，生活と表現，言わんとするものと言ったものとの緊張，あるいは，行われんとするものとの緊張を，みつけていく，とらえていく。そういう張りつめたものをだいじにして，私たち教師が授業・子どもに取り組んでいくことは，たんに生活綴方だけではなくて，あらゆる教科を通じてだいじな今日の問題であると思います。

目に見える言動や表現のみならず，その奥に見え隠れする子どもの内面に迫ろうとする。そうした真の子ども理解をめざした教師の姿を，教育の本質にかかわるものと意義づけている。現在，「主体的・対話的で深い学び」が掲げられ，

子どもがさまざまな手段で表現・交流することが推奨されている。これを受け止める側の教師のあり方について,「生活綴方教育運動」に学ぶべきものは多い。

II 戦後における教師像

　第2次世界大戦の敗戦を機に,日本の教育は大転換を遂げたと言われている。最大の変化は,それまで臣民の「義務」とされていた教育（を受けること）が,すべての国民の基本的人権の一つとされたこと,つまり「権利」として保障されたことであろう。1946年に制定された日本国憲法第26条第1項は,「すべて国民は,法律の定めるところにより,その能力に応じて,ひとしく教育を受ける権利を有する」という文言でこのことを明示している。翌1947年に定められた教育基本法（2006年に全文改正された）は,その前文の中で,新たな日本社会の進むべき方向を「民主的で文化的な国家」と位置づけ,「世界の平和と人類の福祉に貢献しようとする決意」を明記している。そして「この理想の実現は,根本において教育の力にまつべきものである」と述べて,教育こそが新たな社会の建設の基礎であることを宣言した。こうした使命を負った教育は「人格の完成をめざし,平和的な国家及び社会の形成者として,真理と正義を愛し,個人の価値をたつとび,勤労と責任を重んじ,自主的精神に充ちた心身ともに健康な国民の育成を期して行われなければならない」（第1条）のであり,教師は「自己の使命を自覚し,その職責の遂行」（第6条第2項）に努めるべきことが定められた。

　これら戦後教育改革の方向性を示した1946年の『米国教育使節団報告書』では,「教師の最善の能力は,自由の空気の中においてのみ十分に発揮される」と述べており,これを受けて同年6月に文部省が公刊した『新教育指針』では,「自由に考え,批判しつつ,自ら新教育の目あてを見出し,重点をとらえ,方法を工夫せられることを期待する」と,教師の自律性・自主性・創造性の尊重を掲げていた。1947年3月の『学習指導要領一般編（試案）』では,各学校独自の教育課程の編成が推奨された。戦前の国策の担い手とされた姿から,教育

実践の主体へと，教師像の大きな転換が図られたのである。

『米国教育使節団報告書』では，師範学校を高等教育機関へと改編することも勧告されていた。これを受け「大学における教員養成」と教員免許状授与の「開放制」を盛り込んだ教育職員免許法が1949年5月に定められた。当時，アメリカの一部の州を除き，世界各国のほとんどは短大・高校レベルでの教員養成にとどまっており，世界最高水準の教師教育の体制が整備されたといえる。これに加えて，同年の教育公務員特例法では，教師が「その職責を遂行するために，絶えず研究と修養に努めなければならない」（第21条第1項）と定められた。これ以後，高い教育水準をもち，校内研修を中心に専門家集団として資質・能力を高め続ける教師像が展開していくこととなった（担任教師の出張や，多くの先生が教室の後方にいる研究授業などが思い出されるだろう）。

1960〜1970年代の高度経済成長の中で，日本社会は都市化や大衆消費社会化が進展し，高校・大学進学率も上昇して，学校教育はそのすそ野を広げていった。その過程で受験競争も激化し，教育現場を能力主義や競争原理が覆っていく。真面目で教育熱心な教師たちは，その役割を果たすべく学力向上に努力を重ねていった。しかし，1970年代後半からいじめ・不登校・学力低下・校内暴力といった教育問題が発生し，教師への期待感が不信感へと裏返り，厳しい視線や批判が向けられる状況も生まれていったのである。

III 1990年代以降の教師教育改革

1990年代以降，教師の学びと成長にかかわる教育改革が重ねられている。1992年から全面導入された初任者研修では，授業参観を中心とした校内研修（約300時間）や，教育センター等における教科等に関する専門的な指導，宿泊・社会体験などの校外研修が実施されている。

2002年からは十年経験者研修が導入され，在職期間が10年に達した教師に対し，個々の得意分野の教科や苦手分野の補強といった研修が実施されたが，2016年からはこれに代わって「中堅教諭等資質向上研修」が導入されている。

これら法定研修以外にも，五年経験者研修，二十年経験者研修など都道府県や市町村が独自に設けた研修もある。2008年度には高度な専門的職業能力を備えた新任教員や中核的中堅教員の養成をめざす「教職大学院」制度が創設された。2009年度には「その時々で求められる教員としての必要な資質能力が保持されるよう，定期的な刷新（リニューアル）を図るための制度」として，教員免許の期限を10年とし，大学などで30時間の講習を経て認定試験によって更新する教員免許更新制が導入された。また，2010年には指導が不適切な教員を対象とした指導改善研修が制度化されている。一方，2000年代では学校評価や教員評価の取組みが，教育活動の軌道修正や給与・人事の資料といった目的（と論議）を含みつつ各地に広がってきた。

　これらの諸改革の結果，教師に義務づけられた研修機会は格段に増加した。一方で，校外出張の増加による多忙化や同僚性の希薄化（先輩教師からの伝承や学び合いの喪失），一律の研修による個々のニーズとの不一致などが，問題として指摘されている。2013年に34か国が参加して行われた2回目のOECD国際教員指導環境調査（TALIS）では，日本の教師たちがさまざまな研修において他者から学ぼうとしている一方で，多忙化や人員不足の中で多様な職責を果たすべく長時間勤務となっており，主体的な学びを引き出すことに自信が低く，ICTの活用割合も低い現状がとらえられた（次ページ図3-1）。こうした現状を克服すべく，教職の高度化と専門職化をめぐる議論が近年，盛んに行われている。

Ⅳ　学び続ける教員像

　2012年8月28日の中央教育審議会「教職生活の全体を通じた教員の資質能力の総合的な向上方策について（答申）」では，以下のように現在の社会・学校を取り巻く状況を整理し，これに対応すべく「学び続ける教員像の確立」が提起されている。

　　○グローバル化や情報化，少子高齢化など社会の急激な変化に伴い，高度化・複雑化する諸課題への対応が必要となっており，学校教育において，求めら

我が国の教員の現状と課題—TALIS2013結果概要 ■日本 □参加国平均

校内研修等で教員が日頃から共に学び合い，指導改善や意欲の向上につながっている
▶ 日本の学校には教員が学び合う校内研修，授業研究の伝統的な実践の背景があり，組織内指導者による支援を受けている割合，校長やその他の教員からフィードバックを受けている割合が高い。
▶ 教員間の授業見学や自己評価，生徒対象の授業アンケートなど多様な取組の実施割合が高い。
▶ これらの取組の効果として，指導実践の改善や仕事の満足度，意欲等の面で好影響があると回答している教員の割合が参加国平均よりも高い。

〈授業見学の実施状況〉

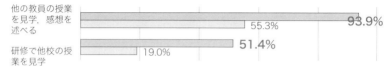

他の教員の授業を見学，感想を述べる 93.9% / 55.3%
研修で他校の授業を見学 51.4% / 19.0%

研修への参加意欲は高いが，業務多忙や費用，支援不足が課題
▶ 日本の教員は公式の初任者研修に参加している割合が高く，校内研修が盛んに行われている。
▶ 日本では，研修へのニーズが全体的に高いが，参加への障壁として業務スケジュールと合わないことを挙げる教員が特に多く，多忙であるため参加が困難な状況がある。

〈研修参加への妨げ〉

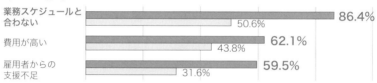

業務スケジュールと合わない 86.4% / 50.6%
費用が高い 62.1% / 43.8%
雇用者からの支援不足 59.5% / 31.6%

教員は，主体的な学びを引き出すことに対しての自信が低く，ICTの活用等の実施割合も低い
〈主体的な学びの引き出しに自信を持つ教員の割合〉

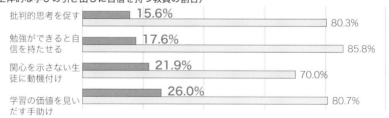

批判的思考を促す 15.6% / 80.3%
勉強ができると自信を持たせる 17.6% / 85.8%
関心を示さない生徒に動機付け 21.9% / 70.0%
学習の価値を見いだす手助け 26.0% / 80.7%

〈各指導実践を頻繁に行っている教員の割合〉

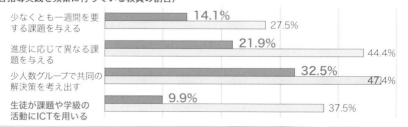

少なくとも一週間を要する課題を与える 14.1% / 27.5%
進度に応じて異なる課題を与える 21.9% / 44.4%
少人数グループで共同の解決策を考え出す 32.5% / 47.4%
生徒が課題や学級の活動にICTを用いる 9.9% / 37.5%

第1節 教師に何を求めてきたか，いま何が求められているか | 109

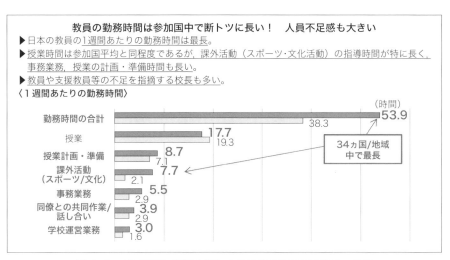

図3-1　教育再生実行会議によるTALIS2013結果の分析
(教育再生実行会議，2015)

れる人材育成像の変化への対応が必要である。
○これに伴い，21世紀を生き抜くための力を育成するため，これからの学校は，基礎的・基本的な知識・技能の習得に加え，思考力・判断力・表現力等の育成や学習意欲の向上，多様な人間関係を結んでいく力の育成等を重視する必要がある。これらは，様々な言語活動や協働的な学習活動等を通じて効果的に育まれることに留意する必要がある。
○今後は，このような新たな学びを支える教員の養成と，学び続ける教員像の確立が求められている。
○一方，いじめ・暴力行為・不登校等への対応，特別支援教育の充実，ICTの活用など，諸課題への対応も必要となっている。
○これらを踏まえ，教育委員会と大学との連携・協働により，教職生活全体を通じて学び続ける教員を継続的に支援するための一体的な改革を行う必要がある。

何のために教師は「学び続ける」のか。それが，学力観と授業観の大きな転換に伴うものであることが明示されている。これまでも学力観として知識・技能，思考力・判断力・表現力，学習意欲は論じられてきたのだが，これに加え

て「多様な人間関係を結んでいく力の育成」が掲げられている。そして，これが「様々な多様な言語活動や協同的な学習活動等を通じて効果的に育まれることに留意する」こと，「このような新たな学びを支える」ことを教師に求めたのである。TALIS2013の調査結果で浮き上がった，主体的な学びを引き出すことに自信が低い教師たちに，授業観の大きな転換を求めたのである。

　2015年12月21日の中央教育審議会「これからの学校教員を担う教員の資質能力の向上について（答申）」では「学び続ける教員像」の具現化に向け，今後に求められる教師の資質・能力を以下のようにまとめている。

- ◆これまで教員として不易とされてきた資質能力に加え，自律的に学ぶ姿勢を持ち，時代の変化や自らのキャリアステージに応じて求められる資質能力を生涯にわたって高めていくことのできる力や，情報を適切に収集し，選択し，活用する能力や知識を有機的に結びつけ構造化する力などが必要である。
- ◆アクティブ・ラーニングの視点からの授業改善，道徳教育の充実，小学校における外国語教育の早期化・教科化，ICTの活用，発達障害を含む特別な支援を必要とする児童生徒等への対応などの新たな課題に対応できる力量を高めることが必要である。
- ◆「チーム学校」の考えの下，多様な専門性を持つ人材と効果的に連携・分担し，組織的・協働的に諸課題の解決に取り組む力の醸成が必要である。

　今後の具体的方策として「学び続ける教員の養成段階から研修段階までの資質能力の向上施策を，教育委員会，大学等の関係者が一体となって体系的に取り組むための体制の構築が不可欠」として，教員育成協議会の創設や教員育成指標の策定が進められている。そこで真に重要なのは，指標への到達ではなく，主体的・自律的に教員としての成長を思い描き，日々研究と修養を重ねていく姿勢を持ち続けることであろう。

第2節 子どもと教師——学ぶことと教えること

I 実践の中から理論や教育実践を生み出す

　めまぐるしい変化の中で、教師として成長し続けるために何が必要なのだろうか。神奈川県で「社会科の初志をつらぬく会」をリードした元小学校教員・松本健嗣は、自著『「未熟もの」としての教師』（農山漁村文化協会、2009）で次のように投げかけている。

　　「教師はそのときどきの教育思潮に敏感で、それに左右され続けてきました。（中略）つまり、哲学がないのです。近年、教師塾というのがもてはやされていますが、それも同じ流れのなかにあるものです。自分の実践の中から理論や教育技術を生み出すのではなく、それはどこかの権威ある人によってもたらされるという信仰があるからです。教師は、自分は『未熟もの』だという自覚をたえず意識し続けることが、いま何よりもだいじなことです。」

　ここにあげられている「哲学がない」教師と「未熟もの」だという自覚をたえず意識し続ける教師との間には、大きな違いがあることが読み取れるだろう。変化と多忙の中にある今日の教師にとって、そのいずれを歩むのかが問われている。松本が投げかける「実践の中から理論や教育技術を生み出す」教師像とは、いかなる姿なのだろうか。

II 子どもの「実力」を高める授業研究の歩み

　松本は，戦後初期社会科で脚光を浴びた神奈川県福沢小学校に在職し，社会科がしだいに知識偏重に傾き，その反対に同校が「はいまわる経験主義」や「学力低下」との批判を受けていくなか，「知識」＝「学力」という短絡的な回答に向かわず，「学び」の本質を問い，これを「実力」という概念で追究していった教師の一人であった。常に子どもの実態から出発しようとした授業研究の歩みは，「わかる」社会科指導と「個人差を重んずる指導」の両テーマを抱えながら，話し合い活動による「個性」「自発性」「社会性」の育成を探究するものであった。

　福沢小の教師たちは，話し合い活動を追究する過程で，「ぼくだけがそう考えている」という孤独，「どちらが正しいか，わからなくなってしまった」という不安を抱く子どもの姿に直面していく。そして，不安からの脱出のためには，互いの意見が自由に交換できる環境が不可欠であり，「自分の考えは何でも言うこと，人の考えもすなおに聞くこと，お互いの立場を見抜くこと，ちえのおくれた子をだきかかえて，自分もいっしょに学習を進めていこうとするなどの心構え」を育てる大切さをつかんでいく。個人の「わかる」のみならず，個人差のある学習集団を前提として「わかる」＝子どもの「実力」を高める実践がめざされていたのである。松本らはやがて，子どもの「わからない」から「わかろう」「わかる」に向かう「思考のすじみち」に着目し，自らの授業者としてのあり方を見いだしていった（松本，1960）。

- 子どもの疑いを出させる場を醸成すること—「わからない」ことをはっきり言わせること。
- 「わからない」ことから「わかろう」とするみとおしを子どもなりにつかませること。
- 考究のすじ—関係判断のすじをとばさないこと—思考の飛躍に気がつかせること。
- 「わからない」から「わかった」へ—成功感をつかませること。
- 実際的に思考を進めること。
- 一応子どもなりの判断をさせてみること—それより出発すること。

そして，子どもの「考えのまとまり」が一時的なものであり，話し合いの中で変動していくのが学びだという独自の教育観・授業観を形成していった。

今日的課題に「アクティブ・ラーニングの充実」や「特別支援教育」があげられているが，その双方を子どもの「実力」を高める，というテーマのもとに追究した福沢小の教師たちに学ぶべき点は多い。

Ⅲ 教える専門家から学びの専門家へ

これら日々の実践の中から，子どもの学びや成長・迷いなどを複合的・総合的にとらえる姿は，世界の教師教育改革の中でも「反省的（省察的）教師」像として共通に論じられている。1983年刊行のドナルド・ショーン（Donald, A, S.）著 "The Reflective Practitioner: How professionals think in action" の影響を受け，「行為の中の省察（reflection in action）」を行う「思慮深い教師（thoughtful teacher）」をめざそうというものである。こうした議論の中で，教師は「教える専門家であるだけでなく，学びの専門家でなければならない」とも言われている。

とはいえ，松本が警鐘を鳴らすように「学びの専門家」には「そのときどきの教育思潮に敏感で，それに左右され続け」る落とし穴もある。重要なのは，モデルを提供してくれる先輩の存在や，互いの実践知を交流することができる仲間・同僚の存在である。近年，教師の研修機会は増えたが，多忙感も募っていることは本章でみてきたとおりである。パソコンで行う作業にも相当な労力が割かれ，ともすれば，子どもの学びをめぐり語り合い，自らの実践を省みる機会の乏しいままに教職経験を重ねていくことにもなりかねない。本章でみてきた「大正自由教育」や「生活綴方教育運動」，そして福沢小学校の教師たちは，みな積極的に交流し，ネットワークの中で明日の実践を追究していった。矢継ぎ早に出される教育改革に左右されることなく，実践に根ざし，豊かな関係の中で明日の教育実践を探っていく姿勢。それもまた，教師に求められる資質・能力の一つなのではないだろうか。

〈参考文献〉

松本健嗣「子どもに『わかる』には—子どもには子どもの『わかる』『方向』がある（知識における方向性）」福沢小学校『実力の検討』第12輯, 1960（『戦後新教育・「実力の検討」実践資料集』第3巻, 不二出版, 2013）

海原徹『明治教員史の研究』ミネルヴァ書房, 1973

Donald, A. S., *The Reflective Practitioner: How professionals think in action*. London: Temple Smith, 1983.

寺崎昌男・前田一男編『歴史の中の教師Ⅰ』ぎょうせい, 1993

寺崎昌男「日本における教師像の展開と今日における教師教育の課題」, 船寄俊雄編『論集現代日本の教育史2 教員養成・教師論』日本図書センター, 2014

大田堯『教師の生きがいについて』一ツ橋書房, 1992

中央教育審議会「教職生活の全体を通じた教員の資質能力の総合的な向上方策について（答申）」2012（http://www.mext.go.jp/component/b_menu/shingi/toushin/__icsFiles/afieldfile/2012/08/30/1325094_1.pdf）

教育再生実行会議「これからの時代に求められる資質・能力と、それを培う教育、教師の在り方について（第七次提言参考資料）」2015（http://www.kantei.go.jp/jp/singi/kyouikusaisei/pdf/dai7_sankou.pdf）

中央教育審議会「これからの学校教育を担う教員の資質能力の向上について〜学び合い、高め合う教員育成コミュニティの構築に向けて〜（答申）」2015（http://www.mext.go.jp/component/b_menu/shingi/toushin/__icsFiles/afieldfile/2016/01/13/1365896_01.pdf）

松本健嗣『「未熟もの」としての教師』農山漁村文化協会, 2009

須田将司「1952〜63年度における神奈川県福沢小学校の『実力の検討』シリーズ—子どもの『実力』を高める授業研究の歩み—」, 第68集教育学科編『東洋大学文学部紀要』, 2015

佐藤学『専門家として教師を育てる—教師教育改革のグランドデザイン—』岩波書店, 2015

> 演習問題

1．これまでに出会った教師を思い出しながら、理想の教師像を描いてみよう。
2．教師にとって普遍的に必要とされる資質・能力とは何か、これから新たに必要とされる資質・能力は何か、考えてみよう。
3．自分が教師に向いていると思うところ、向いていないと思うところを書き出してみよう。

第4章 教員の養成と採用・研修

第1節 教員養成の制度
第2節 教職課程の仕組みと内容
第3節 教員の採用
第4節 教員の研修
第5節 教員養成・採用をめぐる新たな動き

　本章では，教員の養成・採用の制度と運用の実態とその改革の動向などについて学ぶ。

　まず，現在の教員養成制度の基礎を形成した第2次世界大戦後の制度改革の原理を確認する。

　次に，教員養成のための教育（教職課程教育）の仕組みと内容を整理する。教員をめざす学生が学ぶべきこと，免許状にはどのような種類があるのか，免許状を取得するにはどのような条件が必要なのかなどを知ってほしい。

　さらに，教員採用の制度と実態を概観する。教員が「選考」という特別な方法で採用されていることの意味を考えてほしい。また，私立学校の教師の採用についても簡単にふれる。

　最後に，教員研修・養成・採用に関する新しい動向について簡単に紹介する。

第1節 教員養成の制度

I 戦後教育改革と教員養成

　第2次世界大戦の敗戦によって，日本は政治・経済・社会など，ほぼそのすべての領域における抜本的な改革を余儀なくされた。教育制度の改革ももちろん例外ではなかった。

　新しい憲法は，それまで国民（臣民）の「義務」とされていた教育を，すべての国民の基本的人権として保障することを明確に規定した（日本国憲法第26条）。これを具体化するために教育基本法をはじめとする多くの法律が制定され，戦後日本の教育制度の骨格が形成された。教育を受ける権利は，保護者の「就学義務」と市町村（地方公共団体）の「学校設置義務」によって実質あるものとして保障されることとなった。これに伴って，義務修学年限も9年間に延長され，いわゆる「六三制学校体系」が誕生した。義務修学年限の延長は，就学する児童生徒数の増大を意味し，このことは当然に教壇に立つ教師を大量に供給することを要請した。

　この要請を満たすために新たな教員養成制度が創出されることとなった。

1　大学における教員養成

　戦後の教員養成には，戦前のそれへの反省から，学問的レベルを高めるとともに，政治・経済など，教育外的要因から自由な環境の中で行われることが求められた。1946（昭和21）年3月31日に発表され，その後の教育改革の基礎を定めたとされる『米国教育使節団報告書』は，戦後教育の基本理念として「自

由」を強調した。「教師の最善の能力は，自由の空気の中においてのみ十分に現される」という文章は，このことを端的に物語るものである。

　米国教育使節団に協力し，教育改革の基本路線を策定するために，日本側でも教育家による委員会が設置され，報告書を提出している（『米国教育使節団に協力すべき日本側教育家の委員会報告書』1946）。この委員会が発展的に改組されたのが教育刷新委員会である。教育基本法をはじめとする戦後教育法制は，この教育刷新委員会を中心に議論され，整備されていった。

　以上のような経緯の中で，教員は大学で，すなわち高等教育レベルにおいて養成されるべきことが確認されていく。このことは，広い一般的な教養に支えられた専門的教育という新制大学の理念に沿った教員養成を行おうというものであり，戦前の狭い「技術主義」「実用主義」への反省から生まれたものであった。そしてこの理念は，「開放制免許状制度」として具体化された。

2　開放制免許状制度

　戦前の教員養成は，少なくとも初等学校教員養成については，師範学校が独占していた。そして，この師範学校での教員養成がさまざまな問題を抱えるものであったことは多くの人々の指摘するところである。問題は，師範学校という特定の機関が教員養成を独占していたことにもあったが，その教育理念・内容にもあったことは明らかであった。したがって，戦後改革では，上に述べた「大学における教員養成」原則と「開放制免許状制度」が一体のものとして構想され，ほぼ構想どおりに具体化された。

　開放制免許状制度とは，一言でいえば，免許状を取得するのに必要とされる要件を満たせば，大学や学部にかかわりなく教員の免許状が取得できる制度である。もちろん，大学や学部の専門性が重視されるため，どの大学，どの学部でも自由にすべての教科の免許状が取得できるというわけではない（課程認定制度）。しかし，それぞれの学問分野の専門的な研究方法と研究成果を身に付け，これらを基礎として教員としての養成教育を受けた教員には，科学的・批判的な精神と，各教科に関する深い理解，そして授業の技術などの実践的な指

導力が期待された。また，さまざまな分野から教員が養成されてくることにより，学校の教員組織に専門性と多様性が確保され，このことによって，学校全体の，さらには学校教育全体の質が向上するものと期待された。

　最後に，上に「ほぼ構想どおり」と記した点について簡単に述べておく。

　すでに述べたように，戦後の教員養成は「開放制」原則のもと，いわゆる一般大学で行われることとされた。これに伴って教育大学や教育学部など，教員養成を目的とする，いわゆる「教員養成系大学・学部」「目的大学・学部」を廃止することが検討された。しかし早くも戦後まもなくから教員養成系大学・学部の存置を求める声が高まり，1949（昭和24）年には国立学校設置法（2004年に廃止）によって学芸大学・学部，教育大学・学部が発足した。この後も教員養成を特定の大学・学部で行う，いわゆる「目的養成」を求める声が，政府・文部省の審議会などから繰り返し出されて現在にいたっている。

第2節 教職課程の仕組みと内容

I 教育職員免許法

　現行法制では，教員になるためには認定を受けた教職課程教育を受け，教育職員の免許状を取得することが求められている。教育職員免許状にかかわる基本的な事項について規定しているのが教育職員免許法である。

　1949（昭和24）年に制定された教育職員免許法は，「教育職員の免許に関する基準を定め，教育職員の資質の保持と向上を図ること」（第1条）を目的に掲げ，以下，免許状の種類や授与の要件などを定めている。ここでは「教育職員は，この法律により授与する各相当の免許状を有する者でなければならない」とした第3条の文言に注目しておきたい。

　この条文は，教師として教壇に立つためには，教育職員免許法の定める免許状を有すること，しかもそれは勤務する学校段階（小学校，中学校，高等学校）や教える教科に相当する免許状でなければならないこと（相当免許状主義）を明言している。つまり，各教科の専門的知識を十分に身に付け，各学校段階に固有な教育問題等に対処しながら，児童生徒の教育に当たるために必要な資質・能力を身に付けたことを公証するのが免許状である。また，その免許状を有する者が教育に当たることが，学校教育の質的向上につながる不可欠の要件とされているのである。その意味で，戦後，常に問題とされてきた免許外教科担当は，教育職員免許法の規定からは許されない事態であることがわかる。

　教育職員免許法そのものはわずか23条からなる法律であるが，制定後，多く

の改正が重ねられてきた。それらは附則として法律本文の末尾に記されている。免許状の授与要件など，免許状制度にかかわる重要な事項が附則という形で変更されてきており，この附則の変遷をたどることは重要な作業となる。

II 教育職員免許法の改正

　教育職員免許法は幾度かの重要な改正を経て現在にいたっている。ここでは最も重要だと思われる改正について簡単に整理しておきたい。

1　1988年改正

　1988年の改正についてそのポイントをあげるとすれば，免許状の種類が変わったことと，免許基準が引き上げられたことの2点であろう。

　免許状の種類は，従来，「一級」「二級」の2本立てであった。このうち小・中学「二級免許状」は，おもに短期大学卒業者に授与されるものであり，教職に就いたあとに「上進」されることが想定されていたと考えることができる。これは，短期大学そのものが戦後の臨時的措置として設置され，数年後には廃止されることが予定されていたにもかかわらず，高等教育の多様化政策（高等教育機関の序列化・差別化政策）のもとに，十分な条件整備も行われないままに現在まで存続していることと深くかかわっている。いずれにせよ，「一級」「二級」という免許状の種類は，免許状そのものの価値的区分ではなく，教員の給与やその他の勤務条件に反映されるものではなかったことに注意したい。

　さて，1988年改正では，免許状の種類が従来の2本立てから「専修」「一種」「二種」の3本立てに改められた。その際，免許状の種別と教員の給与とをリンクさせ，免許状による教員の階層化が意図されていたことは重要である。結局，この点は見送られ，3本立て免許状制度のみが実現されたが，教員の階層化を求める声は根強い。

　次に，免許基準の引き上げであるが，これは，専門科目のうち，教職に関する科目を中心に，履修すべき科目が増加し，履修単位数も増大したということ

を意味する。特に，教育方法に関する科目に重点が置かれるようになったことが特徴的である。これは，教育問題が多発し，教師の資質・能力の低下ないし不足を指摘するという形をとって，学校に対する社会的な批判が高まった1970年代以降の状況に対する一つの対応策であったと考えられる。

　この改正が教員養成の現場，すなわち大学に及ぼした影響は大きい。特に，教職科目が卒業単位としては認定されないことの多い一般大学（特に私立一般大学）の学生にとって，この改正は，教員免許状の取得を難しくするものであったことは明らかである。そしてこのことは，結果的に国立教員養成系大学・学部を中心とする教員養成（目的養成）に歩を進めるものであったともいえよう。

　1988年改正は，それ以前の政策動向のうえに行われたことをあらためて確認しておきたい。それは一言でいえば，教員の資質向上を求める動きであった。こうした動きはすでに戦後まもなくから始まっていたが，1965（昭和40）年の教育職員養成審議会答申の段階では，教科に関する科目の基準の引き上げとして主張されていた。しかし，1971（昭和46）年の中央教育審議会「今後における学校教育の総合的な拡充整備のための基本的施策について（答申）」以降，力点は教職に関する科目の基準引き上げに移行する。同時に「教育者としての使命感，実践的指導力」を重視し，これらを評価するために，教員志望者の大学在学中のクラブ活動歴，社会的奉仕（ボランティア）経験，教育実習の成績などを採用試験の際に重視することなども提言され，実際の採用試験に取り入れられていることも見逃せない（例えば，1982年の文部省通知「教師の採用及び研修について」）。

2　1998年改正

　1990年代後半，文部省，教育職員養成審議会を中心に，大学における教員養成（教職課程教育）に関する抜本的ともいえる改革が進められた。それは「少子化」による，児童生徒数の減少を背景とした教員採用数の減少に対応するとともに，いじめ，不登校，子どもの自殺（自死）に代表されるような，学校現場を中心とする教育問題の深刻化に十分に対応できない教師の質の（低下の）

問題に対処するための改革であるとされている。しかしこの改革は、すでに述べた戦後教育改革期に確立された教員養成制度の原則、すなわち、①大学における教員養成、②開放制免許状制度、のいずれにも深くかかわるものであり、慎重に検討されるべきものである。

　教育職員養成審議会が1997（平成9）年7月28日に発表した「新たな時代に向けた教員養成の改善方策について」と題する「第一次答申」が、教育職員免許法改正の直接の出発点となった。

　以下、この「答申」を受けて行われた教育職員免許法の改正について、中学校教諭の一種免許状を例に、そのポイントを整理する。

　第1に、「教職に関する科目」と「教科に関する科目」とのバランスの変更があげられる。従来、教員免許状を取得するために必要とされる単位数は、教職に関する科目19単位、教科に関する科目40単位の合計59単位であった。今回の改正では59単位という総単位数は変わらないものの、教職に関する科目の単位数が31単位へと増加している。この単位増には、「教職の意義等に関する科目」と「総合演習」（いずれも2単位）の新設が含まれている。このうち前者については、「各科目に含めることが必要な事項」として、①教職の意義及び教員の役割、②教員の職務内容（研修、服務、身分保障等を含む）、③進路選択に資する各種の機会の提供等、の3点が明記された。また、後者の「総合演習」は、「人類に共通する課題又は我が国社会全体にかかわる課題のうち一以上のものに関する分析及び検討並びにその課題について幼児、児童又は生徒を指導するための方法及び技術を含むものとする」とされた。

　一方、教科に関する科目は従来の40単位から20単位へと半減し、教師の専門性の重要な半面である「教科に関する専門的知識・技能」を軽視して、結果的に教員の能力の重要な側面を損なうことになるとの指摘もある。

　教職に関する科目（31単位）と教科に関する科目（20単位）の最低修得単位数を合計すると51単位となるが、免許状取得に必要とされる単位数は59単位で変わっていない。不足する8単位については、各大学の裁量によって「教科又は教職に関する科目」として開講し、学生に履修させることとなる。しかし、

いずれにせよ，卒業単位とはならない「教職に関する科目」の単位数が増加する結果，教育大学・学部以外の一般大学では教員免許状の取得がますます困難となることが予測される。文部科学省は「教職に関する科目」を卒業単位に算入することを各大学に求めているが，学部・学科教育の専門性を維持する観点から，すべてを卒業単位とすることは困難であろう。

　第2に，教育実習の単位増（従来の3単位から5単位へ）についてふれておきたい。5単位のうち1単位が「事前・事後指導」に充てられ，残りの4単位が学校実習に充てられるという単位配分となっている。教育実習については従来から3単位のうちの1単位を「事前・事後指導」に充て，2単位を2週間の学校実習として実施されてきた経緯から，4単位となった学校実習は4週間と考えられることとなる。実施方法について，文部科学省は多様な形態をとることがむしろ望ましいとしている。具体的には，例えば3年次に2週間，4年次に2週間と分割して行うなど，さまざまな工夫が可能であろうが，いずれにせよ，学生本人はもとより，実習生を受け入れる学校にとっても大きな負担となっている。

　以上のことは当面は中学校についての規定であるが，将来的には高等学校にも同様の措置がとられる可能性が高いこと，したがって，一般大学で教員免許状を取得しようとする学生にとってさらなる負担増となる恐れが大きい。

3　2008年改正

　2008年改正のポイントは，「総合演習」が廃止され，「教職実践演習」が新設されたことである。文部科学省はこの「教職実践演習」の趣旨・ねらいを次のように説明している。

　「教職課程の他の授業科目の履修や教職課程外での様々な活動を通じて，学生が身に付けた資質能力が，教員として最小限必要な資質能力として有機的に統合され，形成されたかについて，課程認定大学が自らの養成する教員像や到達目標等に照らして最終的に確認するものであり，いわば全学年を通じた『学びの軌跡の集大成』として位置付けられるものである。」

したがって，大学では，学生が「教職実践演習」の履修によって，教員になるために何が課題であるのかを自覚し，これを克服するために不足している知識や技能を補い，その定着を図ることができるようにしなければならない。このことが教職生活をより円滑にスタートさせるために重要となる。

「教職実践演習」は科目の性格上，4年次の後期（秋学期）に開講することとされている。

なお，2015年の学校教育法改正によって義務教育学校が創設されたことに伴い，教育職員免許法の規定にも若干の修正が施されている。免許状は学校種別ごとに授与されることが基本であるが，義務教育学校は中等教育学校，幼保連携型認定こども園とともにこの免許状授与対象となる「種類」から除外されている（教育職員免許法第4条）。したがって，現時点では義務教育学校を特定した教員免許状は存在しないこととなる。

4　2017年改正

2017年改正のポイントは，免許状取得に必要とされる科目の枠組みの変更，普通学級における特別支援教育および総合的な学習の時間の指導法に関する科目の新設など，学習指導要領に盛り込まれた学習内容と指導法を着実に実践できる指導力を重視している点である。

従来の「教科に関する科目」と「教職に関する科目」という枠組みを廃し，「教科及び教職に関する科目」に一本化したことが第一のポイントである。これにより，教科内容に関する学修と指導法の修得がより密接に行われることが求められることとなった。

また，「チーム学校」への対応，特別な支援を必要とする幼児・児童・生徒に対する理解，カリキュラム・マネジメントなど，学校の現代的課題に対応するための資質・能力の育成が重視されたことも注目に値する。

教育職員免許法施行規則に規定されるものではないが，教職課程コアカリキュラム，外国語（英語）コアカリキュラムが策定されたことも特筆に値する。

コアカリキュラム策定の背景について，文部科学省初等中等教育局教職員課

は次のように指摘している。

　教職課程には学芸と実践性の両面が必要とされ，教員養成にはこの2つの側面を融合して高い水準の教員を養成することが求められてきた。しかし，これは簡単ではなく，大学では学芸的側面が強調される傾向がある。このため課題が複雑・多様化する教育現場から批判を受けてきた。

　以上のような認識の下，教育職員免許法及び同施行規則に基づき全国すべての大学の教職課程で共通的に修得すべき資質能力を示すものとして策定されたのが教職課程コアカリキュラムである。また，コアカリキュラム対応表が作成され，各科目の全体目標，一般目標，到達目標が詳細に指定されている。

　大学で教職科目を担当する教員には教育職員免許法施行規則の規定とコアカリキュラムおよびコアカリキュラム対応表に沿った授業計画と運営が求められることとなった。ここでは一例として「教職の意義及び教員の役割・職務内容」のコアカリキュラム対応表（教職課程コアカリキュラムの在り方に関する検討会，2017）を示しておく（表4-1）。

表4-1　教職課程コアカリキュラム対応表：教職の意義及び教員の役割・職務内容（チーム学校運営への対応を含む。）

全体目標		現代社会における教職の重要性の高まりを背景に，教職の意義，教員の役割・資質能力・職務内容等について身に付け，教職への意欲を高め，さらに適性を判断し，進路選択に資する教職の在り方を理解する。
(1) 教職の意義		
一般目標：		我が国における今日の学校教育や教職の社会的意義を理解する。
到達目標：	1)	公教育の目的とその担い手である教員の存在意義を理解している。
	2)	進路選択に向け，他の職業との比較を通じて，教職の職業的特徴を理解している。
(2) 教員の役割		
一般目標：		教員の動向を踏まえ，今日の教員の求められる役割や資質能力を理解する。
到達目標：	1)	教職観の変遷を踏まえ，今日の教員に求められる役割を理解している。
	2)	今日の教員に求められる基礎的な資質能力を理解している。
(3) 教員の職務内容		
一般目標：		教員の職務内容の全体像や教員に課せられる服務上・身分上の意義を理解する。
到達目標：	1)	幼児，児童及び生徒への指導及び指導以外の校務を含めた教員の職務の全体像を理解している。
	2)	教員研修の意義及び制度上の位置付け並びに専門職として適切に職務を遂行するため生涯にわたって学び続けることの必要性を理解している。
	3)	教員に課せられる服務上・身分上の義務及び身分保障を理解している。
(4) チーム学校への対応		
一般目標：		学校の担う役割が拡大・多様化する中で，学校が内外の専門家等と連携・分担して対応する必要性について理解する。
到達目標：	1)	校内の教職員や多様な専門性を持つ人材と効果的に連携・分担し，チームとして組織的に諸課題に対応することの重要性を理解している。

同様に，小学校高学年の英語を教科化するに当たり，より専門性の高い教科指導を行う指導者を養成すること，中学校においても，基礎的な言語活動に対応できる指導力や英語力をもった教員を養成することを目的に外国語（英語）コアカリキュラムが策定された。

5　2021年一部改正

2021年，教育職員免許法施行規則の一部改正が行われ（2021年8月4日通知），2022年4月1日から施行される。改正のポイントは，①教員免許状の取得に必要な「各教科の指導法（情報機器及び教材の活用を含む。）」を「各教科の指導法（情報通信技術の活用を含む。）」とする，②「道徳，総合的な学習の時間等の指導法及び生徒指導，教育相談等に関する科目」のうち「教育の方法及び技術（情報機器及び教材の活用を含む。）」を「教育の方法及び技術」および「情報通信技術を活用した教育の理論及び方法」とし，新設された後者について1単位以上の修得を求めるという点にある。これに伴い，「教職課程コアカリキュラム」に「情報通信技術を活用した教育の理論及び方法」に関するコアカリキュラムが追加された。また教育職員免許法第66条の6に「数理，データ活用及び人工知能に関する科目」（2単位）が追加された。

III　免許状の授与と取得の要件

まず，教員免許状の授与ができるのは教育職員免許法施行規則第2章に定められた諸条件を満たす大学と，同規則第4章に規定される教員養成機関である。大学等は，この諸条件を満たすことを示す書類を提出して，教職課程の認定（課程認定）を受けていなければならない。

次に免許状の取得要件であるが，教育職員免許法の別表1には，専修免許状については「修士の学位を有すること」，一種免許状については「学士の学位を有すること」，さらに二種免許状については「短期大学士の学位を有すること」が基礎資格として要求されている。

次に，すでに述べた「教科及び教職に関する科目」の履修と単位修得が必要である（表4-2）。

表4-2 普通免許状取得に必要な科目及び単位数
（教育職員免許法施行規則第6条により作成）

教科及び教職に関する科目	各科目に含めることが必要な事項	幼児期 専修	幼児期 一種	幼児期 二種	小学校 専修	小学校 一種	小学校 二種	中学校 専修	中学校 一種	中学校 二種	高等学校 専修	高等学校 一種
教科及び教科の指導法に関する科目	・教科に関する専門的事項 ・各教科の指導法（情報機器及び教材の活用を含む。） （一定の単位数以上修得すること）	16	16	12	30	30	16	28	28	12	24	24
教員の基礎的理解に関する科目	・教育の理念並びに教育に関する歴史及び思想 ・教職の意義及び教員の役割・職務内容（チーム学校運営への対応を含む。） ・教育に関する社会的，制度的又は経営的事項（学校と地域との連携及び学校安全への対応を含む。） ・幼児，児童及び生徒の心身の発達及び学習の過程 ・特別の支援を必要とする幼児，児童及び生徒に対する理解 ・教育過程の意義及び編成の方法（カリキュラム・マネジメントを含む。）	10	10	6	10	10	6	10	10	6	10	10
道徳，総合的な学習の時間等の指導法及び生徒指導，教育相談等に関する科目	・道徳の理論および指導法 ・総合的な学習の時間の指導法 ・特別活動の指導法 ・教育の方法及び技術，情報通信技術を活用した教育の理論及び方法（1単位以上） ・生徒指導の理論および方法 ・教育相談（カウンセリングに関する基礎的な知識を含む。）の理論および方法 ・進路指導及びキャリア教育の理論および方法	4	4	4	10	10	6	10	10	6	8	8
教育実践に関する科目	・教育実習	5	5	5	5	5	5	5	5	5	3	3
	・教職実践演習	2	2	2	2	2	2	2	2	2	2	2
大学が独自に設定する科目		38	14	2	26	2	2	28	4	4	36	12
総単位数		75	51	31	83	59	37	83	59	35	83	59

さらに，教育職員免許法施行規則第66条の6の規定により，以上の各科目の他に「日本国憲法」「体育」「外国語コミュニケーション」および「数理，データ活用及び人工知能に関する科目」または「情報機器の操作」の計8単位（各2単位）の履修が必要とされている。

なお，特別支援学校教諭の免許状を取得するためには，「小学校，中学校，高等学校又は幼稚園の教諭の普通免許状を有すること」（教員職員免許法別表1）が基礎資格とされ，そのうえに「特別支援教育に関する科目」の単位取得

が必要とされる。単位数は，専修免許状の場合は50単位，一種免許状の場合は26単位，二種免許状の場合には16単位となっている。

　免許状取得の要件として，もう1つ，1997年6月18日に制定された「小学校及び中学校の普通免許状授与に係る教育職員免許法の特例等に関する法律」(通称「介護等体験特例法」)にふれておかねばならない。同法の施行についての文部事務次官通達は，小学校または中学校の教諭の普通免許状を取得しようとする者に，特別支援学校で2日以上，社会福祉施設で5日以上，計7日以上の介護，介助，交流等の体験を義務づけている。免許状の取得を希望する者は，免許状申請の際にこの「体験等」を行ったことを証明する書類を提出することとされている。

IV 免許状の種類

　教員免許状は大きく「専修」「一種」「二種」に分けられることはすでに述べた。ここでは違う観点から免許状の種類を整理しておく。

　まず第1に思い浮かぶのは，幼稚園，小学校，中学校，高等学校など，学校種別に従った区分であろう。また，これらを基礎資格として特別支援学校教諭の免許状が授与されることもすでに述べた。

　次に，免許状を，普通免許状，特別免許状，臨時免許状に区分することができる(教育職員免許法第4条)。普通免許状は，義務教育学校，中等教育学校および幼保連携型認定こども園を除く学校の種類ごとの教諭の免許状，養護教諭および栄養教諭の免許状に分けられる。特別免許状は，幼稚園，義務教育学校，中等教育学校および幼保連携型認定こども園を除く学校の種類ごとの教諭の免許状に区分される。最後に臨時免許状については，義務教育学校，中等教育学校および幼保連携型認定こども園を除く学校の種類ごとの助教諭の免許状と養護助教諭の免許状に区分される。

　なお，特別免許状制度は社会人の導入による学校の活性化を目的とする制度として具体化されたと言われている。特別免許状は都道府県教育委員会の教育

職員検定によって，特定の領域に限って，きわめて限定的に与えられるものであり，授与を受ける者が大学の教職課程教育を受けている必要はない。したがって特別免許状は，その授与を受けた者の教員としての専門性を普通免許状と同じ程度に公証するものとはいえない。その意味で，「大学における教員養成」の原則に例外を認めるものであり，教員の専門性の確保という観点からも問題を指摘することができる。また，特別免許状の効力は授与されたときから5年以上10年以内で，当該都道府県内においてのみ有効であるとされていた（現在は10年以内）。しかし，特別免許状にも上進制度が適用されるなど，教員の専門性の確保という観点から反対の声もあがっている。

　次に教科による区分が可能である。ただし，小学校については学級担任制がとられていることから，教科ごとの免許状授与は行われていない。これに対して中学校および高等学校の免許状は教科ごとに授与される。

　免許教科を列挙すると，中学校については，国語，社会，数学，理科，音楽，美術，保健体育，保健，技術，家庭，職業，職業指導，職業実習，外国語，宗教，高等学校については，国語，地理歴史，公民，数学，理科，音楽，美術，工芸，書道，保健体育，保健，看護，看護実習，家庭，家庭実習，情報，情報実習，農業，農業実習，工業，工業実習，商業，商業実習，水産，水産実習，福祉，福祉実習，商船，商船実習，職業指導，外国語，宗教の各教科となっている。また高等学校一種のみではあるが，柔道，剣道，情報技術，建築，インテリア，デザイン，情報処理，計算実務の免許状もある。以上の他に，学校種・教科種の区別がない免許状として，特別支援学校教諭免許状，養護教諭免許状，栄養教諭免許状がある（教育職員免許法施行規則第3条および第4条）。もちろん，すべての大学ですべての免許状が取得できるわけではなく，各大学の各学科が認定を受けている教科に限って取得できることになっている。また，宗教の免許状については，国公立学校においては宗教教育および宗教活動が禁じられている（教育の宗教的中立性の確保，教育基本法第15条第2項）ことから，私立学校に限って効力を有するものである。

第3節 教員の採用

I 教員の採用・任命

1 「選考」の意味

　学校教育法第2条は，学校を設置できるのは国（国立大学法人，独立行政法人国立高等専門学校機構を含む），地方公共団体（公立大学法人を含む），学校法人のみであることを規定している。これらが設置する学校は，一般的に，国立学校，公立学校，私立学校と呼ばれる。一般に教員という場合，このうちの公立学校の教員をさす。また，3種の学校の教員のうち，その採用システムが最も明確となっているのも公立学校教員である。そこで，本節ではおもに公立学校教員の採用について述べることとする。

　地方公務員である公立学校教職員は，一般に「教員採用試験」と呼ばれる試験に合格することによって採用の資格を得ることは，よく知られた事実であろう。この試験は正確には「公立学校教員採用選考試験」と呼ばれ，一般公務員の採用試験とは区別されている。もう少し詳しく述べると，一般公務員は国家公務員法第36条，地方公務員法第17条第3項の規定に従って，競争試験を原則として採用され，「選考」という手法は例外的に用いられるにとどまっている。これに対して教員の採用は，教育公務員特例法第11条の規定に従って，競争試験を排除して，「選考」という方法によって行われることとされている。「選考」は，個々人の学力，経験，人物，慣行，身体等を一定の基準と手続きによって審査し，職務遂行能力を有するかどうかを審査する方法である（人事院規則8

-12)。競争試験ではなく「選考」によって教員の採用を行うのは，第1に，教育（教員）という仕事が他の行政事務とは異なり，専門的資格と人格的要素が強く求められること，第2に，教員になるためには免許状の取得が前提条件とされており，免許状の取得によって教員候補者が専門的資格と人格的要素を，少なくとも教員として採用されるために必要とされる程度に，有していることが公証されていると判断されるためである。

2　選考権者と任命権者

上にみたように教員は「選考」によって採用される。ではその選考を行い，教員を任命するのはだれなのであろうか。

教員のうちいわゆる県費負担教職員（公立小中学校の教職員）の任命権は都道府県教育委員会にある（地方教育行政の組織及び運営に関する法律第34条）。従来，この任命権は，選考権者である教育長の推薦を受け，市町村教育委員会の内申をまって行使されることとされていた。また，この内申には学校長の意見具申が重視されてもよいとされており，市町村教育長の助言が必要であることも規定されていた。しかし，現行法では，教育長の選考権，教育長による推薦，市町村教育委員会の内申に関する規定は見られず，校長が意見を述べることができることにとどまっており（同法第36項），任命権者の権限が拡大したとみることができよう。

ここで注意しなければならないのは，選考権者と任命権者を明確に区別して「選考」と「任命」という両行為（行政作用）の意味および手続きを厳密にし，公正な任用を図るという手続が失われていることである。教員の選考と任命を教育委員会の専決事項とすることの是非については議論のあるところである。

3　教員採用数の変化

1990年代の児童生徒数の減少に伴う教員の採用数減少は，いわゆる「団塊世代」の大量退職による増加傾向を経て，再び減少に向かうとみられる。

しかし採用数の増減は，児童生徒数の増減（自然減）と連動する半面，教職

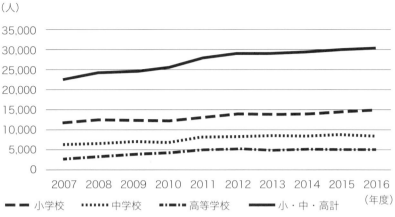

図4-1　教員採用数の推移
（文部科学省調査により作成）

員定数とも深く連動しており，児童生徒数の増減が直接的に採用数の増減につながると考えることは，事態の把握方法として必ずしも正しいとはいえない。すなわち，教職員の採用数の増減は，児童生徒数の増減という自然的要因にのみ規定されるものではなく，むしろ政策的要因によってより強く規定されているということである（図4-1）。

　2021年，公立義務教育諸学校の学級編及び教職員定数の標準に関する法律の一部を改正する法律案が可決・成立し，2011年度に導入された35人学級（小学校1年生のみ，2017年度には予算措置によって2年生まで実現）を，5年をかけて計画的に小学校の全学年に導入することが決定した。学級編制の標準を計画的に一律に引き下げるのは1980年以来のこととなる。中学校についても学級編制基準の引き下げが求められる。

　文部科学省は，2015年度の概算要求においては少人数学級による定員増をあきらめ，「課題解決・双方向型授業等への対応」を図るための新教職員定数改善計画(10年間)を定めて，初年度に2,760人，2024年度までの9年間で3万1,800人の定数改善を求めた。しかし財務省はこの要求を一蹴し，さらに少人数学級の教育効果を示す根拠がないとして，文部科学省の予算要求を退け，40人学級に戻すことを主張した。財政制度等審議会建議（2015年10月）は，2024年度ま

での9年間で3万7,000人の削減案を示しており，教職員定数削減の動きが続いている。

　教職員定数やそれを実現するための予算確保が財政緊縮の観点からのみ議論され，その教育的側面が軽視されている事態をどのように考えるかは重要な課題である。

II　教職員定数と派生する問題点

1　教職員定数

　すでに述べたように，教職員採用数は教育の現場である学校に大きな影響を及ぼす。そこで，ここでは教職員定数がどのようにして決定されているのかをみていくこととする。

　まず，教職員定数とは，学校に必要な教職員の法的基準であり，児童生徒数，学級・学校規模などの条件に応じて算定された総数である。教職員定数の基準は，通常，学校設置基準に定められている。例えば幼稚園設置基準（第5条）では学級あたり1人の専任教諭数が，高等学校設置基準では生徒数と週あたり授業時数によって課程別の最低教諭数が，大学（短大）設置基準には学生収容定員と専攻分野に応ずる教員数が，それぞれ定められている。

　また，小学校設置基準第6条1項は「小学校に置く主幹教諭，指導教諭及び教諭（以下この条において「教諭等」という。）の数は，1学級当たり1人以上とする」と，中学校設置基準第6条第1項は「中学校に置く主幹教諭，指導教諭及び教諭（以下この条において「教諭等」という。）の数は，1学級当たり1人以上とする」と，それぞれ規定している。特別支援学校については，学校教育法施行規則第120条第2項に「特別支援学校の小学部又は中学部の1学級の児童又は生徒の数は，法令に特別の定めのある場合を除き，視覚障害者又は聴覚障害者である児童又は生徒に対する教育を行う学級にあつては10人以下を，知的障害者，肢体不自由者又は病弱者（身体虚弱者を含む。以下同じ。）である児童又は生徒に対する教育を行う学級にあつては15人以下を標準とし，

高等部の同時に授業を受ける1学級の生徒数は，15人以下を標準とする」と定められている。

　学級規模・学級編制に基づく教職員数については，「公立義務教育諸学校の学級編制及び教職員定数の標準に関する法律」（義務標準法）第7条，「公立高等学校の設置，適正配置及び教職員定数の標準等に関する法律」（高校標準法）第9条に規定されている。それによれば，教員（校長，教頭，教諭，助教諭，講師）の定数は下の表4-3に示す公式によって算定される。

表4-3　教員定数の算定式

小　学　校	1＋学級数×1.21（学級数12～15の場合）
中　学　校	1＋学級数×1.57（学級数12～14の場合） 　　　　　（ただし乗数は学級数によって異なる）
高校全日制	生徒の収容定員÷16.4（241～280人の場合） 　　　　　（ただし除数は生徒定員によって異なる）

　養護教諭，学校事務職員，学校栄養職員（栄養士）などについても別に定められているが，学校給食調理士，用務員，警備員などの定数は法律に定めがない。

　教職員定数の問題は教育実践の質を大きく左右する。国民教育研究所の調査によれば，次のことが明らかにされている。

　①教職員定数の不足が授業時数の増加，超過勤務の恒常化など教職員の労働強化を生み，教材研究や教職員間の議論の不足，勤務に対する熱意の喪失などを招いていること。②教職員の健康を損ない，場合によっては「過労死」（バーンアウト現象）につながっていること。③児童生徒との接触が希薄化し，教科指導，生活指導が両面にわたって不十分となっていること。④その結果，学校運営に管理的傾向が強まっていること，などである。

2　派生する問題点

　教職員採用数の減少から生じる最も重要な問題は，計画的・継続的な教員の確保が阻害されているという点である。

　教員志望者数や採用者数は，児童生徒数の変動，在職教員数の年度ごとの変

動，より広い労働市場全体との関係（景気の変動）などの要因によって変動する。このため，特定教科で教員の確保が困難となったり，免許外教科担当が多くなったり，といった弊害が生じることが指摘されている。

第2の問題として，教員の年齢構成にアンバランスが生じていることが指摘できる。地域や学校によって事情は異なるが，いわゆる「団塊の世代」の大量退職期を経て，「中堅教員」の数が少なくなっていることが指摘されている。こうした学校では教職員の間での情報交換や教育に関する知識・技能の伝達などが阻害され，職場の中で教員が育つあるいは教員を育てるということが困難となり，学校全体の教育力が低下しているという声もある。

この点に関連してさらに指摘しておかねばならないことは，特別非常勤講師制度と臨時教員の問題である。特別非常勤講師制度は，前述した特別免許状とともに，社会人の導入を目的とする制度であるが，やはり教職課程教育を受けず，教員免許状を持たない人物が教壇に立つことを認めるものである。

次に臨時教員（教員の臨時的任用）の問題である。臨時教員には，常勤講師，非常勤講師があり，常勤講師はさらに①産休・育休・病休，長期研修等の代替講師，②定員内欠員補充講師，③複式学級の解消，過密対策，同和過配，重度重複障害児過配などの教員定数を上回る定員過配講師など，多様である。

このうち①については，「地方公務員法」，「女子教職員の出産に際しての補助教職員の確保に関する法律」（産休法），「義務教育諸学校等の女子教職員及び医療施設，社会福祉施設等の看護婦，保母等の育児休業に関する法律」（育児休業法）の規定によるものであるが，②③については，その法的根拠は明確ではない。また，本来は地方公務員法上の例外措置である臨時的任用が教員採用の場では恒常的に多用されているという事実も指摘されている。

III　教員採用選考の改革

教員採用選考の改革は，1982年5月の文部省通知「教員の採用及び研修について」以来，一貫して「多様化」をめざして行われてきた。1996年4月の文部

省教育助成局長通知「教員採用等の改善について」は，この方向性を維持しつつ，さらに「人物評価重視」という視点を明確に打ち出し，教育委員会にこの方向への転換を要請するものであった。

ここでは文部科学省が調査結果として公表した「平成30年度公立学校教員採用選考試験の実施方法について」に沿って，採用試験の実施概要を整理しておこう。

1　試験実施区分と実施時期

教員採用試験は，1次試験，2次試験の二段階で実施されることが多い。1次試験を実施しているのは68(68)県市，2次試験を実施しているのは67(66)県市であるが，3(3)県市では3次試験を実施している（以下（ ）内は平成29年度）。

実施時期は，1次試験では7月初旬から7月末が多いが，6月に実施している県市もある。2次試験は7月実施が1(1)県市，8月実施が57(57)県市，9月実施が9(8)県市，3次試験は8月実施が1(1)県市，9月実施が2(2)県市となっている。

合格発表は，9月が25(24)県市，10月が43(44)県市，採用の内定はほとんどが10月となっている。

2　試験内容

(1)　実技試験

小学校の受験者に対して実技試験を課している県市は57(57)で，内容は，音楽44(44)県市，水泳42(44)県市，水泳以外の体育46(46)県市，外国語活動28(24)県市などとなっている。

中学校については，音楽68(67)県市，美術64(65)県市。英語68(68)県市，保健体育68(68)県市，高等学校についても音楽35(41)県市，美術38(36)県市，英語56(56)県市，保健体育51(52)県市となっている。

(2) 面接試験

　面接試験はすべての県市で実施されている。個人面接を実施している県市は68(68)，集団面接を実施している県市は50(50)である。

　なお，面接担当者は主として教育委員会の事務局職員や現職の校長・教頭であるが，これに加えて民間企業の人事担当者，経営者，弁護士，臨床心理士，学校評議員等の民間人等を起用している。

(3) その他

　作文・小論文試験を実施している県市は46(46)，適性検査は40(41)県市となっている。また，模擬授業は53(55)県市，場面指導は40(40)県市，指導案作成は16(16)県市で実施されており，学校現場での実践的な指導力を確認したいという教育委員会の意図が現れている。

(4) 障害のある受験生への配慮

　障害のある受験生に対して特別選考を実施している県市は66(67)にのぼる。また，筆記試験や実技試験の実施の際に特別な配慮をしたり，試験会場について配慮したりすることも行われている。

(5) 受験年齢制限

　受験年齢の制限が緩和される傾向が続いてきたが，平成30年度調査では，制限なしとする県市が32(28)，51歳～58歳が1(1)県市，41歳～50歳が26(24)県市，36歳～40歳が9(15)県市となっている。

　以上の他に，教職経験や民間企業等での勤務経験を有する者，英語に関する資格をもつ者，スポーツ・芸術での技能や実績をもつ者等を対象とした一部試験免除や特別の選考，特別免許状を活用した選考を行う県市も増加している。

　以上，文部科学省の調査結果を整理した。試験内容の詳細などにふれることはできないが，全体的な傾向として，人物と実践的指導力が重視され，受験者の大学在学中の学校現場経験が問われる傾向を見てとることができる。

　なお，採用選考の透明性を確保するための取組みもなされている。

　具体的には，試験問題の公表が68(68)県市，回答の公表が68(68)県市，配点の公表が68(68)県市，採用選考基準の公表が67(68)県市，成績の本人への

開示が68(68)県市と，ほぼすべての県市で実施されている。なお，この数字には一部公表と開示請求による開示も含まれているが，逆に，採用選考基準をすべて公表している県市も53(56)あり，情報公開への意識は高いといえる。

IV 私立学校教員の採用

「平成30年度学校基本調査」によれば，私立高等学校の生徒数は1,042,637人で全生徒数3,236,141人の32.2％，学校数は1,323校で全学校数4,897校の27.0％を占めている。

生徒数をやや詳しく見ると，東京都では175,382人で，全生徒数314,385人の55.8％を占める。他には，大阪府，94,166人で41.5％，福岡県，54,310人で41.5％，神奈川県，70,391人で34.1％，愛知県，60,978人で30.9％，など，都市部を中心に私立高校の存在は高等学校教育を考える際に無視できないものとなっている。

私立学校教員は多様な方法で採用されている。私立学校教員数についての継続的な調査は行われていないが，「教育委員会・学校法人アンケート，および教員アンケート」（内閣府，2005年12月5日）によると，私立学校教員の採用方法で最も多かったのは一般公募（関連大学等への公募書類送付）であり，次いで都道府県の私学協会・連合会が行う適性検査等の受検者名簿から，というものであった。一般公募，独自の採用試験（学校単位），在職・退職教員の紹介，独自の採用試験なども上位を占めている。その他，公立学校退職者から，公立学校教員採用選考受検者名簿から，県教育庁からの推薦，県学事課からの情報による，という回答も多かった。

中高一貫校や中高一貫校への移行を考えている学校では，中学社会と高校の地歴，公民の3種を求めるという例もあり，中高一貫校の拡大も複数免許状取得を促す要因となっている。

第4節 教員の研修

I 研修の意味

　教員の仕事は直接に教育実践の質を左右する。したがって教員は，常に自らの資質・能力を高める努力をしなければならない。教育公務員特例法（以下「教特法」）はこのことを「教育公務員は，その職責を遂行するために，絶えず研究と修養に努めなければならない」（第21条第1項）という文言で規定している。この「研究と修養」を合わせて研修と呼ぶ。さらに同条第2項は教員の任命権者に対して，研修に必要な施設や研修を奨励するための方途その他の計画を樹立して研修の実施に努めることを義務づけている。また教員には「研修を受ける機会が与えられなければならない」（同法第22条第1項）という規定が設けられている。教育公務員の研修は，「教育を受ける権利」の主体である子どもに，より質の高い教育を提供するための義務であり，そのために研修の機会を確保する権利であると考えるべきである。

　なお，一般公務員については「職員には，その勤務能率の発揮及び増進のために，研修を受ける機会が与えられなければならない」（地方公務員法第39条第1項）のように研修を権利とする見方が示されているだけである。ただし，この研修は任命権者が行うとされており（同条第2項），職員の自主的研修については規定されていない。

II　研修の種類

　教育公務員の研修は任命権者によるもの（行政研修）と教員の主体的活動として行われるもの（自主研修）に大別される。行政研修は前述した教特法21条第2項によるものであり，自主研修は「教員は，授業に支障のない限り，本属長の承認を受けて，勤務場所を離れて研修を行うことができる」（同法第22条第2項）という規定によるものである。研修は職責の遂行を目的とするものであるから，いずれの場合も職務の一環として行われるべきものであり，本属長はできる限り教員の自主研修の機会を保障しなければならない。

　研修は「初任者研修」（教特法第23条），「中堅教諭等資質向上研修」（教特法第24条）など，教員のライフサイクルに応じて体系的に行われる。

　これとは別に，児童，生徒または幼児に対する指導が不適切であると認定した教諭等に対して，その能力，適性等に応じて，当該指導の改善を図るために必要な事項に関する研修が実施される。これを「指導改善研修」（同法第25条）という。

　初任者研修は1989年度から小学校で実施され，その後中学校，高等学校，特殊教育諸学校へと拡大された。初任者研修にあたっては指導教員をおくこととされているのが特徴である。なお，初任者研修の期間は「採用の日から一年間」（同条）とされている。公務員の採用は「条件附採用」でその期間は原則として6ヶ月とされている（国家公務員法第59条，地方公務員法第22条）。教育公務員である教員についても同様であるが，初任者研修の創設によって実質的には1年間の条件付採用となっている。このことが初任者教員の地位を不安定なものとすることはつとに指摘されている。

　「中堅教諭等資質向上研修」は，2016年の教育公務員特例法改正により，2003年度から実施されていた「十年経験者研修」にかわって導入されたものである。教育公務員特例法第24条は中堅教諭等資質向上研修を「個々の能力，適性等に応じて，公立の小学校等における教育に関し相当の経験を有し，その教

育活動その他の学校運営の円滑かつ効果的な実施において中核的な役割を果たすことが期待される中堅教諭等としての職務を遂行する上で必要とされる資質の向上を図るために必要な事項に関する研修」と規定している。

III 教員免許状の更新制（2022年廃止）

2007年6月，教育職員免許法が改正され，2009年4月1日から教員免許状の更新制が導入された。この制度の概要を整理すると次のようになる。
① 教員免許更新制を導入し，教員免許状に10年間の有効期間を定める。
② 免許状更新講習を修了できず有効期間の更新ができない場合，免許状は失効する。
③ すでに免許状を有している現職教員についても，10年ごとに同様の講習の修了が必要となる。

更新制の導入に伴い，教員免許状は便宜上，新免許状と旧免許状に分類されることとなる。新免許状は2009年4月1日以降に授与されたもので，10年間の有効期間が付される。他方，2009年3月31日以前に授与された免許状は，旧免許状と呼ばれ，旧免許状を持つ者は旧免許状所持者と呼ばれる。旧免許状所持者については修了確認期限が割り振られ，期限までに免許状更新講習を受講・修了して，免許管理者に更新講習修了確認申請を行わなければならない。

1 目 的

更新制の目的は，文部科学省が発表した「教員免許更新制の概要」（2012年2月）によると，その時々で求められる教員として必要な資質能力が保持されるよう，定期的に最新の知識技能を身に付けることで，教員が自信と誇りを持って教壇に立ち，社会の尊敬と信頼を得ることとされている。制度構想の当初に危惧された，いわゆる「不適格教員」の排除を目的としたものではないことが強調されている。

2 開設主体

講習の開設主体は，大学，指定教員養成機関（専修学校などで文部科学大臣の指定を受けているもの），都道府県・指定都市教育委員会など，とされている。開設主体は，それぞれに30時間以上の更新講習を開設することとなるが，その形態は，夏休みや冬休みなどの長期休業期間中や土日に開講することを基本とし，通信・インターネットや放送によるものでもかまわない。受講者が受講しやすい環境を整備することが求められている。

なお，更新講習の講師を担当できるのは，大学の教授，准教授，講師と教育委員会の指導主事などとされている。

3 受講対象者

免許状更新講習を受講しなければならないのは，現職教員，教員採用内定者，教育委員会や学校法人などが作成した臨時任用（または非常勤）教員リストに登載されている者，過去に教員として勤務した経験のある者などとなっている。

対象者は30時間以上の講習を受講し，最終試験に合格しなければ免許状は失効することとなる。また免許状を取得して大学を卒業したが教員として勤務していない，いわゆる「ペーパー・ティーチャー」も，教員採用試験に合格するなど，教員として勤務することが決定した場合には，この更新研修を受講しなければならない。

なお，優秀教員として表彰された者や校長，副校長，主幹教諭，教育長，指導主事など，教員を指導する立場にある者は受講を免除される。

4 講習内容

更新講習は「必修領域：すべての受講生が受講する領域（6時間以上）」，「選択必修領域：受講生が所有する免許状の種類，勤務する学校の種類又は教育職員としての経験に応じ，選択して受講する領域（6時間以上）」及び「選択領域（18時間以上）」の3つのカテゴリーで構成される。

「必修領域」はさらに，①国の教育施策や世界の教育の動向，②教員として

の子ども観、教育観等についての省察、③子どもの発達に関する脳科学、心理学等における最新の知見（特別支援教育に関するものを含む。）、④子どもの生活の変化を踏まえた課題に細分され、「含めるべき内容・留意事項」が指定されている。

「選択必修領域」も、①学校を巡る近年の状況の変化、②学習指導要領の改訂の動向等、③法令改正及び国の審議会の状況等、④様々な問題に対する組織的対応の必要性、⑤学校における危機管理上の課題、⑥教育相談（いじめ・不登校への対応を含む。）、⑦進路指導及びキャリア教育、⑧学校、家庭並びに地域の連携及び協働、⑨道徳教育、⑩英語教育、⑪国際理解及び異文化理解教育、⑫教育の情報化（情報通信技術を利用した指導及び情報教育（情報モラルを含む。）等）に区分される。

「選択領域」は、開講主体の特長を生かした内容で構成することとされ、比較的自由に開設することができる。

免許状更新講習は2009年度から多くの大学などで本格実施されている。更新制については、それが「指導力不足教員」の排除を目的とするものではないかとの疑義や、すでに実施されている研修との異同・関連はどうか、更新講習にかかる経費の負担や更新中の勤務の取扱いはどうなるのかなど、依然として多くの検討すべき課題が指摘されている。更新講習を受講者にとっても開講主体にとっても意義あるものとする努力が求められている。

5　教員免許状更新制の廃止

2022年5月、教育職員免許法および教育公務員特例法が改正され、同年7月1日、教員免許状更新制が廃止された。2023年度からは、教師や学校のニーズや課題に応じて、個別最適で協働的な学びを主体的に行う「新たな教師の学びの姿」が制度化されることとなった。この改革は「『令和の日本型学校教育』を担う新たな教師の学びの姿の実現に向けて（審議まとめ）」（中央教育審議会2021年11月）に基づくものである。

新たな教員研修は、研修履歴記録システムを活用し、管理職と対話しながら

進められる。その成果を校務分掌，校内研修，人事に生かすことも想定されている。新たな研修の成否には管理職の姿勢が大きく関わっていると言えるが，教員の同僚性や協同性が保障されるのか，教員の負担増につながらないか，教員の自主的な研修の機会を制限しないかなど，検討すべき課題は数多いと言えよう。

第5節 教員養成・採用をめぐる新たな動き

　近年，地方自治体が独自の教員養成・採用を行うことが増えてきている。東京都が2004年度から「高い志をもった教員を学生の段階から養成するため」，「東京教師養成塾」をスタートさせた。「塾」は，①実践的指導力と柔軟な対応力を養い，組織の一員としての自覚や企画力を養成する，②社会の課題を的確にとらえ，さまざまな知識を融合して実践的に課題解決する力を養成する，③教師としての使命感や社会に貢献する志を持ち，社会人としての責任ある態度を養成する，の3点を目標に教育養成を行うことを明らかにしている。

　千葉県教育委員会は「ちば！　教職たまごプロジェクト」を実施している。このプロジェクトは，公立学校教員を志望する大学生，短期大学生および大学院生を対象として，地区ごとの研修会や，県下の小・中学校および特別支援学校（県立および市立）での実践研修等を体験する機会を提供するものである。これにより，教員としての資質能力を高め，教職への理解を深めるとともに，採用後の教職員研修との円滑な接続を実現することがめざされている。

　以上の他，いわゆる「教師養成塾」生を対象とした特別の選考を実施している県市は7(7)県市にのぼっている。

　また，大学院進学者・修了者を対象とした特別の選考，7(7)県市，小学校の教科等（算数，理科，音楽，外国語活動等）指導充実に向けた特別選考，12(10)県市，英語を母語とする者に対する特別の選考，6(5)県市など，選考の多様化が進んでいる。

　教員採用数の改善がみられる一方で，都道府県による採用数の格差が大きくなる傾向も指摘されている。こうしたなか，各教育委員会は優秀な人材を早期

に確保する必要に迫られている。上の例はこうした事態への対処であると考えられるが，そこでの教育が実践的な教授技術に偏り（即戦力の育成），大学における教員養成という原則がめざした，広い教養に裏づけられた教職専門性という教員像に反するとの危惧も表明されている。また，教育委員会が全国的規模で教員採用の説明会を開催するなど，教員採用の全国市場化ともいうべき事態も進行している。

〈参考文献〉
船寄俊雄『近代日本中等教員養成論争史論』学文社，1998
海後宗臣編『教員養成（戦後日本の教育改革）』東京大学出版会，1971
岡本洋三『開放制教員養成制度論』大空社，1997
浦野東洋一ほか編『変動期の教員養成』同時代社，1998
教職課程コアカリキュラムの在り方に関する検討会「教職コアカリキュラム」2017（http://www.mext.go.jp/component/b_menu/shingi/toushin/__icsFiles/afieldfile/2017/11/27/1398442_1_3.pdf）
文部省初等中等教育局長通知「教員の採用及び研修について」1982（http://www.mext.go.jp/b_menu/hakusho/nc/t19820531001/t19820531001.html）
文部省教育助成局長「教員採用等の改善について（通知）」1996（http://www.mext.go.jp/a_menu/shotou/senkou/1243165.htm）
内閣府「教育委員会・学校法人アンケート，および教員アンケート　集計結果」2005（http://www8.cao.go.jp/kisei-kaikaku/old/publication/2005/1205/item051205_02.pdf）
文部科学省「平成30年度公立学校教員採用選考試験の実施方法について」2018（http://www.mext.go.jp/a_menu/shotou/senkou/1401024.htm）
文部科学省「平成30年度学校基本調査（速報値）の公表について」2018（http://www.mext.go.jp/component/b_menu/other/__icsFiles/afieldfile/2018/08/02/1407449_1.pdf）

演習問題

1．教師をめざす学生が大学時代に学んでおくべきことは何だろうか。
2．戦前と戦後の教員養成の違いを整理してみよう。
3．教員が「選考」という特別な方法で採用されるのはなぜだろう。
4．教員免許状更新制の意義と課題について考えてみよう。

第5章
教員の地位と身分

第1節　教員の地位と身分
第2節　教員の待遇と勤務条件

　公立学校の教師は地方公務員である。さらに「教育公務員特例法」の適用を受ける「教育公務員」でもある。教育公務員としての地位や身分は、どのようなものなのだろうか。私立学校の教師と公立学校の教師とではどんな違いがあるのだろうか。
　教職は、専門職と言われるが、専門職とはどんな職業をいうのだろうか。教職の専門性にはどんな特色があるのだろうか。教師には夏休みがあるのかないのか。部活指導や進路指導などで遅くまで学校で仕事をしている教師もいるが、残業手当は出るのだろうか。教師の給与は、非常に改善されているし、社会保障や福利厚生制度なども充実しているようだ。教師の給与、勤務時間、休暇、社会保障、福利厚生制度などはどうなっているのだろうか。
　この章では、教師の地位、身分、待遇、勤務条件などについて学ぶ。

第1節 教員の地位と身分

I 教職の意義と教員の身分

　身分という言葉は，公務員など公共の仕事に携わる人の法律上の地位や資格の意味である。教育基本法は，教員の職務の重要性（第9条第1項）とその身分（同条第2項）について次のように規定している。

　「法律に定める学校の教員は，自己の崇高な使命を深く自覚し，絶えず研究と修養に励み，その職責の遂行に努めなければならない。
　2　前項の教員については，その使命と職責の重要性にかんがみ，その身分は尊重され，待遇の適正が期せられるとともに，養成と研修の充実が図られなければならない。」

　なぜ，法律が定める学校（いわゆる1条校）の教員について，このような身分尊重の規定があるのだろうか。それは，1条校が国民の教育を受ける権利と直接にかかわる教育機関だからである。

　日本国憲法第26条第1項は，教育を受けることをすべての国民の権利として保障している。しかし，子どもには権利主体としての自覚はない。したがって，子どもにかわってその権利を保障することが求められる。憲法に明文規定はないが，この教育保障の義務は第一義的には国家に負わされていると考えることができる。

　より具体的には，憲法第26条第2項に，保護者が子どもに普通教育を受けさせる義務（教育義務）が規定されている。教育義務は，たとえ保護者であっても，子どもから教育を受ける権利を奪うことは許されないという意味に理解す

ることが必要である。

なお，普通教育というのは，個性を伸ばし，人格を形成し，社会に参画するために，すべての国民に共通に求められる教育である。

学校は，国民の教育を受ける権利の保障という高い公共性を有するものである。そのために，法律に定める学校の教員は「その身分は尊重され，待遇の適正が期せられる」のである。

II　国・公立学校教員の身分

1　身分保障

学校を設置者によって分類すると，国（国立大学法人及び独立行政法人国立高等専門学校機構を含む）が設置する国立学校，地方公共団体（公立大学法人を含む）が設置する公立学校，および私立学校法に規定する学校法人が設置する私立学校の3種になる（学校教育法第2条）。

国が設置者である国立学校の教職員は，国家公務員としての身分を有する。ただし，国立大学法人及び独立行政法人国立高等専門学校機構が設置する国立大学および国立高等専門学校の教職員は，国家公務員としての身分を有さない。

市区町村および都道府県・指定都市が設置する小学校，中学校，高等学校は公立学校であり，その教職員は地方公務員としての身分を有する。

国立・公立学校の教員は公務員なので，まず公務員として国家公務員法，地方公務員法の規定を受け，公務員としての身分が保障される。公務員は，合理的理由なしに不利益処分（例えば免職や降給など）を受けることがないように法律上の保障を受けている。これは，公務員が全体の奉仕者として不安なく公務に専念しうるように，政権担当者の人事支配を排除したものである。また，次に述べる労働基本権の制限に見合う代償措置としての側面もある。

国立学校教員および公立学校教員には，教育公務員の職務とその責任の特殊性に基づき「教育公務員特例法」が適用され，一般公務員とは違った扱いを受ける。私立学校の教員は公務員ではないから，これらの法律の適用は受けない。

2　労働基本権の制約

　公務員も日本国憲法第28条にいう「勤労者」であるが，その公務に停滞があると国民の生活に大きな支障が生じる。そこで，憲法で保障する労働基本権（団結権，団体交渉権，争議権）は公務員に対しては全面的には適用されず，公共の福祉の見地から制約を受けることとなる。団結権・団体交渉権については，労働組合法，労働関係調整法が適用されず，「職員団体」の結成と「適法な交渉」（労働協約の締結は含まれない）が認められているのみである。また，争議行為（ストライキ）は全面的に禁止されている。その代わりに，教員の勤務条件は法律・条例で定められ，適正な水準が守られることとされている。

3　政治的中立性・倫理的要求

　公務員は，その職責の遂行に当たって，政治的中立性を確保し，その地位を政治勢力の影響または干渉から保護するために，政治的行為を制限または禁止されている。国家公務員法では，「職員は，政党又は政治的目的のために，寄附金その他の利益を求め，若しくは受領し，又は何らの方法を以てするを問わず，これらの行為に関与し，あるいは選挙権の行使を除く外，人事院規則で定める政治的行為をしてはならない」（第102条）と定められている。また，地方公務員である公立学校の教員の政治的行為については，教育公務員特例法で「公立学校の教育公務員の政治的行為の制限については，当分の間，地方公務員法第36条の規定にかかわらず，国家公務員の例による」（第18条第1項）とされ，国家公務員法の適用を受けることになっている。

　教育の現場にあって，子どもに対して強い影響力を持つ教員には高度な倫理性が要請される。学校教育法第9条，教育職員免許法第5条に規定される欠格条項が，公務員法のそれよりも一段と厳しいのはそのためである。また，法の規制だけではなく，日常の行状についての社会的な評価も，子どもを指導する立場にある教師に対しては厳しいといえる。

　参政権（選挙権）が18歳以上に引き下げられ，高等学校における公民教育・政治教育のあり方が問われている。教員に政治的中立性が求められることは言

うまでもないが，これを過度に強調することには，教員の自主的・主体的な教育活動を制約する恐れもある。

教員の国民としての権利と，教員という職務の特殊性から要請される制約との関係を，どのように考えるかは大きな課題でもある。

III 私立学校の教職員

私立学校の教職員は，当該私立学校を設置・経営する学校法人との間の契約によって雇用される被使用者である。その勤務条件等は，労働協約，就業規則，労働契約によって定められるものであり，労働基準法，労働組合法，労働関係調整法が全面的に適用されるほか，労働三権も完全に認められている。この点は，公務員である国・公立学校教員と多少異なる。

しかし，私立学校の教員も教員免許状の取得を必要とされ，教員としての身分を有することについては，国・公立学校の教員と同様である。私立学校は国・公立学校の補完機関ではなく，国・公立学校と同等の役割を担う公教育機関である。だから，私立学校の教員も，学校教育の担い手としての全体の奉仕者性，党派的教育活動の禁止等，教育者の地位に由来する特質を有しており，国・公立学校の教員とともに教育を通じて国民に奉仕するという職責を担っている。

IV 教職の専門性

1 教師聖職者論

教師聖職者論の嚆矢は森有礼に求められる。森は教師を「教育ノ僧侶」「教育ノ奴隷」ととらえ，教師に「生命ヲ抛ツテ教育ノ為メニ尽力スルノ決意」を求めていた（『文部大臣森子爵之教育意見』，1888）。こうした教師観は師範学校教育に具体化され，戦前・戦中の教師を呪縛し続けた。特に戦中期には，教師は「現人神」とされる「天皇の官吏」という役割を期待され，「皇国民の錬成」をその職務とされた。

教師への国家的・国民的期待の表現として教師聖職論を理解すれば，それは戦後も形を変えて存続した。戦後の経済的・政治的・社会的混乱による不十分な物質的条件のなか，教師の生活条件も決して十分なものではなかった。それにも関わらず，「よい教育」をすることが教師自身の自負であり，社会的・国家的要請であった。「清貧」に甘んじる教師の姿は，形を変えた「聖職者」イメージであり，教師自らのアイデンティティを支えるものでもあった。

　その後，経済界からの教育要求の高まりと，「競争と選抜」に象徴される教育改革の動向のなか，あるべき教師像も問われることになる。学校における問題状況の噴出は，教師の能力低下批判を招き，教員養成課程および教員採用・研修制度の改革が進められた。道徳教育の充実が求められ，生徒指導，道徳教育の充実と，教師としての自覚と使命感という「教師像」への要請を強化した。

　現在進行中の教育改革においても，進行する国際化・情報化に対応できる「専門職」としての教師が求められている。歴史的変遷のなかで常に求められてきた教師の「使命感」をめぐる対立は，教師という職業に何を求め，どのような教育の実現を願うのかという「教育観」の対立であり，教師のみに解決を委ねられるものではなく，国民的論議の対象とされるべきものであろう。

2　教師労働者論

　教師が自らを労働者として自覚した時期の特定は難しいが，1919（大正8）年に始まる教員の増俸運動が一つのメルクマールと言える。同年には「俸給生活者組合」（サラリーメンズユニオン，SMU）が結成され，下中弥三郎らが小学校教員の団体「啓明会」を発足させた。「啓明会」は翌1920年に他の労働団体とともに労働組合同盟会を結成して日本教員組合啓明会と改称，教員組合の先駆的存在となった。これ以降，自らを下層労働者とみなす教員による組合運動が展開されはじめるが，労働組合運動全般が弾圧の対象とされ，大きな流れを創り出すには至らなかった。しかし，そこで提起された労働基本権の問題とそれを求める運動は，世界史的展開と軌を一にするものであり，後世への遺産として重要な意味をもつものであった。

第二次世界大戦の敗戦後，労働者の権利が憲法的権利として保障され，教員の労働者としての自覚は高まる。そこには教員の経済的・政治的・社会的状況の劣悪さと，「教え子を再び戦場に送るな」という日本教職員組合（日教組）のスローガンに象徴される戦前・戦中教育への痛切な批判と反省があった。

　1952（昭和27）年に採択された日教組の「教師の倫理綱領」はその第8項に「教師は労働者である」と明記し，「学校を職場として働く労働者」と自らを規定した。そこには「教師聖職者論」への批判と，労働基本権の要求，そして憲法・教育基本法に明文化された新しい教育の実現という理想が表明されていた。

　教師をめぐる論争は，教師の労働者性を前提として，いかなる労働者であるのかをめぐるものに変質する。教師の政治的・経済的・社会的地位の向上が，教育労働の質を高め，国民の「教育への権利」を保障する基礎的条件になるという考え方が成熟していく。その際に，国内の教師（団体），教育研究者の努力とともに，ILO（国際労働機関）・ユネスコの「教員の地位に関する勧告」が果たした役割も大きかった。

　教師の過酷な労働条件が問題化する現代において，教育を受ける権利保障の観点から教師の労働条件を再検討することが求められている。

3　共同的な学びの実践者としての教師

　佐伯胖の所論を紹介して教師の専門性を検討する。佐伯は「学び（学習）」を「自分探し」と「文化的実践への参加」であると述べている。「自分探し」は「学び」の主体によるアイデンティティ形成の過程である。「文化的実践への参加」は「学び」の社会的側面である。それは，共同体がその向上をめざして行う協同的な関係づくりや関係の再構築のための実践の総体である。

　佐伯は「学び」をつくる3要素として「教材」，「教師」，「子ども」を提示している。佐伯は教師について，情報を一方的に「与える」者ではなく，子どもの「自分探し」に協力し，それを文化的実践に関係づける役割をもつと指摘する。教師は，一人一人の子どもを「あなた」として見つめ，語りかける他者であり，子どもの内面に寄り添って，子どもが求めるものを一緒に求める他者で

ある。教師と子どもの間の深い信頼関係が，教師の仕事の基礎であり，教師には，社会活動や研究会への参加など，自主的な学習・研究活動を通して常に自らの資質・能力の向上に努めることが求められる。

4 反省的実践家としての教師

佐藤学の所論（1998）は，「学び」を対象世界（モノ）との出会いと対話であり，他者との出会いと対話であり自分自身との出会いと対話を遂行する営みであると定義する。学びとは，対象世界の意味と関わりの編み直し（認知的・文化的実践），他者との関わりの編み直し（社会的・政治的実践），自己の内的世界の編み直し（倫理的・実存的実践）を遂行する活動である。

ゆえに「学び」が成立するためには，学習者がモノや他者や自己と「出会」い，「対話」しなくてはならず，その中から「世界づくり」・「自分探し」・「仲間づくり」をし，これらを築き上げていくことが佐藤にとっての「学び」である。

ここから，教師には，子どもたちが学びによって自分，人生，そして世界を変えることができることを日々の営みの中枢に据えて，子どもたちの未来への意志を育てる実践を行うこと，が求められることとなる。

佐藤は，教師を「実践的知識」と「反省的思考」を備え，授業に関する「臨床的研究」のできる専門家としている。こうした専門家となるためには次の資質・能力が求められる。

① 子どもの学習と発達を個性的に理解し生き生きとした人間的な関係を取り結ぶこと
② 教科内容（学問や文化）を教材に翻案し方法的に組織して，授業に構成し展開すること
③ 子どもの学習活動を触発し対応し援助すること
④ 授業の経験を反省的に検討し，他者の授業からも学びながら，実践と研究を専門的に高めること
⑤ 同僚と共に学校の運営に参加し，学校全体の専門的力量の向上に努めること

佐伯，佐藤ともに，自らの職務を自覚し，常に反省的に，子どもの主体的な学習を援助する立場で教育に取り組むという教師像を共有しているといえよう。

第2節 教員の待遇と勤務条件

I 教員の給与

　歴史的には，教員の給与は，一般公務員に比べて恵まれたものではなく，大手の民間企業の給料と比較すると相当にへだたりがあった。だから，1960年代の高度経済成長期，多くの人材が教育界から民間企業に流出していた。

　その傾向に歯止めをかけ，教育界に人材を確保するために，1974年に「学校教育の水準の維持向上のための義務教育諸学校の教育職員の人材確保に関する特別措置法」が制定された。同法第3条は「義務教育諸学校の教育職員の給与については，一般の公務員の給与水準に比較して必要な優遇措置が講じられなければならない」と規定した。これによって，教員の給与を一般公務員給与より優位にするための財政措置が計画的に実施され，教員の給与はかなり改善された。さらに，教員にはさまざまな手当があり，福利厚生施設も充実している。今日の教員の生活は，経済的には非常に安定しているといえる。

　「公立の小学校等の校長及び教員の給与は，これらの者の職務と責任の特殊性に基づき条例で定めるものとする」（教育公務員特例法第13条第1項）とされている。

　教員の給与は，給料（基本給），教職調整額，その他の諸手当（扶養手当，住宅手当，通勤手当）などからなっている。

　教職調整額とは，教員の勤務の特殊性に対応して設けられたものである。民間企業および一般公務員の場合とは異なり，教員の場合，超過勤務時間を特定することがきわめて困難である。そこで，1971年に，「国立及び公立の義務教

育諸学校等の教育職員の給与等に関する特別措置法」が制定され，2003年に「公立の義務教育諸学校等の教育職員の給与等に関する特別措置法」となった。その中で，「教育職員については，時間外勤務手当及び休日勤務手当は，支給しない」（第3条第2項）とし，その代わりに，一律に給料の4％が超過勤務に対応するものとして支給されることになった（同条第1項）。

　そのほかに通勤手当，住居手当，調整手当などの諸手当が支給される。調整手当は，物価が高く生活コストのかかる都市居住者への調整分として支給されるもので，自治体と地域によって異なる。

　管理職手当（校長）は，12％，14％，16％の3段階となっている。全体の約4割に相当する大規模校校長に対しては14％，大規模校のうち一部の困難性のある学校の校長については16％の管理職手当が支給される。

Ⅱ　教員の休日，休暇

1　教員の休日と学校の休業日

　教員の休日は，土曜日，日曜日，国民の祝日，年末年始で一般の公務員と変わりない。日曜日に学校行事をすれば，平日に振り替え休日をおくことになる。

　学校は，いわゆる夏休み，春休み等の休業日がある。休業日の種類は，夏季休業日，冬季休業日，学年末休業日，農繁期休業日である。休業日は，学校を設置する教育委員会が定めることになっている（学校教育法施行令第29条）。

　休業日は，子どもにとっては休みであるが，教員にとっては休日ではない。都道府県によって異なるが，いわゆる教員の夏休みとして認められているのは4日間程度である。あとは通常の勤務となる。ただし，教員には研修の権利が認められているので，校長の許可を得て，学校での用務がないときに自宅研修とすることができる。しかし，近年では長期休業中にも勤務場所（学校）での研修を求める傾向も強くなっている。総じていえば，教員の年間の休日数は，週休2日制の公務員や民間企業に比べても決して多くはない。

　年次休暇などは一般の公務員と同じで，有給年次休暇は1年間に20日である。

病気休暇は，公務による傷病については，その治療に要する時間，公務によらない傷病については，結核性疾患の場合は2年以内，その他の傷病にあっては90日間，給料の全額が支給される。

2　産休および育児休業

女子教員に対しては，「育児休業，介護休業等育児又は家族介護を行う労働者の福祉に関する法律」(1991年5月15日法律第76号)に基づき，労働基準法第65条で，産前6週間，産後8週間の産前・産後休暇が保障されている。この労働基準法の規定を最低基準とし，各都道府県の条例・規則はこれを上回って定める場合が多く見られる。

1991年に，「地方公務員の育児休業等に関する法律」が制定された。この法律により，教員は，子どもが3歳になるまで育児休業をとることができる。

これとは別に，義務教育諸学校の教員については育児休業手当金が支給される。これは子ども1歳に達するまでの育児休業期間中の所得を保障するものである。さらに2010年から，男性の育児参加を促進するために，父母がともに育児休業を取得した場合の育児休業期間の延長制度（パパママ育休プラス）が導入され，育児休業手当金の給付期間も延長された。

教員については，「公務の運営に支障がない」と認めるときは，当該職員がその3歳に満たない子を養育するため1日の勤務時間の一部について勤務しないこと（部分休業）も認められている。

III　教員の勤務時間

教員の勤務時間は，都道府県の条例で定められるが，多くの都道府県で1週40時間となっている。勤務時間に含まれる休息時間は4時間につき15分，勤務時間に含まれない「休憩時間」は1日45分とされることが多い。この1週あたりの勤務時間を具体的に教員に割り振る権限は，教育委員会にあるが，実際にはその権限を校長に委任している。教員の勤務時間は「服務規程」によってい

るので、職場ごとの極端な差異があるわけではない。

以下、文部科学省が実施した教員勤務実態調査と、その他いくつかの調査結果から教員の勤務実態をみておこう。[1]

1　勤務時間

(1)　校内勤務時間

文部科学省の調査によると、教員の校内勤務時間（持ち帰りを含まない）は10年前の前回調査に比べ、いずれの項目についても増加していることが明らかとなった。

表5-1　教員（教諭）の1日あたり学内勤務時間（時間：分）

	小学校		中学校	
	2016年度	2006年度	2016年度	2006年度
平日	11:15	10:32	11:32	11:00
土日	1:07	0:18	3:22	1:33

表5-2　教員（教諭）の1週あたり学内勤務時間（時間：分）

小学校		中学校	
2016年度	2006年度	2016年度	2006年度
57:29	53:16	63:20	58:06

(2)　出勤・退勤時刻

教員の出勤・退勤時間は次の表のようになっている。

表5-3　教員の出勤・退勤時刻

	出勤時刻			退勤時刻		
	平均	最も早い	最も遅い	平均	最も早い	最も遅い
小学校	8:00	7:00	8:30	18:28	16:30	23:00
中学校	7:57	7:30	8:20	19:10	15:30	22:00
高等学校	8:02	7:30	8:25	17:32	16:00	22:00

(3) 法定勤務時間

　OECD（2018）によれば，日本の教員の法定勤務時間数は，就学前教育から後期中等教育までで年間1,883時間で，OECD平均を200時間以上上回り，加盟国の中でも最も多い国の一つとなっている。他方，教員が授業に充てる時間は少なく，年間授業時間数は全教育段階でOECD平均を大きく下回っている。このうち前期中等教育（中学校）の場合，OECD平均の693時間に対し，日本の授業時間数は年間616時間となっている。これは，日本の教員が，教育相談，学校運営，学校事務，課外活動など，授業以外のさまざまな職務をこなしているためである。

(4) 勤務時間の実態

- 教諭等の1ヵ月の平均時間外勤務時間は，72時間56分
- 持ち帰り仕事時間の平日・土日の合計は，22時間36分
- 80時間以上（100時間以上を含む）の時間外勤務を行っている教諭等が35.8％
- 平均時間外勤務時間が20時間以下という層は4.4％，そのうち0分との回答は0.5％

　教員の時間外勤務時間は，厚生労働省が示す，いわゆる「過労死ライン」に匹敵するものとなっている。

(5) 1日あたりの休憩・休息時間

　小学校教諭：9分（7月），9分（9月），6分（10月），6分（11月）
　中学校教諭：10分（7月），11分（9月），7分（10月），7分（11月）
　事前に割り振られているはずの休憩・休息時間が，子どもたちへの指導等があるため，結果として十分にとれていないのが現状である。
　以上，断片的な数字ではあるが，教員の勤務実態が過酷ともいうべきものであることがわかる。

Ⅳ 人事異動

　教師の異動（転勤）は，本人の希望と，全体の教員配置を考慮して決定される。異動の基準は都道府県によって異なるが東京都の方針を例にとってみる。

　1．目的
　　　異動の目的は，適材を適所に配置し，学校における望ましい教員構成を確保することで教育活動の活性化を図ること及び教員に多様な経験を積ませ，教員の資質能力の向上と人材育成を図ること。
　2．異動の方針
　　　校長の学校経営や人材育成支援のためのきめ細かな異動，全都的な視野に立った広域的な人事異動及び島しょ・へき地等における教員構成の充実
　3．異動の基準
　　(1)　小・中学校の異動
　　　・現任校に3年以上勤務する者を異動の対象とし，6年に達した者を必異動とする。
　　　・過員解消のための異動は，異動の対象となる者から行う。
　　　・現任校における勤務年数が6年に達した者のうち，校長の具申及び各教育委員会の内申に基づき，東京都教育委員会が認めた者については，異動の対象としない。
　　　・全都を12の地域に分け，5校を経験するまでに異なる3つの地域を経験する。
　　　・ステージ制を導入し，広域的人事異動を推進する。
　　(2)　都立学校の異動（略）
　　（東京都教育委員会「東京都の教育（平成29年版）」による）

V 福利厚生制度

教員と家族の健康と安定した生活のため,種々の福利厚生制度が整えられている。

(1) **共済組合制度**

共済組合制度は,職員および家族の生活の安定と福祉の向上に資するため,相互救済の精神に基づき,共済組合を組織し,組合員としての掛金および国または地方公共団体が拠出した負担金によって,病気,負傷,休業,災害,退職または死亡等の一定の事故の場合,適切な給付を行うものである。

公立学校の教職員を対象として,公立学校共済組合が組織され,全国約100万人の教職員がその組合員となっている。共済組合の事業は大別して短期給付,長期給付,福祉事業に分けられる。短期給付とは,職員または家族の病気,負傷,出産,災害等の事故による一時的な経済的損失を補填する,国民健康保険に当たるものである。長期給付とは,職員が退職したとき,一定の障害の状態になったとき,または死亡したときには,共済年金として退職年金,障害年金,遺族年金等が支給される,一般企業の厚生年金に当たるものである。なお,私立学校の場合は,私立学校教職員共済組合があり,公立学校共済組合と比べても何ら遜色のない福利厚生事業を行っている。

(2) **福祉事業**

福祉事業とは,教職員とその家族の健康の保持増進および生活の安全と福祉の向上を図ることを目的として,使用者である地方公共団体が保健,レクリエーションおよび職員の住宅等に関する事業を実施するものである。埼玉県を例にとると,教職員に対して次のような福祉事業が行われている。

① 教職員の健康管理(人間ドッグ,婦人科検診,保養施設利用補助,保健施設利用補助,借り上げ施設利用補助,教職員体育大会補助,スキー教室等)
② 教養文化関係(囲碁・将棋大会,教職員家族レクリエーション大会等)
③ 研修・見学旅行(ファミリー旅行,歩いて健康づくり等)

④ 宿泊事業（各種宿泊施設の経営，全国の共済組合施設の相互利用）
⑤ 直営病院
⑥ 貸付事業（住宅取得貸付，結婚貸付，教育貸付，医療貸付，その他の貸付）
⑦ 住宅事業（教職員住宅の設置・管理）

(3) 公務災害補償および通勤災害補償制度

　公務中や通勤途中の災害によって起きた負傷等の身体的な損害に対して，地方公務員災害保障法により補償が行われる制度である。このように，教員の育児休暇制度や福利厚生制度は，公・私立とも充実しているといえる。

注(1)　ここの記述にあたり，以下のものを参照した。
文部科学省「教員勤務実態調査（平成28年度）（確定値）について」2018
OECD "Education at a Glance 2018", 2018
公益財団法人日本生産性本部「教職員の勤務負担軽減を図るための業務別改善マニュアル」2012
ベネッセ教育総合研究所「文部科学省委託調査・教員勤務実態調査」2006
公益財団法人日本化学会「教員の勤務実態アンケートの結果とその解析」2006
国民教育文化総合研究所教育行財政改革をすすめるための有識者会議「教員勤務の『多忙化』解消に向けた提言」2013
全日本教職員組合「勤務実態調査2012概要」2013
　以上の他に「教員勤務実態調査（小・中学校）報告書」も参照。この報告書は，「平成18年度文部科学省委託調査研究　教職員の勤務実態に関する調査研究」の一環として平成18（2006）年7月から12月にかけて実施された「教員勤務実態調査」の結果をまとめたものである。

〈参考文献〉
東京都教職員研修センター監修『教職員ハンドブック・第2次改訂版』都政新報社，2008
解説教育六法編集委員会編『解説教育六法2018平成30年度版』三省堂，2018
佐伯胖『「学ぶ」ということの意味』岩波書店，1995
佐伯胖『「学び」の構造』東洋館出版社，1985
佐藤学『教師というアポリア』世織書房，1998
浅田匡ほか編著『成長する教師』金子書房，1998
東京都教育委員会「東京都の教育（平成29年版）」(http://www.kyoiku.metro.tokyo.jp/administration/pr/toukyuoto_no_kyouiku.html)

第6章

学校の管理・運営

第1節　学校制度
第2節　学校管理・運営体制

　本章では，学校という制度の仕組みやその管理・運営のあり方を学ぶ。法令などが多く紹介され，なじみにくい領域かもしれないが，学校教育は法令なしには存在し得ない。教員をめざす学生としてぜひとも知っておかなければならない領域である。
　第1節では学校制度の沿革を学ぶ。学校体系の構造や戦前・戦後における日本の学校制度の変遷，現在の学校制度などについて考えてみる。
　第2節では学校の管理・運営の仕組みを学ぶ。法的根拠を確認しながら，学校という制度がどのような仕組みで管理・運営されているのかを考える。

第1節 学校制度

I 学校の種類

　学校の歴史をさかのぼると，古くは古代ギリシャ，ローマにたどりつく。しかし，それらは選ばれた特別な者だけを対象とする閉鎖的なものであった。われわれにとってなじみ深く，一般的に思い浮かべる学校は，広く国民のすべてに教育の機会を開放するもので，近代公教育制度と呼ばれる。近代公教育制度とは，近代国民国家が全国的規模で整備する学校制度のことを意味するのが一般的であるが，その歴史は19世紀半ばごろに始まったといえる。

　初等教育から始まった公教育制度の整備は，20世紀半ばの統一学校運動などの影響を受けて，中等教育にまで拡大し，多くの国で中等教育段階までの義務化が実現されている。

　学校という言葉は広義に使用されているが，本章では法令上の用語としてより限定的に使用することにする。具体的には学校教育法第1条に規定される学校（法律に定める学校）を対象として，その管理運営のあり方を考える。

1　法律に定める学校

　学校教育法第1条は次のように述べて学校を定義している。

　　「この法律で，学校とは，幼稚園，小学校，中学校，義務教育学校，高等学校，中等教育学校，特別支援学校，大学及び高等専門学校とする。」

　ここに示された9種類の学校だけが法律上の学校であり，一般に「1条校」と呼ばれる。このうち中等教育学校は公立の中高一貫型学校のことで，1998年

の学校教育法改正で第1条の中に位置づけられたものである。6年間の継続的・計画的教育を受けられること，高校入試の影響を受けずにゆとりのある安定的な学校生活を送ることができるなど，子ども一人一人の個性を生かし，社会性や人間性を育むことが中等教育学校のねらいである。しかし，中等教育学校は中等教育段階に「複線化」をもたらし，受験競争の低年齢化や学校間格差の拡大を招いたとの批判的な見方もあり，その評価はいまだ定まっていない。

また，特別支援学校は，従来，盲学校，聾学校，養護学校と呼ばれていた3種類の学校を統一し，さまざまな障害をもつ子どもの教育を総合的・総体的に行うことを目的に，2007年3月の学校教育法改正によって誕生した学校である。

そして，2015年6月の学校教育法改正により「義務教育学校」の設置が法定された。「義務教育学校」は小中一貫の9年制学校であるが，6年の前期課程と3年の後期課程に区分される。それぞれの教育は従来の小学校および中学校のそれを踏襲することとなるが，今後，9年一貫教育に対応する教育課程が検討されることも予想され，注目に値する。小中一貫教育の教育的効果については必ずしも明確な結論がもたらされたとはいえないが，上記の中等教育学校と同様に，「義務教育学校」が義務教育段階の「複線化」と競争的性格の導入につながることも危惧される。

上の9種類のほかに，専修学校（学校教育法第124条〜第133条），各種学校（学校教育法第134条），各省庁や独立行政法人が独自に設置する大学校，都道府県，職業訓練法人，学校法人，民間企業等が設置する大学校などもある。これらも広い意味では学校に含まれる。

2　学校の目的と教育内容

(1) 幼稚園

幼稚園は，「義務教育及びその後の教育の基礎を培うものとして，幼児を保育し，幼児の健やかな成長のために適当な環境を与えて，その心身の発達を助長することを目的とする」（学校教育法第22条）。この目的を実現するため，幼稚園では以下の目標の達成がめざされる（同法第23条）。

① 健康，安全で幸福な生活のために必要な基本的な習慣を養い，身体諸機能の調和的発達を図ること。
② 集団生活を通じて，喜んでこれに参加する態度を養うとともに家族や身近な人への信頼感を深め，自主，自律及び協同の精神並びに規範意識の芽生えを養うこと。
③ 身近な社会生活，生命及び自然に対する興味を養い，それらに対する正しい理解と態度及び思考力の芽生えを養うこと。
④ 日常の会話や，絵本，童話等に親しむことを通じて，言葉の使い方を正しく導くとともに，相手の話を理解しようとする態度を養うこと。
⑤ 音楽，身体による表現，造形等に親しむことを通じて，豊かな感性と表現力の芽生えを養うこと。

(2) 小学校

次に小学校は，「心身の発達に応じて，義務教育として行われる普通教育のうち基礎的なものを施すことを目的とする」（学校教育法第29条）。小学校教育は，教育基本法第5条第2項に規定する目的を実現するために以下の目標の達成をめざして行われるとされている（学校教育法第21条）。

① 学校内外における社会的活動を促進し，自主，自律及び協同の精神，規範意識，公正な判断力並びに公共の精神に基づき主体的に社会の形成に参画し，その発展に寄与する態度を養うこと。
② 学校内外における自然体験活動を促進し，生命及び自然を尊重する精神並びに環境の保全に寄与する態度を養うこと。
③ 我が国と郷土の現状と歴史について，正しい理解に導き，伝統と文化を尊重し，それらをはぐくんできた我が国と郷土を愛する態度を養うとともに，進んで外国の文化の理解を通じて，他国を尊重し，国際社会の平和と発展に寄与する態度を養うこと。
④ 家族と家庭の役割，生活に必要な衣，食，住，情報，産業その他の事項について基礎的な理解と技能を養うこと。
⑤ 読書に親しませ，生活に必要な国語を正しく理解し，使用する基礎的な能力を養うこと。
⑥ 生活に必要な数量的な関係を正しく理解し，処理する基礎的な能力を養う

こと。
⑦　生活にかかわる自然現象について，観察及び実験を通じて，科学的に理解し，処理する基礎的な能力を養うこと。
⑧　健康，安全で幸福な生活のために必要な習慣を養うとともに，運動を通じて体力を養い，心身の調和的発達を図ること。
⑨　生活を明るく豊かにする音楽，美術，文芸その他の芸術について基礎的な理解と技能を養うこと。
⑩　職業についての基礎的な知識と技能，勤労を重んずる態度及び個性に応じて将来の進路を選択する能力を養うこと。

(3)　**中 学 校**

中学校は，「小学校における教育の基礎の上に，心身の発達に応じて，義務教育として行われる普通教育を施すことを目的とする」（学校教育法第45条）。中学校教育の目標は小学校と同様に学校教育法第21条によるものとされている（同法第46条）。

(4)　**高等学校**

高等学校は，「中学校における教育の基礎の上に，心身の発達及び進路に応じて，高度な普通教育及び専門教育を施すことを目的とする」（学校教育法第50条）学校で，その目標は以下のように規定されている（学校教育法第51条）。

①　義務教育として行われる普通教育の成果を更に発展拡充させて，豊かな人間性，創造性及び健やかな身体を養い，国家及び社会の形成者として必要な資質を養うこと。
②　社会において果たさなければならない使命の自覚に基づき，個性に応じて将来の進路を決定させ，一般的な教養を高め，専門的な知識，技術及び技能を習得させること。
③　個性の確立に努めるとともに，社会について，広く深い理解と健全な批判力を養い，社会の発展に寄与する態度を養うこと。

以上からわかるように，各段階の学校は，その前後の教育と深い関連を保ちながら，子どもの成長・発達を継続的・系統的に保障するものとなっている。

(5) **大　学**

　大学は，「学術の中心として，広く知識を授けるとともに，深く専門の学芸を教授研究し，知的，道徳的及び応用的能力を展開させることを目的とする」（学校教育法第83条第1項）。高等学校までの教育とは異なり，教育機関であるとともに研究機関でもあることが法律にも明記されている。大学では，この教育と研究を統一的に理解し，質の高い研究を行うと同時に，学生や社会の要求に応える教育を保障することが求められている。

(6) **特別支援学校**

　特別支援学校は，「視覚障害者，聴覚障害者，知的障害者，肢体不自由者又は病弱者（身体虚弱者を含む。以下同じ。）に対して，幼稚園，小学校，中学校又は高等学校に準ずる教育を施すとともに，障害による学習上又は生活上の困難を克服し自立を図るために必要な知識技能を授けることを目的とする」（学校教育法第72条）。幼稚園から高等学校までの教育を基本としながら（準ずる教育），子ども一人一人の障害の種類や程度に応じた特別な支援を行うことが，特別支援学校の特色であり使命でもある。

3　学校体系

(1) **学校段階による整理**

　2にみた学校を，就学前教育，初等教育，中等教育，高等教育と学校段階ごとに体系的に把握することができる。

　義務教育段階である小学校に入学する前の教育が就学前教育で，幼稚園がこれを担当している。就学年限は3歳から5歳までの3年間であるが，在園期間は保護者の希望によって決定できる（1年保育から3年保育まで）。

　初等教育は小学校の6年間，中等教育は中学校3年間と高等学校3年間の計6年間（または中等教育学校の6年間），高等教育は大学の4年間である（医学，歯学，獣医学と薬学の一部課程については6年，学校教育法第87条第2項）。こうした学校体系は「6・3・3・4制」と呼ばれる。

　なお，高等専門学校（高専）は，中学校卒業を入学資格とし，修業年限は5

年（商船に関する学科は5年6月）である（学校教育法第117条）。したがって，高等専門学校は，中等教育から高等教育にまでまたがる例外的な存在とみることができる。

また，大学のなかには修業年限を2年または3年とする短期大学も含まれる。

以上のほかに，中等教育を一貫して実施する6年制の中等教育学校，義務教育を一貫して実施する9年制の義務教育学校があることは先述した。

(2)　教育形態による整理

学校を，全日制，定時制，通信制という教育形態によって分類・整理することもできる。義務教育段階に相当する小学校と中学校では定時制および通信制の課程を置くことはできず，高等学校，大学，高等専門学校について設けられている。

高等学校については，「高等学校には，全日制の課程のほか，定時制の課程を置くことができる」（学校教育法第53条第1項）とされ，さらに「高等学校には，定時制の課程のみを置くことができる」（同条第2項）とされている。また同法第54条第1項は「高等学校には，全日制の課程又は定時制の課程のほか，通信制の課程を置くことができる」と規定し，同条第2項は「高等学校には，通信制の課程のみを置くことができる」とも規定している。なお，高等学校の修業年限は，全日制の課程については3年と，定時制の課程および通信制の課程については3年以上とされている（同法第56条）。

大学については，学校教育法第86条に「大学には，夜間において授業を行う学部又は通信による教育を行う学部を置くことができる」との規定が設けられ，修業年限は通常の課程が4年であるのに対し，「特別の専門事項を教授研究する学部及び前条の夜間において授業を行う学部については，その修業年限は，4年を超えるものとすることができる」（同法第87条第1項）と規定されている。

(3)　設置者による整理

法律に定める学校を設置できる主体について，学校教育法第2条には次のような規定がある。

「学校は，国（国立大学法人法（平成15年法律第112号）第2条第1項に規定す

る国立大学法人及び独立行政法人国立高等専門学校機構を含む。以下同じ。)，地方公共団体（地方独立行政法人法（平成15年法律第118号）第68条第1項に規定する公立大学法人を含む。次項において同じ。）及び私立学校法（昭和24年法律第270号）第3条に規定する学校法人（以下『学校法人』と称する。）のみが，これを設置することができる。」

　従来の区分でいえば，国が設置する国立学校，地方公共団体が設置する公立学校，学校法人が設置する私立学校の3種であるが，国立大学法人法および地方独立行政法人法の制定により，国立大学法人と独立行政法人国立高等専門学校機構および公立大学法人が加わった。しかし，個々の学校については，従来の慣習どおり「国立大学」「国立〇〇大学」と呼ばれることが普通である。

(4) 文部科学省管轄外の学校

　学校教育法第1条に規定される学校以外にも，法律に定める学校ではないが，多くの施設で教育活動が展開されている。

　例えば，厚生労働省管轄の保育所，養護施設，児童自立支援施設，心身障害児施設などでも子どもたちに教育的働きかけが行われている。また，法務省管轄の少年院や少年刑務所では，社会復帰をめざした矯正教育が行われている。ほかにも，外務省管轄の在外日本人学校，防衛省管轄の防衛大学校，国土交通省管轄の気象大学校，農林水産省管轄の水産大学校，農業大学校などがある。

II　学校体系の類型

1　系統性と段階性

(1) 系統性

　学校制度の基本的な仕組みを学校体系といい，その基本構造は縦割りの区分である学校系統（系統性）と横割りの区分である学校段階（段階性）とによって構成される。

　学校系統は学校教育の目的によって分けられる。日本の現行学校体系では，初等教育と前期中等教育（中学校教育）についてはそうした区分はなく，高等

学校段階から，普通科と職業科に分化する。中等教育学校は前期中等教育と後期中等教育を一貫して実施する学校であるから，前期中等教育段階から区分が行われているようにみえる。しかし中等教育学校は，「小学校における教育の基礎の上に，心身の発達及び進路に応じて，義務教育として行われる普通教育並びに高度な普通教育及び専門教育を一貫して施すことを目的とする」（学校教育法第63条）学校であり，学校系統として区分されているわけではない。

また，小学校，中学校，高等学校とは別に，障害をもつ子どものために特別支援学校が設置されている。普通科・職業科とは意味合いが異なるが，これも一種の学校系統区分である。

(2) 段 階 性

学校段階は学習者の年齢や発達段階，学校の教育水準などによって区分される学校相互の上下関係を意味する。すでに述べたように，就学前教育，初等教育，中等教育，高等教育という区分がこれである。

2　複線型・分岐型・単線型

1に述べた系統性と段階性の組み合わせによって学校体系は，複線型，分岐型，単線型に区分できる（図 6-1）。

学校教育を歴史的に概観すると，学校体系はおよそ複線型→分岐型→単線型と変遷してきたことがわかる。

複線型は，複数の学校系統が，相互の関連なく並存する学校体系のことである。それぞれの学校体系はいわば「袋小路」で，最初の学校に入学する段階で進学できる学校の種類やその段階が決定されてしまう。歴史的には，当該社会の支配階級のための学校系統と一般大衆のための学校系統に二分されることが一般的である。

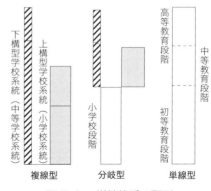

図 6-1　学校体系の類型
（下村哲夫編『教育の制度と経営』p.20より）

次に分岐型は，学校体系の下位に置かれる基礎的な学校段階（初等教育段階）は一元的に組織され，これに連なる上位の学校段階で複数の学校系統に分岐するものである。その意味で，分岐型は，複線型と次に述べる単線型の特徴を合わせ持つ学校体系であるとみることもできる。

　単線型は，第2次世界大戦後に，教育の機会均等を実現することを目的として世界的規模で整備をめざしてきた学校体系である。単線型は，単一の学校体系のもとに，連続した学校段階を経て，系統的な学校教育が受けられる制度である。一つの梯子を1段ずつ登っていく姿を連想させることから梯子型（ラダー・システム）とも呼ばれる。

　単線型学校体系では，原則的には，個々の子どもの能力に応じて受けられる学校教育の段階が決定される。その意味で，単線型学校体系は能力主義をその主導原理としている。能力主義は，家柄や出身階層などによって受けられる教育や将来の職業が決定される封建的身分社会の「血の原理」を否定し，個々人の持つ能力のみを社会的地位や評価の決定要因とする原理である。能力主義が近代社会誕生の時期に持っていた歴史的意義や当時の社会に対する批判的役割は大きかったが，現代では，能力が狭い意味の「学力」に置き換えられ，能力主義が学歴獲得競争に矮小化される傾向も否定できない。

　また，原則として単線型を採用している多くの国の学校体系にも，例外的な学校が存在する。日本の中等教育学校や義務教育学校，ドイツのギムナジウム，イギリスのグラマー・スクールなどがその例であるが，階級的区分と相即的ではないものの，これらは分岐型学校体系の名残ともいえる。

III　日本の学校制度

1　戦前の学校制度

　日本の近代的学校制度は，1872年の学制によって創設された。学制はフランスの学校制度とアメリカの学校教育内容・方法を模したものである。

　学制の趣旨をわかりやすく述べた「学事奨励に関する被仰出書」（「学制序

文」）は，次のように「学問」（教育）の意義を述べていた。

　「人々自ら其身を立て其産を治め其業を昌にして以て生を遂る所以のものは他なし身を修め智を開き才芸を長ずるによるなり而て其身を修め智を開き才芸を長ずるは学にあらざれば能はず」
　「学問は身を立るの財本ともいふべきものにして人たるもの誰か学ばずして可ならんや」

つまり，教育を受けることは「立身出世」の道具であり，すべての人は学ばなければならないというのである。また，次のようにも述べて「国民皆学」を進めることを宣言している。

　「自今以後一般の人民　華士族農工商及婦女子必ず邑に不学の戸なく家に不学の人なからしめん事を期す」

当時の明治政府が，本当に教育を「立身出世」の道具と考えていたということには疑問の余地があるが，少なくとも近代化を進めようとする政府が，教育を国民の中に普及させようと意図していたことは間違いのないところである。

学制は，次のような学校制度の樹立を構想していた。まず全国を8つの大学区に分けてそれぞれに大学校1校を置く。1大学区を32の中学区に分けて各中学区に中学校1校を，1中学区を210小学区に分けて各小学区に小学校1校を置く。つまり，全国に大学校8校，中学校256校，小学校53,760校を設置しようという壮大な計画であった。この計画は，1873年に7大学区に改正されて実施された。

学制によって実施された学校制度は，小学校8年（下等小学4年＋上等小学4年），中学校6年（下等中学3年＋上等中学3年），大学3年というものであった。

1879年の教育令（自由教育令）は，小学校を初等科3年，中等科3年，高等科2年に改め，当時の社会状況により適合するものとした。中学校については，1881年の中学校教則大綱において，その入学資格を小学校中等科修了者以上とした。これによって小学校の途中で中学校へ進学する者と，ひき続き小学校高等科へ進む者という2つの道に分かれる複線型の学校体系が誕生し，この学

校体系は第2次世界大戦後まで基本的に継承されていった。

　小学校就学率が上昇し中等教育学校が拡充されると，中等教育制度の多様化が進み，複線型学校体系がより明瞭となっていった。

　1886年の小学校令，中学校令によって学校教育が再編され，小学校は8年（尋常小学校4年＋高等小学校4年），中学校は7年（尋常中学校5年＋高等中学校2年）とされた。同年，帝国大学令が制定され，4年制の帝国大学が整備されていくこととなった。

　この小学校令によって尋常小学校4年が義務化され，日本で初めての義務教育制度が誕生した。

　その後，明治30（1887）年代に諸勅令が改正され，中等教育機関は拡充・多様化されていく。これに伴って，学校制度の系統化が進み，中学校，高等学校（大学予科），大学というエリート・コースが確立された。また実業教育においても上級・中級技術者養成を行う学校と，下級技術者養成を行う学校とへの分化が進められた。

　大正末期から昭和戦前・戦中期には，学校教育も超国家主義的・軍国主義的性格を強め，皇国民錬成がその目的とされるようになる。1941年には国民学校令が出され，それまでの小学校が国民学校に改組され，初等科6年と高等科2年の8年間が義務教育年限とされた。しかし，戦時非常措置により，義務教育年限は6年間のままにとどまった。

2　戦後の学校制度

　第2次世界大戦の敗戦により，日本は占領下における改革を進めることとなった。教育についても例外ではなく，従来の教育理念，教育制度は批判的に検討され，新たな教育のあり方が模索された。

　戦後教育改革と総称される一連の改革の基本路線を定めるのに重要な役割を果たしたのは，"Education in Japan"という報告書，日本側教育家委員会の報告書，『米国教育使節団報告書』という3つの報告書であった。

　"Education in Japan"は，連合国軍総司令部（GHQ）の中に設置された民間情

報教育局（CIE）が作成したもので，従来の日本の教育の特徴とその問題点を指摘し，めざすべき方向性を示唆するものであった。日本側教育家委員会は，派遣が決定された米国教育使節団に協力するために設置されたもので，日本独自の立場で従来の教育を批判的に検討し，改革の方向をさぐるものであった。米国教育使節団は，これら2つの報告書を受け，わずか1ヶ月弱の間に報告書を作成した。報告書は，新たな教育が「自由な環境」のもとに行われることを基本理念とし，学校教育制度，教授法，教員養成，教育行政制度，国語・国字問題など，教育にかかわる広範な提言を行った。

学校制度については，男女共学の6・3・3制を提唱し，教育の機会均等と民主的教育原理に基づく根本的改革を勧告した。

上に述べた日本側教育家委員会は，拡充・改組されて教育刷新委員会となる。この委員会は，教育基本法，学校教育法，教育委員会法など，戦後の教育を創造する重要な法律案の立案などに大きな役割を果たした。

戦後の教育は，日本国憲法第26条の規定をもとに，教育を受ける権利をすべての国民に保障し，教育の機会均等を実現すべく整備されていった。日本国憲法第26条第1項は次のように規定している。

　「すべて国民は，法律の定めるところにより，その能力に応じて，ひとしく教育を受ける権利を有する。」

また，教育基本法（旧法）は，その第3条第1項において，次のように教育の機会均等を規定していた。

　「すべて国民は，ひとしく，その能力に応ずる教育を受ける機会を与えられなければならないものであつて，人種，信条，性別，社会的身分，経済的地位又は門地によつて，教育上差別されない。」

いずれも，教育を受けることを基本的人権の一つと位置づけ，すべての国民に無差別平等に保障されるべきことを明記したものである。

このことを制度的に保障するために諸法令が制定されるが，学校教育に関しては学校教育法が制定され，戦後の学校体系を確定した。戦後の学校制度は，複線型をとった戦前・戦中の階層的学校体系を否定し，6・3・3・4制の単

線型に再編された。義務教育年限も従来の6年から9年間に延長された。男女共学が小学校から大学にいたる全学校段階で認められるようになった。

また，高等学校については，高校三原則（総合制，小学区制，男女共学）が採用された。

小学区制は，通学区域をできるだけ小さくして，通学区域内の進学希望者はすべて地域の学校で受け入れることをめざす制度である。

総合制は，同一学校の中に普通科と職業科など多様な課程・学科を併設し，他学科開講の科目の学習や生徒間の交流などを通じて生徒の全面的な発達をめざすものである。

最後に男女共学は，従来の学校では男女別に進学できる上級学校に違いがあり，教育内容も大きく異なっていたことから，男女間の格差の是正をめざすものとして採用された。

高校三原則は，後期中等教育段階における教育の機会均等を実質的に保障することをめざすものであったといえよう。

学校教育に従事する教員の養成についても大きな改革が行われた（第4章参照）。

以上のような理念のもとにスタートした戦後の学校制度であったが，1962年には高等専門学校が新設され，後期中等教育段階からの分岐が始まった。また，高校三原則も崩れ，普通課程と職業課程が学校種別として分離し，実質的に序列化される事態が進行している。こうした動きは，中等教育の多様化を求める財界の要求によるところが大きいとされており，教育の自立性を脅かすものとして批判されてもいる。

さらに，2007年12月に発表された政府の教育再生会議「第3次報告」では，小中一貫教育の推進，「飛び級制」の検討（年齢主義の見直し）など，学校制度の大幅な改革が提言された。

また，「学校教育法等の一部を改正する法律」が1998年6月に成立し，1999年4月から中等教育学校の設置が認められた。さらに2015年6月の学校教育法改正により小中一貫の義務教育学校の設置が可能となり，義務教育段階からの「複線化」が進行している。

第1節 学校制度

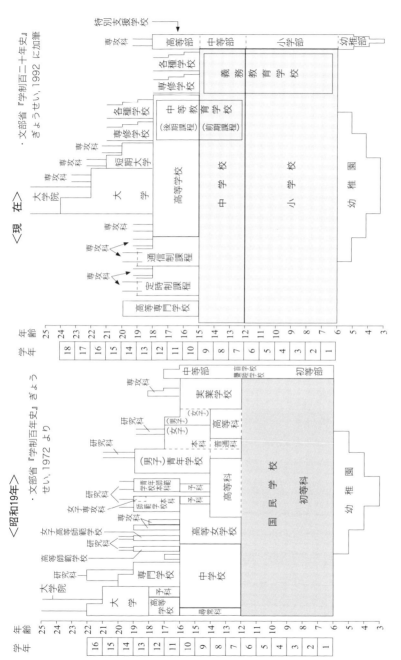

図6-2 戦前と現行の学校系統図（▭は義務教育を示す）

第2節 学校管理・運営体制

I 学校管理と学校経営

　学校管理は、その本来の目的を達成するために、学校を継続的に維持・運営する作用ということができる。しかし学校管理という言葉は、明治20（1887）年代には使われており、国家主義体制下において法令や基準に基づいて教育行政機関が学校を対象に行う規制作用であるととらえられていた。

　他方、学校経営という用語は、行政による包括的支配権による学校管理下にあって、学校を充実させるための諸条件を解明し、教育の理想を実現する活動であるとされた。つまり、学校管理は法規などの形式的側面を、学校経営は教育的理想の実現と、区別されて理解されたが、戦前期においては学校管理は学校経営の上位概念とされていた。

　戦後、アメリカの経営理論とともに 'educational administration' という概念が導入されると、'administration' の訳語をめぐって管理か経営かという論争が引き起こされた。そこではさまざまな立場からさまざまな主張が行われたが、一般的に学校管理は学校経営の下位概念とされている。学校経営は教育目標の達成を図るための意志決定的機能であるのに対し、学校管理はこの機能を指揮監督して目標の実現を図る機能であると考えられている。

　学校管理は法律的・行政的概念であるが、学校経営は経済的概念である。法令には学校経営という用語はなく、学校運営という言葉が使われている。一例として学校教育法施行規則第43条を示しておこう。

「小学校においては，調和のとれた学校運営が行われるためにふさわしい校務分掌の仕組みを整えるものとする。」

学校の管理者

学校教育法第5条は学校の管理について，次のように規定している。

「学校の設置者は，その設置する学校を管理し，法令に特別の定のある場合を除いては，その学校の経費を負担する。」

つまり，学校の設置者が当該学校を管理し，その経費を負担することが原則とされている。これを「設置者管理主義」「設置者負担主義」の原則と呼ぶ。

公立学校の実質的管理は，教育委員会がこれを行っている。地方教育行政の組織及び運営に関する法律（以下，地教行法と略記）は「教育委員会は，当該地方公共団体が処理する教育に関する事務で，次に掲げるものを管理し，及び執行する」（第21条）と規定している。教育委員会の具体的な管理・執行事項は多岐にわたっており（同条），学校の管理運営の全般にわたって責任を負っているともいえる。したがって，学校の運営が適切・円滑に行われるかどうかは，教育委員会によるところが大きい。

多岐にわたる所掌事項のすべてが直接的に教育委員会によって担われているわけではなく，その権限に属する事務の一部を教育長に委任したりして分担執行している。地教行法第25条第1項は次のように規定している。

「教育委員会は，教育委員会規則で定めるところにより，その権限に属する事務の一部を教育長に委任し，又は教育長をして臨時に代理させることができる。」

また，教育委員会は学校の管理運営に関して教育委員会規則を定めなければならない。地教行法第33条第1項はこの点を次のように規定している。

「教育委員会は，法令又は条例に違反しない限度において，その所管に属する学校その他の教育機関の施設，設備，組織編制，教育課程，教材の取扱その他学校その他の教育機関の管理運営の基本的事項について，必要な教育委員会規則を定めるものとする。」

それぞれの詳述はできないが，学校の管理は次の3つに大別できる。

① 物的管理：学校の物的要素である施設・設備，教材等に対して行う管理。これらの維持，修繕，使用許可など。
② 人的管理：学校の人的要素である教職員に対して行う管理。教職員の任免・服務監督その他の身分取扱い，職員の休暇，出張，旅行など。
③ 運営管理：学校の活動に関する管理。児童生徒の入学・転学，教育課程，学習指導，生徒指導，児童生徒の保健安全，休業日や振替休日に関することなど。

Ⅱ 学校運営と組織

1 学校の管理職

学校教育法第37条第1項は，「小学校には，校長，教頭，教諭，養護教諭及び事務職員を置かなければならない」と規定している。このうち，「校長は，校務をつかさどり，所属職員を監督する」（第4項），「副校長は，校長を助け，命を受けて校務をつかさどる」（第5項），「教頭は，校長（副校長を置く小学校にあつては，校長及び副校長）を助け，校務を整理し，及び必要に応じ児童の教育をつかさどる」（第7項）などとされる。なお，小学校に関するこの規定は中学校にも準用される。

「校務」とは学校運営に関して行われる仕事の全体と理解されており，「つかさどる」は管理・掌理の意味で用いられる言葉である。また「所属職員」はその学校に勤務を命ぜられた全職員のことである。したがって，この規定から校長は，学校の構成員の一人であるとともに学校の管理者であり，学校を代表し，教育活動のすべてに対する責任を負うこととなる。

教頭は1957年の学校教育法施行規則改正によって，教諭のいわゆる「宛て職」として位置づけられた。その後，1974年の学校教育法改正によって学校の管理職として位置づけられた。

管理職として明確に位置づけられていないが，主任制度にも注目する必要がある。学校教育法施行規則第44条は小学校に教務主任と学年主任を置くことを

規定している。各主任「校長の監督を受け」、それぞれの所掌する事項について「連絡調整及び指導，助言に当たる」ものとされている（同条第4項，第5項）。主任は，学校のいわば中間管理職として設置されたものといえるが，これをより明確に管理職と位置づけるのが主幹制度である。2003年に東京都が初めて設置したが，その後，大阪府や神奈川県などで，教頭と教諭の中間に位置する職階として設置されている。主幹には教務主任や生活指導主任などの職が充てられることが多く，主幹の存在意義，両者の関係などが問われる。

政府の教育再生会議（2007）において，校長の責任と権限を拡大する，副校長と主幹教諭を管理職とするなど，教職員組織の階層的編制を強化する提言を行った。

2014年6月，「学校教育法及び国立大学法人法の一部を改正する法律」が公布され，これを受けて同年，「学校教育法施行規則及び国立大学法人法施行規則の一部を改正する省令」が公布された。直接的には大学の学長の権限を大幅に拡大・強化するものであるが，高等学校以下の学校についても管理職としての校長の権限が拡大されてきており，見過ごすことのできない動きである。

学校という教育機関における職員組織はいかにあるべきか，さらなる検討を要する。

2　職員会議

学校を運営するうえで重要な役割を果たす機関として職員会議があげられる。その意義は，教職員の連絡調整を密にし，教育活動をより自主的・協力的なものにするところにある。学校では，教育目標，教育課程，教育方法などについて，教職員の共通理解を図り，協力体制をつくり，教育効果を上げることが重要である。職員会議の存在意義はここにある。

職員会議の位置づけについては，①校長の諮問機関とするもの，②議決機関とするもの，③校長の補助機関とするもの，の3つの考え方が従来から議論されてきた。

職員会議の法的根拠は，学校教育法施行規則第48条第1項で，「小学校には，

設置者の定めるところにより，校長の職務の円滑な執行に資するため，職員会議を置くことができる」と規定されている。また，同条第2項は，「職員会議は，校長が主宰する」としている。この条文が追加されたのは2000年で，それまでは職員会議に関する法的規定はなかった。このため，職員会議の性格についてはさまざまな見解が存在したが，単なる校長の補助機関ではなく，学校教職員の協議の場であり，議決機関であるとの考え方も強く主張された。職員会議が校長と教職員との意見対立の場となることもあり，中央教育審議会が1998年9月の答申「今後の地方教育行政の在り方について」の中で職員会議の改善を提案し，文部省が学校教育法施行規則に職員会議の規定を盛り込んだ。

この結果，職員会議は必置ではなくなり，校長の職務執行を円滑にするための補助機関とされることとなったが，これにより職員会議本来の機能が失われたとする批判もある。

3　校務分掌

学校が担うさまざまな活動を円滑に行うためには，教職員の役割分担と協同が不可欠である。この役割分担を校務分掌と呼び，学校の歴史とともに，実質的な校務分掌が行われてきた。

校務分掌の法的根拠は学校教育法施行規則第43条で，そこには「小学校においては，調和のとれた学校運営が行われるためにふさわしい校務分掌の仕組みを整えるものとする」と規定されている。校務分掌そのものについて法的規定があるわけではなく，各学校の実情に応じた分掌が実施されているが，一般的には次のようなものがある（詳細については図6-3を参照）。

① 学年・学級担任，教科担任
② 学年主任，教務主任，各教科主任，生徒指導主任など
③ 一般的な事務分担
④ 運営委員会などの特別委員会

第2節　学校管理・運営体制

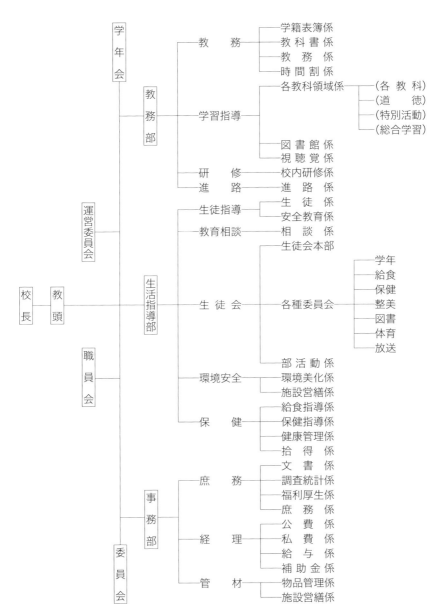

図 6-3　校務分掌組織図の例

4　学校評議員

2000年の学校教育法施行規則改正により,学校運営に地域住民の参画を求め,地域に開かれた学校づくりを推進するため,学校評議員制度が創設された。同規則第49条第1項は,次のように学校評議員を規定している。

「小学校には,設置者の定めるところにより,学校評議員を置くことができる。」

学校評議員は,「当該小学校の職員以外の者で教育に関する理解及び識見を有するもののうちから,校長の推薦により,当該小学校の設置者が委嘱する」(同条第3項)もので,「校長の求めに応じ,学校運営に関し意見を述べることができる」(同条第2項)とされている。地域に開かれた学校づくりを目的として教職員以外の学校参画を求めるこの制度は,運用のあり方によっては,学校の自主性・自立性との間で問題を生ずる危険性も含んでいる。制度の効果的運用のためには,校長の指導性はもとより,全教職員の理解と協力が求められる。

5　教員以外の教職員

学校教職員として,まず思い浮かぶのは教員であるが,言うまでもなく教員だけではない。最後に,教員以外の教職員についてみておきたい。学校教育法第37条第1項は,次のように小学校に置かれる教職員を規定している。

「小学校には,校長,教頭,教諭,養護教諭及び事務職員を置かなければならない。」

また同条第2項には,「小学校には,前項に規定するもののほか,副校長,主幹教諭,指導教諭,栄養教諭その他必要な職員を置くことができる」との規定がある。なお,この規定は中学校にも準用される。

高等学校については同法第60条に次の規定がある。

「高等学校には,校長,教頭,教諭及び事務職員を置かなければならない。」(第1項)

「高等学校には,前項に規定するもののほか,副校長,主幹教諭,指導教諭,養護教諭,栄養教諭,養護助教諭,実習助手,技術職員その他必要な職員を置くことができる。」(第2項)

中等教育学校についても同様の規定が設けられている(第69条)。

学校事務職員は学校で事務に従事する職員である。学校教育法第37条第14項は「事務職員は，事務をつかさどる」と規定している。学校教育は授業を行うなどの教務の体系と，学校施設・設備の管理運営などの事務の体系を不可避的に伴う。教育活動を物的側面で支えるのは事務職員であり，教務と事務は学校教育を成立させる不可欠の要素である。しかし，小・中学校については事務職員が必置とされているにもかかわらず，近年になって，学校事務の共同実施を進める観点から，事務職員の削減が図られようとしている。

　また，2005年6月に食育基本法が制定されたことにより，栄養教諭の存在がより注目される。食育基本法第6条は食育について次のように規定している。

> 「食育は，広く国民が家庭，学校，保育所，地域その他のあらゆる機会とあらゆる場所を利用して，食料の生産から消費等に至るまでの食に関する様々な体験活動を行うとともに，自ら食育の推進のための活動を実践することにより，食に関する理解を深めることを旨として，行われなければならない。」

　ところで，学校教育法第37条第3項は「第1項の規定にかかわらず，副校長を置くときその他特別の事情のあるときは教頭を，養護をつかさどる主幹教諭を置くときは養護教諭を，特別の事情のあるときは事務職員を，それぞれ置かないことができる」と規定している。事務職員については代替職員を置かなくても「置かないことができる」とされていることに注意が必要である。

　文部科学省は，学校で働くすべての教職員を一つのチームと考え，教育の質の向上を図る試みを実施している。2015年7月16日には，チームとしての学校・教職員の在り方に関する作業部会が「チームとしての学校の在り方と今後の改善方策について（中間まとめ）」を発表した。この「中間まとめ」を受け，2017年3月に学校教育法施行規則が改正，施行された。同規則第65条の2は「スクールカウンセラーは，小学校における児童の心理に関する支援に従事する」，第65条の3は「スクールソーシャルワーカーは，小学校における児童の福祉に関する支援に従事する」と規定し，SC（スクールカウンセラー），SSW（スクールソーシャルワーカー）はいずれも法的に裏付けられることとなった。SC，SSWは「教員の専門性だけでは対応が困難になっており，教員の専門性

の向上を図るとともに，教員に加えて多様な専門スタッフを配置し，様々な業務を連携・分担してチームとして職務を担う体制を整備」するために配置されるが，人員の確保と専門性の保障，財政的裏付けなど，不透明な部分が多い。

以上，不十分ながら，教員以外の教職員について述べた。学校がそれぞれの専門性を備えた多くの職員によって組織され，その協同によってよりよく機能することをあらためて確認したい。

〈参考文献〉
小川正人編『地方教育行政の改革と学校管理職』教育開発研究所，1998
河野和清編著『地方分権下における自律的学校経営の構築に関する総合的研究』多賀出版，2004
教育再生会議「社会総がかりで教育再生を〜学校，家庭，地域，企業，団体，メディア，行政が一体となって，全ての子供のために公教育を再生する〜－第三次報告－」2012（https://www.kantei.go.jp/jp/singi/kyouiku/houkoku/honbun1225.pdf）
小島弘道編『時代の転換と学校経営改革―学校のガバナンスとマネジメント』学文社，2007
下村哲夫編『教育の制度と経営―社会の中の学校』文教書院，1991
チームとしての学校・教職員の在り方に関する作業部会「チームとしての学校の在り方と今後の改善方策について（チームとしての学校・教職員の在り方に関する作業部会中間まとめ）」2015（http://www.mext.go.jp/component/b_menu/shingi/toushin/__icsFiles/afieldfile/2015/07/28/1360375_02.pdf）
中央教育審議会「今後の地方教育行政の在り方について（答申）」1998（http://www.mext.go.jp/b_menu/shingi/chuuou/toushin/980901.htm）
文部省『学制百年史』ぎょうせい，1972
文部省『学制百二十年史』ぎょうせい，1992

演習問題

1．現代の学校制度をめぐる諸課題を指摘し，検討してみよう。
3．学校運営，特に職員会議のあり方を検討してみよう。
4．教員以外の教職員の仕事について考えてみよう。

付録　教育に関する主要法令(抄)等

日本国憲法　*188*
教育基本法　*189*
学校教育法　*192*
教育公務員特例法　*208*
学校教育法施行規則　*211*
中学校学習指導要領・総則　*214*

日本国憲法
（昭和21.11.3）

　日本国民は，正当に選挙された国会における代表者を通じて行動し，われらとわれらの子孫のために，諸国民との協和による成果と，わが国全土にわたつて自由のもたらす恵沢を確保し，政府の行為によつて再び戦争の惨禍が起ることのないやうにすることを決意し，ここに主権が国民に存することを宣言し，この憲法を確定する。そもそも国政は，国民の厳粛な信託によるものであつて，その権威は国民に由来し，その権力は国民の代表者がこれを行使し，その福利は国民がこれを享受する。これは人類普遍の原理であり，この憲法は，かかる原理に基くものである。われらは，これに反する一切の憲法，法令及び詔勅を排除する。

　日本国民は，恒久の平和を念願し，人間相互の関係を支配する崇高な理想を深く自覚するのであつて，平和を愛する諸国民の公正と信義に信頼して，われらの安全と生存を保持しようと決意した。われらは，平和を維持し，専制と隷従，圧迫と偏狭を地上から永遠に除去しようと努めてゐる国際社会において，名誉ある地位を占めたいと思ふ。われらは，全世界の国民が，ひとしく恐怖と欠乏から免かれ，平和のうちに生存する権利を有することを確認する。

　われらは，いづれの国家も，自国のことのみに専念して他国を無視してはならないのであつて，政治道徳の法則は，普遍的なものであり，この法則に従ふことは，自国の主権を維持し，他国と対等関係に立たうとする各国の責務であると信ずる。

　日本国民は，国家の名誉にかけ，全力をあげてこの崇高な理想と目的を達成することを誓ふ。

第3章　国民の権利及び義務

第10条　日本国民たる要件は，法律でこれを定める。

第11条　国民は，すべての基本的人権の享有を妨げられない。この憲法が国民に保障する基本的人権は，侵すことのできない永久の権利として，現在及び将来の国民に与へられる。

第12条　この憲法が国民に保障する自由及び権利は，国民の不断の努力によつて，これを保持しなければならない。又，国民は，これを濫用してはならないのであつて，常に公共の福祉のためにこれを利用する責任を負ふ。

第13条　すべて国民は，個人として尊重される。生命，自由及び幸福追求に対する国民の権利については，公共の福祉に反しない限り，立法その他の国政の上で，最大の尊重を必要とする。

第14条　すべて国民は，法の下に平等であつて，人種，信条，性別，社会的身分又は門地により，政治的，経済的又は社会的関係において，差別されない。

② 華族その他の貴族の制度は，これを認めない。

③ 栄誉，勲章その他の栄典の授与は，いかなる特権も伴はない。栄典の授与は，現にこれを有し，又は将来これを受ける者の一代に限り，その効力を有する。

第15条　公務員を選定し，及びこれを罷免することは，国民固有の権利である。

② すべて公務員は，全体の奉仕者であつて，一部の奉仕者ではない。

③ 公務員の選挙については，成年者による普通選挙を保障する。

④ すべて選挙における投票の秘密は，これを侵してはならない。選挙人は，その選択に関し公的にも私的にも責任を問はれない。

第16条　何人も，損害の救済，公務員の罷免，法律，命令又は規則の制定，廃止又は改正その他の事項に関し，平穏に請願する権利を有し，何人も，かかる請願をしたためにいかなる差別待遇も受けない。

第17条　何人も，公務員の不法行為により，損害を受けたときは，法律の定めるところにより，国又は公共団体に，その賠償を求めることができる。

第18条　何人も，いかなる奴隷的拘束も受けな

い。又，犯罪に因る処罰の場合を除いては，その意に反する苦役に服させられない。
第19条　思想及び良心の自由は，これを侵してはならない。
第20条　信教の自由は，何人に対してもこれを保障する。いかなる宗教団体も，国から特権を受け，又は政治上の権力を行使してはならない。
② 何人も，宗教上の行為，祝典，儀式又は行事に参加することを強制されない。
③ 国及びその機関は，宗教教育その他いかなる宗教的活動もしてはならない。
第21条　集会，結社及び言論，出版その他一切の表現の自由は，これを保障する。
② 検閲は，これをしてはならない。通信の秘密は，これを侵してはならない。
第22条　何人も，公共の福祉に反しない限り，居住，移転及び職業選択の自由を有する。
② 何人も，外国に移住し，又は国籍を離脱する自由を侵されない。
第23条　学問の自由は，これを保障する。
第24条　婚姻は，両性の合意のみに基いて成立し，夫婦が同等の権利を有することを基本として，相互の協力により，維持されなければならない。
② 配偶者の選択，財産権，相続，住居の選定，離婚並びに婚姻及び家族に関するその他の事項に関しては，法律は，個人の尊厳と両性の本質的平等に立脚して，制定されなければならない。
第25条　すべて国民は，健康で文化的な最低限度の生活を営む権利を有する。
② 国は，すべての生活部面について，社会福祉，社会保障及び公衆衛生の向上及び増進に努めなければならない。
第26条　すべて国民は，法律の定めるところにより，その能力に応じて，ひとしく教育を受ける権利を有する。
② すべて国民は，法律の定めるところにより，その保護する子女に普通教育を受けさせる義務を負ふ。義務教育は，これを無償とする。
第27条　すべて国民は，勤労の権利を有し，義務を負ふ。
② 賃金，就業時間，休息その他の勤労条件に関する基準は，法律でこれを定める。
③ 児童は，これを酷使してはならない。

第10章　最高法規
第97条　この憲法が日本国民に保障する基本的人権は，人類の多年にわたる自由獲得の努力の成果であつて，これらの権利は，過去幾多の試錬に堪へ，現在及び将来の国民に対し，侵すことのできない永久の権利として信託されたものである。

教育基本法
(平成18. 12. 22)
(法律　第120号)

我々日本国民は，たゆまぬ努力によって築いてきた民主的で文化的な国家を更に発展させるとともに，世界の平和と人類の福祉の向上に貢献することを願うものである。

我々は，この理想を実現するため，個人の尊厳を重んじ，真理と正義を希求し，公共の精神を尊び，豊かな人間性と創造性を備えた人間の育成を期するとともに，伝統を継承し，新しい文化の創造を目指す教育を推進する。

ここに，我々は，日本国憲法の精神にのっとり，我が国の未来を切り拓く教育の基本を確立し，その振興を図るため，この法律を制定する。

第1章　教育の目的及び理念
(教育の目的)
第1条　教育は，人格の完成を目指し，平和で民主的な国家及び社会の形成者として必要な資質を備えた心身ともに健康な国民の育成を期して行われなければならない。
(教育の目標)
第2条　教育は，その目的を実現するため，学問の自由を尊重しつつ，次に掲げる目標を達成するよう行われるものとする。
一　幅広い知識と教養を身に付け，真理を求める態度を養い，豊かな情操と道徳心を培うとともに，健やかな身体を養うこと。

二　個人の価値を尊重して，その能力を伸ばし，創造性を培い，自主及び自律の精神を養うとともに，職業及び生活との関連を重視し，勤労を重んずる態度を養うこと。
三　正義と責任，男女の平等，自他の敬愛と協力を重んずるとともに，公共の精神に基づき，主体的に社会の形成に参画し，その発展に寄与する態度を養うこと。
四　生命を尊び，自然を大切にし，環境の保全に寄与する態度を養うこと。
五　伝統と文化を尊重し，それらをはぐくんできた我が国と郷土を愛するとともに，他国を尊重し，国際社会の平和と発展に寄与する態度を養うこと。

（生涯学習の理念）
第3条　国民一人一人が，自己の人格を磨き，豊かな人生を送ることができるよう，その生涯にわたって，あらゆる機会に，あらゆる場所において学習することができ，その成果を適切に生かすことのできる社会の実現が図られなければならない。

（教育の機会均等）
第4条　すべて国民は，ひとしく，その能力に応じた教育を受ける機会を与えられなければならず，人種，信条，性別，社会的身分，経済的地位又は門地によって，教育上差別されない。
②　国及び地方公共団体は，障害のある者が，その障害の状態に応じ，十分な教育を受けられるよう，教育上必要な支援を講じなければならない。
③　国及び地方公共団体は，能力があるにもかかわらず，経済的理由によって修学が困難な者に対して，奨学の措置を講じなければならない。

第2章　教育の実施に関する基本

（義務教育）
第5条　国民は，その保護する子に，別に法律で定めるところにより，普通教育を受けさせる義務を負う。
②　義務教育として行われる普通教育は，各個人の有する能力を伸ばしつつ社会において自立的に生きる基礎を培い，また，国家及び社会の形成者として必要とされる基本的な資質を養うことを目的として行われるものとする。
③　国及び地方公共団体は，義務教育の機会を保障し，その水準を確保するため，適切な役割分担及び相互の協力の下，その実施に責任を負う。
④　国又は地方公共団体の設置する学校における義務教育については，授業料を徴収しない。

（学校教育）
第6条　法律に定める学校は，公の性質を有するものであって，国，地方公共団体及び法律に定める法人のみが，これを設置することができる。
②　前項の学校においては，教育の目標が達成されるよう，教育を受ける者の心身の発達に応じて，体系的な教育が組織的に行われなければならない。この場合において，教育を受ける者が，学校生活を営む上で必要な規律を重んずるとともに，自ら進んで学習に取り組む意欲を高めることを重視して行われなければならない。

（大学）
第7条　大学は，学術の中心として，高い教養と専門的能力を培うとともに，深く真理を探究して新たな知見を創造し，これらの成果を広く社会に提供することにより，社会の発展に寄与するものとする。
②　大学については，自主性，自律性その他の大学における教育及び研究の特性が尊重されなければならない。

（私立学校）
第8条　私立学校の有する公の性質及び学校教育において果たす重要な役割にかんがみ，国及び地方公共団体は，その自主性を尊重しつつ，助成その他の適当な方法によって私立学校教育の振興に努めなければならない。

（教員）
第9条　法律に定める学校の教員は，自己の崇高な使命を深く自覚し，絶えず研究と修養に励み，その職責の遂行に努めなければならな

い。
② 前項の教員については，その使命と職責の重要性にかんがみ，その身分は尊重され，待遇の適正が期せられるとともに，養成と研修の充実が図られなければならない。
（家庭教育）
第10条 父母その他の保護者は，子の教育について第一義的責任を有するものであって，生活のために必要な習慣を身に付けさせるとともに，自立心を育成し，心身の調和のとれた発達を図るよう努めるものとする。
② 国及び地方公共団体は，家庭教育の自主性を尊重しつつ，保護者に対する学習の機会及び情報の提供その他の家庭教育を支援するために必要な施策を講ずるよう努めなければならない。
（幼児期の教育）
第11条 幼児期の教育は，生涯にわたる人格形成の基礎を培う重要なものであることにかんがみ，国及び地方公共団体は，幼児の健やかな成長に資する良好な環境の整備その他適当な方法によって，その振興に努めなければならない。
（社会教育）
第12条 個人の要望や社会の要請にこたえ，社会において行われる教育は，国及び地方公共団体によって奨励されなければならない。
② 国及び地方公共団体は，図書館，博物館，公民館その他の社会教育施設の設置，学校の施設の利用，学習の機会及び情報の提供その他の適当な方法によって社会教育の振興に努めなければならない。
（学校，家庭及び地域住民等の相互の連携協力）
第13条 学校，家庭及び地域住民その他の関係者は，教育におけるそれぞれの役割と責任を自覚するとともに，相互の連携及び協力に努めるものとする。
（政治教育）
第14条 良識ある公民として必要な政治的教養は，教育上尊重されなければならない。
② 法律に定める学校は，特定の政党を支持し，又はこれに反対するための政治教育その他政治的活動をしてはならない。
（宗教教育）
第15条 宗教に関する寛容の態度，宗教に関する一般的な教養及び宗教の社会生活における地位は，教育上尊重されなければならない。
② 国及び地方公共団体が設置する学校は，特定の宗教のための宗教教育その他宗教的活動をしてはならない。

第3章 教育行政

（教育行政）
第16条 教育は，不当な支配に服することなく，この法律及び他の法律の定めるところにより行われるべきものであり，教育行政は，国と地方公共団体との適切な役割分担及び相互の協力の下，公正かつ適正に行われなければならない。
② 国は，全国的な教育の機会均等と教育水準の維持向上を図るため，教育に関する施策を総合的に策定し，実施しなければならない。
③ 地方公共団体は，その地域における教育の振興を図るため，その実情に応じた教育に関する施策を策定し，実施しなければならない。
④ 国及び地方公共団体は，教育が円滑かつ継続的に実施されるよう，必要な財政上の措置を講じなければならない。
（教育振興基本計画）
第17条 政府は，教育の振興に関する施策の総合的かつ計画的な推進を図るため，教育の振興に関する施策についての基本的な方針及び講ずべき施策その他必要な事項について，基本的な計画を定め，これを国会に報告するとともに，公表しなければならない。
② 地方公共団体は，前項の計画を参酌し，その地域の実情に応じ，当該地方公共団体における教育の振興のための施策に関する基本的な計画を定めるよう努めなければならない。

第4章 法令の制定

第18条 この法律に規定する諸条項を実施するため，必要な法令が制定されなければならない。

学校教育法
(令和元. 6. 26)
(法律 第44号)

第1章 総則

第1条 この法律で，学校とは，幼稚園，小学校，中学校，義務教育学校，高等学校，中等教育学校，特別支援学校，大学及び高等専門学校とする。

第2条 学校は，国（国立大学法人法（平成15年法律第112号）第2条第1項に規定する国立大学法人及び独立行政法人国立高等専門学校機構を含む。以下同じ。），地方公共団体（地方独立行政法人法（平成15年法律第118号）第68条第1項に規定する公立大学法人を含む。次項において同じ。）及び私立学校法第3条に規定する学校法人（以下学校法人と称する。）のみが，これを設置することができる。

② この法律で，国立学校とは，国の設置する学校を，公立学校とは，地方公共団体の設置する学校を，私立学校とは，学校法人の設置する学校をいう。

第3条 学校を設置しようとする者は，学校の種類に応じ，文部科学大臣の定める設備，編制その他に関する設置基準に従い，これを設置しなければならない。

第4条 次の各号に掲げる学校の設置廃止，設置者の変更その他政令で定める事項（次条において「設置廃止等」という。）は，それぞれ当該各号に定める者の認可を受けなければならない。これらの学校のうち，高等学校（中等教育学校の後期課程を含む。）の通常の課程（以下「全日制の課程」という。），夜間その他特別の時間又は時期において授業を行う課程（以下「定時制の課程」という。）及び通信による教育を行う課程（以下「通信制の課程」という。），大学の学部，大学院及び大学院の研究科並びに第108条第2項の大学の学科についても，同様とする。

一　公立又は私立の大学及び高等専門学校　文部科学大臣

二　市町村の設置する高等学校，中等教育学校及び特別支援学校　都道府県の教育委員会

三　私立の幼稚園，小学校，中学校，高等学校，中等教育学校及び特別支援学校　都道府県知事

② 前項の規定にかかわらず，同項第一号に掲げる学校を設置する者は，次に掲げる事項を行うときは，同項の認可を受けることを要しない。この場合において，当該学校を設置する者は，文部科学大臣の定めるところにより，あらかじめ，文部科学大臣に届け出なければならない。

一　大学の学部若しくは大学院の研究科又は第108条第2項の大学の学科の設置であつて，当該大学が授与する学位の種類及び分野の変更を伴わないもの

二　大学の学部若しくは大学院の研究科又は第108条第2項の大学の学科の廃止

三　前二号に掲げるもののほか，政令で定める事項

③ 文部科学大臣は，前項の届出があつた場合において，その届出に係る事項が，設備，授業その他の事項に関する法令の規定に適合しないと認めるときは，その届出をした者に対し，必要な措置をとるべきことを命ずることができる。

④ 地方自治法（昭和22年法律第67号）第252条の19第1項の指定都市（第54条第3項において「指定都市」という。）の設置する高等学校及び中等教育学校については，第1項の規定は，適用しない。この場合において，当該高等学校及び中等教育学校を設置する者は，同項の規定により認可を受けなければならないとされている事項を行おうとするときは，あらかじめ，都道府県の教育委員会に届け出なければならない。

⑤ 第2項第一号の学位の種類及び分野の変更に関する基準は，文部科学大臣が，これを定める。

第4条の2 市町村は，その設置する幼稚園の設置廃止等を行おうとするときは，あらかじ

め，都道府県の教育委員会に届け出なければならない。

第5条　学校の設置者は，その設置する学校を管理し，法令に特別の定のある場合を除いては，その学校の経費を負担する。

第6条　学校においては，授業料を徴収することができる。ただし，国立又は公立の小学校及び中学校，義務教育学校，中等教育学校の前期課程又は特別支援学校の小学部及び中学部における義務教育については，これを徴収することができない。

第7条　学校には，校長及び相当数の教員を置かなければならない。

第8条　校長及び教員（教育職員免許法（昭和24年法律第147号）の適用を受ける者を除く。）の資格に関する事項は，別に法律で定めるもののほか，文部科学大臣がこれを定める。

第9条　次の各号のいずれかに該当する者は，校長又は教員となることができない。
一　成年被後見人又は被保佐人
二　禁錮以上の刑に処せられた者
三　教育職員免許法第10条第1項第二号又は第三号に該当することにより免許状がその効力を失い，当該失効の日から3年を経過しない者
四　教育職員免許法第11条第1項から第3項までの規定により免許状取上げの処分を受け，3年を経過しない者
五　日本国憲法施行の日以後において，日本国憲法又はその下に成立した政府を暴力で破壊することを主張する政党その他の団体を結成し，又はこれに加入した者

第10条　私立学校は，校長を定め，大学及び高等専門学校にあつては文部科学大臣に，大学及び高等専門学校以外の学校にあつては都道府県知事に届け出なければならない。

第11条　校長及び教員は，教育上必要があると認めるときは，文部科学大臣の定めるところにより，児童，生徒及び学生に懲戒を加えることができる。ただし，体罰を加えることはできない。

第12条　学校においては，別に法律で定めるところにより，幼児，児童，生徒及び学生並びに職員の健康の保持増進を図るため，健康診断を行い，その他その保健に必要な措置を講じなければならない。

第13条　第4条第1項各号に掲げる学校が次の各号のいずれかに該当する場合においては，それぞれ同項各号に定める者は，当該学校の閉鎖を命ずることができる。
一　法令の規定に故意に違反したとき
二　法令の規定によりその者がした命令に違反したとき
三　6箇月以上授業を行わなかつたとき
②　前項の規定は，市町村の設置する幼稚園に準用する。この場合において，同項中「それぞれ同項各号に定める者」とあり，及び同項第二号中「その者」とあるのは，「都道府県の教育委員会」と読み替えるものとする。

第14条　大学及び高等専門学校以外の市町村の設置する学校については都道府県の教育委員会，大学及び高等専門学校以外の私立学校については都道府県知事は，当該学校が，設備，授業その他の事項について，法令の規定又は都道府県の教育委員会若しくは都道府県知事の定める規程に違反したときは，その変更を命ずることができる。

第15条　文部科学大臣は，公立又は私立の大学及び高等専門学校が，設備，授業その他の事項について，法令の規定に違反していると認めるときは，当該学校に対し，必要な措置をとるべきことを勧告することができる。
②　文部科学大臣は，前項の規定による勧告によつてもなお当該勧告に係る事項（次項において「勧告事項」という。）が改善されない場合には，当該学校に対し，その変更を命ずることができる。
③　文部科学大臣は，前項の規定による命令によつてもなお勧告事項が改善されない場合には，当該学校に対し，当該勧告事項に係る組織の廃止を命ずることができる。
④　文部科学大臣は，第1項の規定による勧告又は第2項若しくは前項の規定による命令を行うために必要があると認めるときは，当該

学校に対し，報告又は資料の提出を求めることができる。

第2章　義務教育

第16条　保護者（子に対して親権を行う者（親権を行う者のないときは，未成年後見人）をいう。以下同じ。）は，次条に定めるところにより，子に9年の普通教育を受けさせる義務を負う。

第17条　保護者は，子の満6歳に達した日の翌日以後における最初の学年の初めから，満12歳に達した日の属する学年の終わりまで，これを小学校の課程，義務教育学校の前期課程，又は特別支援学校の小学部に就学させる義務を負う。ただし，子が，満12歳に達した日の属する学年の終わりまでに小学校又は特別支援学校の小学部の課程を修了しないときは，満15歳に達した日の属する学年の終わり（それまでの間において当該課程を修了したときは，その修了した日の属する学年の終わり）までとする。

② 保護者は，子が小学校の課程，義務教育学校の前期課程又は特別支援学校の小学部の課程を修了した日の翌日以後における最初の学年の初めから，満15歳に達した日の属する学年の終わりまで，これを中学校，義務教育学校の後期課程，中等教育学校の前期課程又は特別支援学校の中学部に就学させる義務を負う。

③ 前2項の義務の履行の督促その他これらの義務の履行に関し必要な事項は，政令で定める。

第18条　前条第1項又は第2項の規定によつて，保護者が就学させなければならない子（以下それぞれ「学齢児童」又は「学齢生徒」という。）で，病弱，発育不完全その他やむを得ない事由のため，就学困難と認められる者の保護者に対しては，市町村の教育委員会は，文部科学大臣の定めるところにより，同条第1項又は第2項の義務を猶予又は免除することができる。

第19条　経済的理由によつて，就学困難と認められる学齢児童又は学齢生徒の保護者に対しては，市町村は，必要な援助を与えなければならない。

第20条　学齢児童又は学齢生徒を使用する者は，その使用によつて，当該学齢児童又は学齢生徒が，義務教育を受けることを妨げてはならない。

第21条　義務教育として行われる普通教育は，教育基本法（平成18年法律第120号）第5条第2項に規定する目的を実現するため，次に掲げる目標を達成するよう行われるものとする。

一　学校内外における社会的活動を促進し，自主，自律及び協同の精神，規範意識，公正な判断力並びに公共の精神に基づき主体的に社会の形成に参画し，その発展に寄与する態度を養うこと。

二　学校内外における自然体験活動を促進し，生命及び自然を尊重する精神並びに環境の保全に寄与する態度を養うこと。

三　我が国と郷土の現状と歴史について，正しい理解に導き，伝統と文化を尊重し，それらをはぐくんできた我が国と郷土を愛する態度を養うとともに，進んで外国の文化の理解を通じて，他国を尊重し，国際社会の平和と発展に寄与する態度を養うこと。

四　家族と家庭の役割，生活に必要な衣，食，住，情報，産業その他の事項について基礎的な理解と技能を養うこと。

五　読書に親しませ，生活に必要な国語を正しく理解し，使用する基礎的な能力を養うこと。

六　生活に必要な数量的な関係を正しく理解し，処理する基礎的な能力を養うこと。

七　生活にかかわる自然現象について，観察及び実験を通じて，科学的に理解し，処理する基礎的な能力を養うこと。

八　健康，安全で幸福な生活のために必要な習慣を養うとともに，運動を通じて体力を養い，心身の調和的発達を図ること。

九　生活を明るく豊かにする音楽，美術，文芸その他の芸術について基礎的な理解と技能を養うこと。

十 職業についての基礎的な知識と技能，勤労を重んずる態度及び個性に応じて将来の進路を選択する能力を養うこと。

第3章 幼稚園

第22条 幼稚園は，義務教育及びその後の教育の基礎を培うものとして，幼児を保育し，幼児の健やかな成長のために適当な環境を与えて，その心身の発達を助長することを目的とする。

第23条 幼稚園における教育は，前条に規定する目的を実現するため，次に掲げる目標を達成するよう行われるものとする。

一 健康，安全で幸福な生活のために必要な基本的な習慣を養い，身体諸機能の調和的発達を図ること。
二 集団生活を通じて，喜んでこれに参加する態度を養うとともに家族や身近な人への信頼感を深め，自主，自律及び協同の精神並びに規範意識の芽生えを養うこと。
三 身近な社会生活，生命及び自然に対する興味を養い，それらに対する正しい理解と態度及び思考力の芽生えを養うこと。
四 日常の会話や，絵本，童話等に親しむことを通じて，言葉の使い方を正しく導くとともに，相手の話を理解しようとする態度を養うこと。
五 音楽，身体による表現，造形等に親しむことを通じて，豊かな感性と表現力の芽生えを養うこと。

第24条 幼稚園においては，第22条に規定する目的を実現するための教育を行うほか，幼児期の教育に関する各般の問題につき，保護者及び地域住民その他の関係者からの相談に応じ，必要な情報の提供及び助言を行うなど，家庭及び地域における幼児期の教育の支援に努めるものとする。

第25条 幼稚園の教育課程その他の保育内容に関する事項は，第22条及び第23条の規定に従い，文部科学大臣が定める。

第26条 幼稚園に入園することのできる者は，満3歳から，小学校就学の始期に達するまでの幼児とする。

第27条 幼稚園には，園長，教頭及び教諭を置かなければならない。
② 幼稚園には，前項に規定するもののほか，副園長，主幹教諭，指導教諭，養護教諭，栄養教諭，事務職員，養護助教諭その他必要な職員を置くことができる。
③ 第1項の規定にかかわらず，副園長を置くときその他特別の事情のあるときは，教頭を置かないことができる。
④ 園長は，園務をつかさどり，所属職員を監督する。
⑤ 副園長は，園長を助け，命を受けて園務をつかさどる。
⑥ 教頭は，園長（副園長を置く幼稚園にあつては，園長及び副園長）を助け，園務を整理し，及び必要に応じ幼児の保育をつかさどる。
⑦ 主幹教諭は，園長（副園長を置く幼稚園にあつては，園長及び副園長）及び教頭を助け，命を受けて園務の一部を整理し，並びに幼児の保育をつかさどる。
⑧ 指導教諭は，幼児の保育をつかさどり，並びに教諭その他の職員に対して，保育の改善及び充実のために必要な指導及び助言を行う。
⑨ 教諭は，幼児の保育をつかさどる。
⑩ 特別の事情のあるときは，第1項の規定にかかわらず，教諭に代えて助教諭又は講師を置くことができる。
⑪ 学校の実情に照らし必要があると認めるときは，第7項の規定にかかわらず，園長（副園長を置く幼稚園にあつては，園長及び副園長）及び教頭を助け，命を受けて園務の一部を整理し，並びに幼児の養護又は栄養の指導及び管理をつかさどる主幹教諭を置くことができる。

第28条 第37条第6項，第8項及び第12項から第17項まで並びに第42条から第44条までの規定は，幼稚園に準用する。

第4章 小学校

第29条 小学校は，心身の発達に応じて，義務教育として行われる普通教育のうち基礎的なものを施すことを目的とする。

第30条　小学校における教育は，前条に規定する目的を実現するために必要な程度において第21条各号に掲げる目標を達成するよう行われるものとする。
② 　前項の場合においては，生涯にわたり学習する基盤が培われるよう，基礎的な知識及び技能を習得させるとともに，これらを活用して課題を解決するために必要な思考力，判断力，表現力その他の能力をはぐくみ，主体的に学習に取り組む態度を養うことに，特に意を用いなければならない。

第31条　小学校においては，前条第１項の規定による目標の達成に資するよう，教育指導を行うに当たり，児童の体験的な学習活動，特にボランティア活動など社会奉仕体験活動，自然体験活動その他の体験活動の充実に努めるものとする。この場合において，社会教育関係団体その他の関係団体及び関係機関との連携に十分配慮しなければならない。

第32条　小学校の修業年限は，６年とする。

第33条　小学校の教育課程に関する事項は，第29条及び第30条の規定に従い，文部科学大臣が定める。

第34条　小学校においては，文部科学大臣の検定を経た教科用図書又は文部科学省が著作の名義を有する教科用図書を使用しなければならない。
② 　前項に規定する教科用図書（以下この条において「教科用図書」という。）の内容を文部科学大臣の定めるところにより記録した電磁的記録（電子的方式，磁気的方式その他人の知覚によつては認識することができない方式で作られる記録であつて，電子計算機による情報処理の用に供されるものをいう。）である教材がある場合には，同項の規定にかかわらず，文部科学大臣の定めるところにより，児童の教育の充実を図るため必要があると認められる教育課程の一部において，教科用図書に代えて当該教材を使用することができる。
③ 　前項に規定する場合において，視覚障害，発達障害その他の文部科学大臣の定める事由により教科用図書を使用して学習することが困難な児童に対し，教科用図書に用いられた文字，図形等の拡大又は音声への変換その他の同項に規定する教材を電子計算機において用いることにより可能となる方法で指導することにより当該児童の学習上の困難の程度を低減させる必要があると認められるときは，文部科学大臣の定めるところにより，教育課程の全部又は一部において，教科用図書に代えて当該教材を使用することができる。
④ 　教科用図書及び第２項に規定する教材以外の教材で，有益適切なものは，これを使用することができる。
⑤ 　第１項の検定の申請に係る教科用図書に関し調査審議させるための審議会等（国家行政組織法（昭和23年法律第120号）第８条に規定する機関をいう。以下同じ。）については，政令で定める。

第35条　市町村の教育委員会は，次に掲げる行為の一又は二以上を繰り返し行う等性行不良であつて他の児童の教育に妨げがあると認める児童があるときは，その保護者に対して，児童の出席停止を命ずることができる。
一　他の児童に傷害，心身の苦痛又は財産上の損失を与える行為
二　職員に傷害又は心身の苦痛を与える行為
三　施設又は設備を損壊する行為
四　授業その他の教育活動の実施を妨げる行為
② 　市町村の教育委員会は，前項の規定により出席停止を命ずる場合には，あらかじめ保護者の意見を聴取するとともに，理由及び期間を記載した文書を交付しなければならない。
③ 　前項に規定するもののほか，出席停止の命令の手続に関し必要な事項は，教育委員会規則で定めるものとする。
④ 　市町村の教育委員会は，出席停止の命令に係る児童の出席停止の期間における学習に対する支援その他の教育上必要な措置を講ずるものとする。

第36条　学齢に達しない子は，小学校に入学させることができない。

第37条　小学校には，校長，教頭，教諭，養護教諭及び事務職員を置かなければならない。
② 　小学校には，前項に規定するもののほか，副校長，主幹教諭，指導教諭，栄養教諭その他必要な職員を置くことができる。
③ 　第１項の規定にかかわらず，副校長を置くときその他特別の事情のあるときは教頭を，養護をつかさどる主幹教諭を置くときは養護教諭を，特別の事情のあるときは事務職員を，それぞれ置かないことができる。
④ 　校長は，校務をつかさどり，所属職員を監督する。
⑤ 　副校長は，校長を助け，命を受けて校務をつかさどる。
⑥ 　副校長は，校長に事故があるときはその職務を代理し，校長が欠けたときはその職務を行う。この場合において，副校長が二人以上あるときは，あらかじめ校長が定めた順序で，その職務を代理し，又は行う。
⑦ 　教頭は，校長（副校長を置く小学校にあつては，校長及び副校長）を助け，校務を整理し，及び必要に応じ児童の教育をつかさどる。
⑧ 　教頭は，校長（副校長を置く小学校にあつては，校長及び副校長）に事故があるときは校長の職務を代理し，校長（副校長を置く小学校にあつては，校長及び副校長）が欠けたときは校長の職務を行う。この場合において，教頭が二人以上あるときは，あらかじめ校長が定めた順序で，校長の職務を代理し，又は行う。
⑨ 　主幹教諭は，校長（副校長を置く小学校にあつては，校長及び副校長）及び教頭を助け，命を受けて校務の一部を整理し，並びに児童の教育をつかさどる。
⑩ 　指導教諭は，児童の教育をつかさどり，並びに教諭その他の職員に対して，教育指導の改善及び充実のために必要な指導及び助言を行う。
⑪ 　教諭は，児童の教育をつかさどる。
⑫ 　養護教諭は，児童の養護をつかさどる。
⑬ 　栄養教諭は，児童の栄養の指導及び管理をつかさどる。
⑭ 　事務職員は，事務に従事する。
⑮ 　助教諭は，教諭の職務を助ける。
⑯ 　講師は，教諭又は助教諭に準ずる職務に従事する。
⑰ 　養護助教諭は，養護教諭の職務を助ける。
⑱ 　特別の事情のあるときは，第１項の規定にかかわらず，教諭に代えて助教諭又は講師を，養護教諭に代えて養護助教諭を置くことができる。
⑲ 　学校の実情に照らし必要があると認めるときは，第９項の規定にかかわらず，校長（副校長を置く小学校にあつては，校長及び副校長）及び教頭を助け，命を受けて校務の一部を整理し，並びに児童の養護又は栄養の指導及び管理をつかさどる主幹教諭を置くことができる。

第38条　市町村は，その区域内にある学齢児童を就学させるに必要な小学校を設置しなければならない。ただし，教育上有益か適切であると認めるときは，義務教育学校の設置をもつてこれに代えることができる。

第39条　市町村は，適当と認めるときは，前条の規定による事務の全部又は一部を処理するため，市町村の組合を設けることができる。

第40条　市町村は，前２条の規定によることを不可能又は不適当と認めるときは，小学校の設置に代え，学齢児童の全部又は一部の教育事務を，他の市町村又は前条の市町村の組合に委託することができる。
② 　前項の場合においては，地方自治法第252条の14第３項において準用する同法第252条の２の２第２項中「都道府県知事」とあるのは，「都道府県知事及び都道府県の教育委員会」と読み替えるものとする。

第41条　町村が，前２条の規定による負担に堪えないと都道府県の教育委員会が認めるときは，都道府県は，その町村に対して，必要な補助を与えなければならない。

第42条　小学校は，文部科学大臣の定めるところにより当該小学校の教育活動その他の学校運営の状況について評価を行い，その結果に基づき学校運営の改善を図るため必要な措置

を講ずることにより，その教育水準の向上に努めなければならない。

第43条　小学校は，当該小学校に関する保護者及び地域住民その他の関係者の理解を深めるとともに，これらの者との連携及び協力の推進に資するため，当該小学校の教育活動その他の学校運営の状況に関する情報を積極的に提供するものとする。

第44条　私立の小学校は，都道府県知事の所管に属する。

第5章　中学校

第45条　中学校は，小学校における教育の基礎の上に，心身の発達に応じて，義務教育として行われる普通教育を施すことを目的とする。

第46条　中学校における教育は，前条に規定する目的を実現するため，第21条各号に掲げる目標を達成するよう行われるものとする。

第47条　中学校の修業年限は，3年とする。

第48条　中学校の教育課程に関する事項は，第45条及び第46条の規定並びに次条において読み替えて準用する第30条第2項の規定に従い，文部科学大臣が定める。

第49条　第30条第2項，第31条，第34条，第35条及び第37条から第44条までの規定は，中学校に準用する。この場合において，第30条第2項中「前項」とあるのは「第46条」と，第31条中「前条第1項」とあるのは「第46条」と読み替えるものとする。

第5章の2　義務教育学校

第49条の2　義務教育学校は，心身の発達に応じて，義務教育として行われる普通教育を基礎的なものから一貫して施すことを目的とする。

第49条の3　義務教育学校における教育は，前条に規定する目的を実現するため，第21条各号に掲げる目標を達成するよう行われるものとする。

第49条の4　義務教育学校の修業年限は，9年とする。

第49条の5　義務教育学校の課程は，これを前期6年の前期課程及び後期3年の後期課程に区分する。

第49条の6　義務教育学校の前期課程における教育は，第49条の2に規定する目的のうち，心身の発達に応じて，義務教育として行われる普通教育のうち基礎的なものを施すことを実現するために必要な程度において第21条各号に掲げる目標を達成するよう行われるものとする。

② 　義務教育学校の後期課程における教育は，第49条の2に規定する目的のうち，前期課程における教育の基礎の上に，心身の発達に応じて，義務教育として行われる普通教育を施すことを実現するため，第21条各号に掲げる目標を達成するよう行われるものとする。

第49条の7　義務教育学校の前期課程及び後期課程の教育課程に関する事項は，第49条の2，第49条の3及び前条の規定並びに次条において読み替えて準用する第30条第2項の規定に従い，文部科学大臣が定める。

第49条の8　第30条第2項，第31条，第34条から第37条まで及び第42条から第44条までの規定は，義務教育学校に準用する。この場合において，第30条第2項中「前項」とあるのは「第49条の3」と，第31条中「前条第1項」とあるのは「第49条の3」と読み替えるものとする。

第6章　高等学校

第50条　高等学校は，中学校における教育の基礎の上に，心身の発達及び進路に応じて，高度な普通教育及び専門教育を施すことを目的とする。

第51条　高等学校における教育は，前条に規定する目的を実現するため，次に掲げる目標を達成するよう行われるものとする。

一　義務教育として行われる普通教育の成果を更に発展拡充させて，豊かな人間性，創造性及び健やかな身体を養い，国家及び社会の形成者として必要な資質を養うこと。

二　社会において果たさなければならない使命の自覚に基づき，個性に応じて将来の進路を決定させ，一般的な教養を高め，専門的な知識，技術及び技能を習得させること。

三 個性の確立に努めるとともに，社会について，広く深い理解と健全な批判力を養い，社会の発展に寄与する態度を養うこと。

第52条 高等学校の学科及び教育課程に関する事項は，前2条の規定及び第62条において読み替えて準用する第30条第2項の規定に従い，文部科学大臣が定める。

第53条 高等学校には，全日制の課程のほか，定時制の課程を置くことができる。
② 高等学校には，定時制の課程のみを置くことができる。

第54条 高等学校には，全日制の課程又は定時制の課程のほか，通信制の課程を置くことができる。
② 高等学校には，通信制の課程のみを置くことができる。
③ 市（指定都市を除く。）町村の設置する高等学校については都道府県の教育委員会，私立の高等学校については都道府県知事は，高等学校の通信制の課程のうち，当該高等学校の所在する都道府県の区域内に住所を有する者のほか，全国的に他の都道府県の区域内に住所を有する者を併せて生徒とするものその他政令で定めるもの（以下この項において「広域の通信制の課程」という。）に係る第4条第1項に規定する認可（政令で定める事項に係るものに限る。）を行うときは，あらかじめ，文部科学大臣に届け出なければならない。都道府県又は指定都市の設置する高等学校の広域の通信制の課程について，当該都道府県又は指定都市の教育委員会がこの項前段の政令で定める事項を行うときも，同様とする。
④ 通信制の課程に関し必要な事項は，文部科学大臣が，これを定める。

第55条 高等学校の定時制の課程又は通信制の課程に在学する生徒が，技能教育のための施設で当該施設の所在地の都道府県の教育委員会の指定するものにおいて教育を受けているときは，校長は，文部科学大臣の定めるところにより，当該施設における学習を当該高等学校における教科の一部の履修とみなすことができる。

② 前項の施設の指定に関し必要な事項は，政令で，これを定める。

第56条 高等学校の修業年限は，全日制の課程については，3年とし，定時制の課程及び通信制の課程については，3年以上とする。

第57条 高等学校に入学することのできる者は，中学校若しくはこれに準ずる学校若しくは義務教育学校を卒業した者若しくは中等教育学校の前期課程を修了した者又は文部科学大臣の定めるところにより，これと同等以上の学力があると認められた者とする。

第58条 高等学校には，専攻科及び別科を置くことができる。
② 高等学校の専攻科は，高等学校若しくはこれに準ずる学校若しくは中等教育学校を卒業した者又は文部科学大臣の定めるところにより，これと同等以上の学力があると認められた者に対して，精深な程度において，特別の事項を教授し，その研究を指導することを目的とし，その修業年限は，1年以上とする。
③ 高等学校の別科は，前条に規定する入学資格を有する者に対して，簡易な程度において，特別の技能教育を施すことを目的とし，その修業年限は，1年以上とする。

第59条 高等学校に関する入学，退学，転学その他必要な事項は，文部科学大臣が，これを定める。

第60条 高等学校には，校長，教頭，教諭及び事務職員を置かなければならない。
② 高等学校には，前項に規定するもののほか，副校長，主幹教諭，指導教諭，養護教諭，栄養教諭，養護助教諭，実習助手，技術職員その他必要な職員を置くことができる。
③ 第一項の規定にかかわらず，副校長を置くときは，教頭を置かないことができる。
④ 実習助手は，実験又は実習について，教諭の職務を助ける。
⑤ 特別の事情のあるときは，第1項の規定にかかわらず，教諭に代えて助教諭又は講師を置くことができる。
⑥ 技術職員は，技術に従事する。

第61条 高等学校に，全日制の課程，定時制の

課程又は通信制の課程のうち二以上の課程を置くときは，それぞれの課程に関する校務を分担して整理する教頭を置かなければならない。ただし，命を受けて当該課程に関する校務をつかさどる副校長が置かれる一の課程については，この限りでない。

第62条 第30条第2項，第31条，第34条，第37条第4項から第17項まで及び第19項並びに第42条から第44条までの規定は，高等学校に準用する。この場合において，第30条第2項中「前項」とあるのは「第51条」と，第31条中「前条第1項」とあるのは「第51条」と読み替えるものとする。

第7章　中等教育学校

第63条 中等教育学校は，小学校における教育の基礎の上に，心身の発達及び進路に応じて，義務教育として行われる普通教育並びに高度な普通教育及び専門教育を一貫して施すことを目的とする。

第64条 中等教育学校における教育は，前条に規定する目的を実現するため，次に掲げる目標を達成するよう行われるものとする。

一　豊かな人間性，創造性及び健やかな身体を養い，国家及び社会の形成者として必要な資質を養うこと。

二　社会において果たさなければならない使命の自覚に基づき，個性に応じて将来の進路を決定させ，一般的な教養を高め，専門的な知識，技術及び技能を習得させること。

三　個性の確立に努めるとともに，社会について，広く深い理解と健全な批判力を養い，社会の発展に寄与する態度を養うこと。

第65条 中等教育学校の修業年限は，6年とする。

第66条 中等教育学校の課程は，これを前期3年の前期課程及び後期3年の後期課程に区分する。

第67条 中等教育学校の前期課程における教育は，第63条に規定する目的のうち，小学校における教育の基礎の上に，心身の発達に応じて，義務教育として行われる普通教育を施すことを実現するため，第21条各号に掲げる目標を達成するよう行われるものとする。

② 中等教育学校の後期課程における教育は，第63条に規定する目的のうち，心身の発達及び進路に応じて，高度な普通教育及び専門教育を施すことを実現するため，第64条各号に掲げる目標を達成するよう行われるものとする。

第68条 中等教育学校の前期課程の教育課程に関する事項並びに後期課程の学科及び教育課程に関する事項は，第63条，第64条及び前条の規定並びに第70条第1項において読み替えて準用する第30条第2項の規定に従い，文部科学大臣が定める。

第69条 中等教育学校には，校長，教頭，教諭，養護教諭及び事務職員を置かなければならない。

② 中等教育学校には，前項に規定するもののほか，副校長，主幹教諭，指導教諭，栄養教諭，実習助手，技術職員その他必要な職員を置くことができる。

③ 第1項の規定にかかわらず，副校長を置くときは教頭を，養護をつかさどる主幹教諭を置くときは養護教諭を，それぞれ置かないことができる。

④ 特別の事情のあるときは，第1項の規定にかかわらず，教諭に代えて助教諭又は講師を，養護教諭に代えて養護助教諭を置くことができる。

第70条 第30条第2項，第31条，第34条，第37条第4項から第17項まで及び第19項，第42条から第44条まで，第59条並びに第60条第4項及び第6項の規定は中等教育学校に，第53条から第55条まで，第58条及び第61条の規定は中等教育学校の後期課程に，それぞれ準用する。この場合において，第30条第2項中「前項」とあるのは「第64条」と，第31条中「前条第1項」とあるのは「第64条」と読み替えるものとする。

② 前項において準用する第53条又は第54条の規定により後期課程に定時制の課程又は通信制の課程を置く中等教育学校については，第65条の規定にかかわらず，当該定時制の課程

又は通信制の課程に係る修業年限は、6年以上とする。この場合において、第66条中「後期3年の後期課程」とあるのは、「後期3年以上の後期課程」とする。

第71条 同一の設置者が設置する中学校及び高等学校においては、文部科学大臣の定めるところにより、中等教育学校に準じて、中学校における教育と高等学校における教育を一貫して施すことができる。

第8章 特別支援教育

第72条 特別支援学校は、視覚障害者、聴覚障害者、知的障害者、肢体不自由者又は病弱者（身体虚弱者を含む。以下同じ。）に対して、幼稚園、小学校、中学校又は高等学校に準ずる教育を施すとともに、障害による学習上又は生活上の困難を克服し自立を図るために必要な知識技能を授けることを目的とする。

第73条 特別支援学校においては、文部科学大臣の定めるところにより、前条に規定する者に対する教育のうち当該学校が行うものを明らかにするものとする。

第74条 特別支援学校においては、第72条に規定する目的を実現するための教育を行うほか、幼稚園、小学校、中学校、義務教育学校、高等学校又は中等教育学校の要請に応じて、第81条第1項に規定する幼児、児童又は生徒の教育に関し必要な助言又は援助を行うよう努めるものとする。

第75条 第72条に規定する視覚障害者、聴覚障害者、知的障害者、肢体不自由者又は病弱者の障害の程度は、政令で定める。

第76条 特別支援学校には、小学部及び中学部を置かなければならない。ただし、特別の必要のある場合においては、そのいずれかのみを置くことができる。

② 特別支援学校には、小学部及び中学部のほか、幼稚部又は高等部を置くことができ、また、特別の必要のある場合においては、前項の規定にかかわらず、小学部及び中学部を置かないで幼稚部又は高等部のみを置くことができる。

第77条 特別支援学校の幼稚部の教育課程その他の保育内容、小学部及び中学部の教育課程又は高等部の学科及び教育課程に関する事項は、幼稚園、小学校、中学校又は高等学校に準じて、文部科学大臣が定める。

第78条 特別支援学校には、寄宿舎を設けなければならない。ただし、特別の事情のあるときは、これを設けないことができる。

第79条 寄宿舎を設ける特別支援学校には、寄宿舎指導員を置かなければならない。

② 寄宿舎指導員は、寄宿舎における幼児、児童又は生徒の日常生活上の世話及び生活指導に従事する。

第80条 都道府県は、その区域内にある学齢児童及び学齢生徒のうち、視覚障害者、聴覚障害者、知的障害者、肢体不自由者又は病弱者で、その障害が第75条の政令で定める程度のものを就学させるに必要な特別支援学校を設置しなければならない。

第81条 幼稚園、小学校、中学校、義務教育学校、高等学校及び中等教育学校においては、次項各号のいずれかに該当する幼児、児童及び生徒その他教育上特別の支援を必要とする幼児、児童及び生徒に対し、文部科学大臣の定めるところにより、障害による学習上又は生活上の困難を克服するための教育を行うものとする。

② 小学校、中学校、義務教育学校、高等学校及び中等教育学校には、次の各号のいずれかに該当する児童及び生徒のために、特別支援学級を置くことができる。

一　知的障害者
二　肢体不自由者
三　身体虚弱者
四　弱視者
五　難聴者
六　その他障害のある者で、特別支援学級において教育を行うことが適当なもの

③ 前項に規定する学校においては、疾病により療養中の児童及び生徒に対して、特別支援学級を設け、又は教員を派遣して、教育を行うことができる。

第82条 第26条、第27条、第31条（第49条及び

第62条において読み替えて準用する場合を含む。），第32条，第34条（第49条及び第62条において準用する場合を含む。），第36条，第37条（第28条，第49条及び第62条において準用する場合を含む。），第42条から第44条まで，第47条及び第56条から第60条までの規定は特別支援学校に，第84条の規定は特別支援学校の高等部に，それぞれ準用する。

第9章　大　学

第83条　大学は，学術の中心として，広く知識を授けるとともに，深く専門の学芸を教授研究し，知的，道徳的及び応用的能力を展開させることを目的とする。

② 大学は，その目的を実現するための教育研究を行い，その成果を広く社会に提供することにより，社会の発展に寄与するものとする。

第84条　大学は，通信による教育を行うことができる。

第85条　大学には，学部を置くことを常例とする。ただし，当該大学の教育研究上の目的を達成するため有益かつ適切である場合においては，学部以外の教育研究上の基本となる組織を置くことができる。

第86条　大学には，夜間において授業を行う学部又は通信による教育を行う学部を置くことができる。

第87条　大学の修業年限は，4年とする。ただし，特別の専門事項を教授研究する学部及び前条の夜間において授業を行う学部については，その修業年限は，4年を超えるものとすることができる。

② 医学を履修する課程，歯学を履修する課程，薬学を履修する課程のうち臨床に係る実践的な能力を培うことを主たる目的とするもの又は獣医学を履修する課程については，前項本文の規定にかかわらず，その修業年限は，6年とする。

第88条　大学の学生以外の者として一の大学において一定の単位を修得した者が当該大学に入学する場合において，当該単位の修得により当該大学の教育課程の一部を履修したと認められるときは，文部科学大臣の定めるところにより，修得した単位数その他の事項を勘案して大学が定める期間を修業年限に通算することができる。ただし，その期間は，当該大学の修業年限の2分の1を超えてはならない。

第89条　大学は，文部科学大臣の定めるところにより，当該大学の学生（第87条第2項に規定する課程に在学するものを除く。）で当該大学に3年（同条第1項ただし書の規定により修業年限を4年を超えるものとする学部の学生にあつては，3年以上で文部科学大臣の定める期間）以上在学したもの（これに準ずるものとして文部科学大臣の定める者を含む。）が，卒業の要件として当該大学の定める単位を優秀な成績で修得したと認める場合には，同項の規定にかかわらず，その卒業を認めることができる。

第90条　大学に入学することのできる者は，高等学校若しくは中等教育学校を卒業した者若しくは通常の課程による12年の学校教育を修了した者（通常の課程以外の課程によりこれに相当する学校教育を修了した者を含む。）又は文部科学大臣の定めるところにより，これと同等以上の学力があると認められた者とする。

② 前項の規定にかかわらず，次の各号に該当する大学は，文部科学大臣の定めるところにより，高等学校に文部科学大臣の定める年数以上在学した者（これに準ずる者として文部科学大臣が定める者を含む。）であつて，当該大学の定める分野において特に優れた資質を有すると認めるものを，当該大学に入学させることができる。

　一　当該分野に関する教育研究が行われている大学院が置かれていること。

　二　当該分野における特に優れた資質を有する者の育成を図るのにふさわしい教育研究上の実績及び指導体制を有すること。

第91条　大学には，専攻科及び別科を置くことができる。

② 大学の専攻科は，大学を卒業した者又は文部科学大臣の定めるところにより，これと同

等以上の学力があると認められた者に対して，精深な程度において，特別の事項を教授し，その研究を指導することを目的とし，その修業年限は，1年以上とする。
③　大学の別科は，前条第一項に規定する入学資格を有する者に対して，簡易な程度において，特別の技能教育を施すことを目的とし，その修業年限は，1年以上とする。
第92条　大学には学長，教授，准教授，助教，助手及び事務職員を置かなければならない。ただし，教育研究上の組織編制として適切と認められる場合には，准教授，助教又は助手を置かないことができる。
②　大学には，前項のほか，副学長，学部長，講師，技術職員その他必要な職員を置くことができる。
③　学長は，校務をつかさどり，所属職員を統督する。
④　副学長は，学長を助け，命を受けて校務をつかさどる。
⑤　学部長は，学部に関する校務をつかさどる。
⑥　教授は，専攻分野について，教育上，研究上又は実務上の特に優れた知識，能力及び実績を有する者であつて，学生を教授し，その研究を指導し，又は研究に従事する。
⑦　准教授は，専攻分野について，教育上，研究上又は実務上の優れた知識，能力及び実績を有する者であつて，学生を教授し，その研究を指導し，又は研究に従事する。
⑧　助教は，専攻分野について，教育上，研究上又は実務上の知識及び能力を有する者であつて，学生を教授し，その研究を指導し，又は研究に従事する。
⑨　助手は，その所属する組織における教育研究の円滑な実施に必要な業務に従事する。
⑩　講師は，教授又は准教授に準ずる職務に従事する。
第93条　大学に，教授会を置く。
②　教授会は，学長が次に掲げる事項について決定を行うに当たり意見を述べるものとする。
　一　学生の入学，卒業及び課程の修了

　二　学位の授与
　三　前二号に掲げるもののほか，教育研究に関する重要な事項で，教授会の意見を聴くことが必要なものとして学長が定めるもの
③　教授会は，前項に規定するもののほか，学長及び学部長その他の教授会が置かれる組織の長（以下この項において「学長等」という。）がつかさどる教育研究に関する事項について審議し，及び学長等の求めに応じ，意見を述べることができる。
④　教授会の組織には，准教授その他の職員を加えることができる。
第94条　大学について第3条に規定する設置基準を定める場合及び第4条第5項に規定する基準を定める場合には，文部科学大臣は，審議会等で政令で定めるものに諮問しなければならない。
第95条　大学の設置の認可を行う場合及び大学に対し第4条第3項若しくは第15条第2項若しくは第3項の規定による命令又は同条第1項の規定による勧告を行う場合には，文部科学大臣は，審議会等で政令で定めるものに諮問しなければならない。
第96条　大学には，研究所その他の研究施設を附置することができる。
第97条　大学には，大学院を置くことができる。
第98条　公立又は私立の大学は，文部科学大臣の所轄とする。
第99条　大学院は，学術の理論及び応用を教授研究し，その深奥をきわめ，又は高度の専門性が求められる職業を担うための深い学識及び卓越した能力を培い，文化の進展に寄与することを目的とする。
②　大学院のうち，学術の理論及び応用を教授研究し，高度の専門性が求められる職業を担うための深い学識及び卓越した能力を培うことを目的とするものは，専門職大学院とする。
第100条　大学院を置く大学には，研究科を置くことを常例とする。ただし，当該大学の教育研究上の目的を達成するため有益かつ適切である場合においては，文部科学大臣の定めるところにより，研究科以外の教育研究上の

基本となる組織を置くことができる。
第101条　大学院を置く大学には，夜間において授業を行う研究科又は通信による教育を行う研究科を置くことができる。
第102条　大学院に入学することのできる者は，第83条の大学を卒業した者又は文部科学大臣の定めるところにより，これと同等以上の学力があると認められた者とする。ただし，研究科の教育研究上必要がある場合においては，当該研究科に係る入学資格を，修士の学位若しくは第104条第1項に規定する文部科学大臣の定める学位を有する者又は文部科学大臣の定めるところにより，これと同等以上の学力があると認められた者とすることができる。
②　前項本文の規定にかかわらず，大学院を置く大学は，文部科学大臣の定めるところにより，第83条の大学に文部科学大臣の定める年数以上在学した者（これに準ずる者として文部科学大臣が定める者を含む。）であつて，当該大学院を置く大学の定める単位を優秀な成績で修得したと認めるもの（当該単位の修得の状況及びこれに準ずるものとして文部科学大臣が定めるものに基づき，これと同等以上の能力及び資質を有すると認めるものを含む。）を，当該大学院に入学させることができる。
第103条　教育研究上特別の必要がある場合においては，第85条の規定にかかわらず，学部を置くことなく大学院を置くものを大学とすることができる。
第104条　大学（第108条第2項の大学（以下この条において「短期大学」という。）を除く。以下この条において同じ。）は，文部科学大臣の定めるところにより，大学を卒業した者に対し学士の学位を，大学院（専門職大学院を除く。）の課程を修了した者に対し修士又は博士の学位を，専門職大学院の課程を修了した者に対し文部科学大臣の定める学位を授与するものとする。
②　大学は，文部科学大臣の定めるところにより，前項の規定により博士の学位を授与された者と同等以上の学力があると認める者に対し，博士の学位を授与することができる。
③　短期大学は，文部科学大臣の定めるところにより，短期大学を卒業した者に対し短期大学士の学位を授与するものとする。
④　独立行政法人大学評価・学位授与機構は，文部科学大臣の定めるところにより，次の各号に掲げる者に対し，当該各号に定める学位を授与するものとする。
一　短期大学若しくは高等専門学校を卒業した者又はこれに準ずる者で，大学における一定の単位の修得又はこれに相当するものとして文部科学大臣の定める学習を行い，大学を卒業した者と同等以上の学力を有すると認める者　学士
二　学校以外の教育施設で学校教育に類する教育を行うもののうち当該教育を行うにつき他の法律に特別の規定があるものに置かれる課程で，大学又は大学院に相当する教育を行うと認めるものを修了した者　学士，修士又は博士
⑤　学位に関する事項を定めるについては，文部科学大臣は，第94条の政令で定める審議会等に諮問しなければならない。
第105条　大学は，文部科学大臣の定めるところにより，当該大学の学生以外の者を対象とした特別の課程を編成し，これを修了した者に対し，修了の事実を証する証明書を交付することができる。
第106条　大学は，当該大学に学長，副学長，学部長，教授，准教授又は講師として勤務した者であつて，教育上又は学術上特に功績のあつた者に対し，当該大学の定めるところにより，名誉教授の称号を授与することができる。
第107条　大学においては，公開講座の施設を設けることができる。
②　公開講座に関し必要な事項は，文部科学大臣が，これを定める。
第108条　大学は，第83条第1項に規定する目的に代えて，深く専門の学芸を教授研究し，職業又は実際生活に必要な能力を育成するこ

とを主な目的とすることができる。
② 前項に規定する目的をその目的とする大学は，第87条第1項の規定にかかわらず，その修業年限を2年又は3年とする。
③ 前項の大学は，短期大学と称する。
④ 第2項の大学には，第85条及び第86条の規定にかかわらず，学部を置かないものとする。
⑤ 第2項の大学には，学科を置く。
⑥ 第2項の大学には，夜間において授業を行う学科又は通信による教育を行う学科を置くことができる。
⑦ 第2項の大学を卒業した者は，文部科学大臣の定めるところにより，第83条の大学に編入学することができる。
⑧ 第97条の規定は，第2項の大学については適用しない。

第109条 大学は，その教育研究水準の向上に資するため，文部科学大臣の定めるところにより，当該大学の教育及び研究，組織及び運営並びに施設及び設備（次項において「教育研究等」という。）の状況について自ら点検及び評価を行い，その結果を公表するものとする。
② 大学は，前項の措置に加え，当該大学の教育研究等の総合的な状況について，政令で定める期間ごとに，文部科学大臣の認証を受けた者（以下「認証評価機関」という。）による評価（以下「認証評価」という。）を受けるものとする。ただし，認証評価機関が存在しない場合その他特別の事由がある場合であつて，文部科学大臣の定める措置を講じているときは，この限りでない。
③ 専門職大学院を置く大学にあつては，前項に規定するもののほか，当該専門職大学院の設置の目的に照らし，当該専門職大学院の教育課程，教員組織その他教育研究活動の状況について，政令で定める期間ごとに，認証評価を受けるものとする。ただし，当該専門職大学院の課程に係る分野について認証評価を行う認証評価機関が存在しない場合その他特別の事由がある場合であつて，文部科学大臣の定める措置を講じているときは，この限り

でない。
④ 前2項の認証評価は，大学からの求めにより，大学評価基準（前2項の認証評価を行うために認証評価機関が定める基準をいう。次条において同じ。）に従つて行うものとする。

第110条 認証評価機関になろうとする者は，文部科学大臣の定めるところにより，申請により，文部科学大臣の認証を受けることができる。
② 文部科学大臣は，前項の規定による認証の申請が次の各号のいずれにも適合すると認めるときは，その認証をするものとする。
　一　大学評価基準及び評価方法が認証評価を適確に行うに足りるものであること。
　二　認証評価の公正かつ適確な実施を確保するために必要な体制が整備されていること。
　三　第4項に規定する措置（同項に規定する通知を除く。）の前に認証評価の結果に係る大学からの意見の申立ての機会を付与していること。
　四　認証評価を適確かつ円滑に行うに必要な経理的基礎を有する法人（人格のない社団又は財団で代表者又は管理人の定めのあるものを含む。次号において同じ。）であること。
　五　次条第2項の規定により認証を取り消され，その取消しの日から2年を経過しない法人でないこと。
　六　その他認証評価の公正かつ適確な実施に支障を及ぼすおそれがないこと。
③ 前項に規定する基準を適用するに際して必要な細目は，文部科学大臣が，これを定める。
④ 認証評価機関は，認証評価を行つたときは，遅滞なく，その結果を大学に通知するとともに，文部科学大臣の定めるところにより，これを公表し，かつ，文部科学大臣に報告しなければならない。
⑤ 認証評価機関は，大学評価基準，評価方法その他文部科学大臣の定める事項を変更しようとするとき，又は認証評価の業務の全部若しくは一部を休止若しくは廃止しようとする

ときは、あらかじめ、文部科学大臣に届け出なければならない。
⑥　文部科学大臣は、認証評価機関の認証をしたとき、又は前項の規定による届出があつたときは、その旨を官報で公示しなければならない。
第111条　文部科学大臣は、認証評価の公正かつ適確な実施が確保されないおそれがあると認めるときは、認証評価機関に対し、必要な報告又は資料の提出を求めることができる。
②　文部科学大臣は、認証評価機関が前項の求めに応じず、若しくは虚偽の報告若しくは資料の提出をしたとき、又は前条第2項及び第3項の規定に適合しなくなつたと認めるときその他認証評価の公正かつ適確な実施に著しく支障を及ぼす事由があると認めるときは、当該認証評価機関に対してこれを改善すべきことを求め、及びその求めによつてもなお改善されないときは、その認証を取り消すことができる。
③　文部科学大臣は、前項の規定により認証評価機関の認証を取り消したときは、その旨を官報で公示しなければならない。
第112条　文部科学大臣は、次に掲げる場合には、第94条の政令で定める審議会等に諮問しなければならない。
　一　認証評価機関の認証をするとき。
　二　第110条第3項の細目を定めるとき。
　三　認証評価機関の認証を取り消すとき。
第113条　大学は、教育研究の成果の普及及び活用の促進に資するため、その教育研究活動の状況を公表するものとする。
第114条　第37条第14項及び第60条第6項の規定は、大学に準用する。

第10章　高等専門学校

第115条　高等専門学校は、深く専門の学芸を教授し、職業に必要な能力を育成することを目的とする。
②　高等専門学校は、その目的を実現するための教育を行い、その成果を広く社会に提供することにより、社会の発展に寄与するものとする。

第116条　高等専門学校には、学科を置く。
②　前項の学科に関し必要な事項は、文部科学大臣が、これを定める。
第117条　高等専門学校の修業年限は、5年とする。ただし、商船に関する学科については、5年6月とする。
第118条　高等専門学校に入学することのできる者は、第57条に規定する者とする。
第119条　高等専門学校には、専攻科を置くことができる。
②　高等専門学校の専攻科は、高等専門学校を卒業した者又は文部科学大臣の定めるところにより、これと同等以上の学力があると認められた者に対して、精深な程度において、特別の事項を教授し、その研究を指導することを目的とし、その修業年限は、1年以上とする。
第120条　高等専門学校には、校長、教授、准教授、助教、助手及び事務職員を置かなければならない。ただし、教育上の組織編制として適切と認められる場合には、准教授、助教又は助手を置かないことができる。
②　高等専門学校には、前項のほか、講師、技術職員その他必要な職員を置くことができる。
③　校長は、校務を掌り、所属職員を監督する。
④　教授は、専攻分野について、教育上又は実務上の特に優れた知識、能力及び実績を有する者であつて、学生を教授する。
⑤　准教授は、専攻分野について、教育上又は実務上の優れた知識、能力及び実績を有する者であつて、学生を教授する。
⑥　助教は、専攻分野について、教育上又は実務上の知識及び能力を有する者であつて、学生を教授する。
⑦　助手は、その所属する組織における教育の円滑な実施に必要な業務に従事する。
⑧　講師は、教授又は准教授に準ずる職務に従事する。
第121条　高等専門学校を卒業した者は、準学士と称することができる。
第122条　高等専門学校を卒業した者は、文部

科学大臣の定めるところにより，大学に編入学することができる。

第123条 第37条第14項，第59条，第60条第6項，第94条（設置基準に係る部分に限る。），第95条，第98条，第105条から第107条まで，第109条（第3項を除く。）及び第110条から第113条までの規定は，高等専門学校に準用する。

第11章　専修学校

第124条 第1条に掲げるもの以外の教育施設で，職業若しくは実際生活に必要な能力を育成し，又は教養の向上を図ることを目的として次の各号に該当する組織的な教育を行うもの（当該教育を行うにつき他の法律に特別の規定があるもの及び我が国に居住する外国人を専ら対象とするものを除く。）は，専修学校とする。
一　修業年限が1年以上であること。
二　授業時数が文部科学大臣の定める授業時数以上であること。
三　教育を受ける者が常時40人以上であること。

第125条 専修学校には，高等課程，専門課程又は一般課程を置く。
② 専修学校の高等課程においては，中学校若しくはこれに準ずる学校若しくは義務教育学校を卒業した者若しくは中等教育学校の前期課程を修了した者又は文部科学大臣の定めるところによりこれと同等以上の学力があると認められた者に対して，中学校における教育の基礎の上に，心身の発達に応じて前条の教育を行うものとする。
③ 専修学校の専門課程においては，高等学校若しくはこれに準ずる学校若しくは中等教育学校を卒業した者又は文部科学大臣の定めるところによりこれに準ずる学力があると認められた者に対して，高等学校における教育の基礎の上に，前条の教育を行うものとする。
④ 専修学校の一般課程においては，高等課程又は専門課程の教育以外の前条の教育を行うものとする。

第126条 高等課程を置く専修学校は，高等専修学校と称することができる。
② 専門課程を置く専修学校は，専門学校と称することができる。

第127条 専修学校は，国及び地方公共団体のほか，次に該当する者でなければ，設置することができない。
一　専修学校を経営するために必要な経済的基礎を有すること。
二　設置者（設置者が法人である場合にあつては，その経営を担当する当該法人の役員とする。次号において同じ。）が専修学校を経営するために必要な知識又は経験を有すること。
三　設置者が社会的信望を有すること。

第128条 専修学校は，次に掲げる事項について文部科学大臣の定める基準に適合していなければならない。
一　目的，生徒の数又は課程の種類に応じて置かなければならない教員の数
二　目的，生徒の数又は課程の種類に応じて有しなければならない校地及び校舎の面積並びにその位置及び環境
三　目的，生徒の数又は課程の種類に応じて有しなければならない設備
四　目的又は課程の種類に応じた教育課程及び編制の大綱

第129条 専修学校には，校長及び相当数の教員を置かなければならない。
② 専修学校の校長は，教育に関する識見を有し，かつ，教育，学術又は文化に関する業務に従事した者でなければならない。
③ 専修学校の教員は，その担当する教育に関する専門的な知識又は技能に関し，文部科学大臣の定める資格を有する者でなければならない。

第130条 国又は都道府県が設置する専修学校を除くほか，専修学校の設置廃止（高等課程，専門課程又は一般課程の設置廃止を含む。），設置者の変更及び目的の変更は，市町村の設置する専修学校にあつては都道府県の教育委員会，私立の専修学校にあつては都道府県知事の認可を受けなければならない。
② 都道府県の教育委員会又は都道府県知事

は，専修学校の設置（高等課程，専門課程又は一般課程の設置を含む。）の認可の申請があつたときは，申請の内容が第124条，第125条及び前3条の基準に適合するかどうかを審査した上で，認可に関する処分をしなければならない。
③　前項の規定は，専修学校の設置者の変更及び目的の変更の認可の申請があつた場合について準用する。
④　都道府県の教育委員会又は都道府県知事は，第1項の認可をしない処分をするときは，理由を付した書面をもつて申請者にその旨を通知しなければならない。
第131条　国又は都道府県が設置する専修学校を除くほか，専修学校の設置者は，その設置する専修学校の名称，位置又は学則を変更しようとするときその他政令で定める場合に該当するときは，市町村の設置する専修学校にあつては都道府県の教育委員会に，私立の専修学校にあつては都道府県知事に届け出なければならない。
第132条　専修学校の専門課程（修業年限が2年以上であることその他の文部科学大臣の定める基準を満たすものに限る。）を修了した者（第90条第1項に規定する者に限る。）は，文部科学大臣の定めるところにより，大学に編入学することができる。
第133条　第5条，第6条，第9条から第12条まで，第13条第1項，第14条及び第42条から第44条までの規定は専修学校に，第105条の規定は専門課程を置く専修学校に準用する。この場合において，第10条中「大学及び高等専門学校にあつては文部科学大臣に，大学及び高等専門学校以外の学校にあつては都道府県知事に」とあるのは「都道府県知事に」と，同項中「第4条第1項各号に掲げる学校」とあるのは「市町村の設置する専修学校又は私立の専修学校」と，同項各号に定める者」とあるのは「都道府県の教育委員会又は都道府県知事」と，同項第2号中「その者」とあるのは「当該都道府県の教育委員会又は都道府県知事」と，第14条中「大学及び高等専門学校以外の市町村の設置する学校については都道府県の教育委員会，大学及び高等専門学校以外の私立学校については都道府県知事」とあるのは「市町村の設置する専修学校については都道府県の教育委員会，私立の専修学校については都道府県知事」と読み替えるものとする。
②　都道府県の教育委員会又は都道府県知事は，前項において準用する第13条第1項の規定による処分をするときは，理由を付した書面をもつて当該専修学校の設置者にその旨を通知しなければならない。

教育公務員特例法
（平成29.5.17）
（法律　第29号）

第1章　総則

（この法律の趣旨）
第1条　この法律は，教育を通じて国民全体に奉仕する教育公務員の職務とその責任の特殊性に基づき，教育公務員の任免，給与，分限，懲戒，服務及び研修等について規定する。
（定義）
第2条　この法律において「教育公務員」とは，地方公務員のうち，学校（学校教育法（昭和22年法律第26号）第1条に規定する学校及び就学前の子どもに関する教育，保育等の総合的な提供の推進に関する法律（平成18年法律第77号）第2条第7項に規定する幼保連携型認定こども園（以下「幼保連携型認定こども園」という。）をいう。以下同じ。）であつて地方公共団体が設置するもの（以下「公立学校」という。）の学長，校長（園長を含む。以下同じ。），教員及び部局長並びに教育委員会の専門的教育職員をいう。
2　この法律において「教員」とは，公立学校の教授，准教授，助教，副校長（副園長を含む。以下同じ。），教頭，主幹教諭（幼保連携型認定こども園の主幹養護教諭及び主幹栄養教諭を含む。以下同じ。），指導教諭，教諭，助教

諭，養護教諭，養護助教諭，栄養教諭，主幹保育教諭，指導保育教諭，保育教諭，助保育教諭及び講師（常時勤務の者及び地方公務員法（昭和25年法律第261号）第28条の5第1項に規定する短時間勤務の職を占める者に限る。第23条第2項を除き，以下同じ。）をいう。

第2章　任免，給与，分限及び懲戒
（採用及び昇任の方法）
第11条　公立学校の校長の採用（現に校長の職以外の職に任命されている者を校長の職に任命する場合を含む。）並びに教員の採用（現に教員の職以外の職に任命されている者を教員の職に任命する場合を含む。以下この条において同じ。）及び昇任（採用に該当するものを除く。）は，選考によるものとし，その選考は，大学附置の学校にあつては当該大学の学長が，大学附置の学校以外の公立学校（幼保連携型認定こども園を除く。）にあつてはその校長及び教員の任命権者である教育委員会の教育長が，大学附置の学校以外の公立学校（幼保連携型認定こども園に限る。）にあつてはその校長及び教員の任命権者である地方公共団体の長が行う。

（校長及び教員の給与）
第13条　公立の小学校等の校長及び教員の給与は，これらの者の職務と責任の特殊性に基づき条例で定めるものとする。
2　前項に規定する給与のうち地方自治法（昭和22年法律第67号）第204条第2項の規定により支給することができる義務教育等教員特別手当は，これらの者のうち次に掲げるものを対象とするものとし，その内容は，条例で定める。
　一　公立の小学校，中学校，義務教育学校，中等教育学校の前期課程又は特別支援学校の小学部若しくは中学部に勤務する校長及び教員
　二　前号に規定する校長及び教員との権衡上必要があると認められる公立の高等学校，中等教育学校の後期課程，特別支援学校の高等部若しくは幼稚部，幼稚園又は幼保連携型認定こども園に勤務する校長及び教員

第3章　服　務
（公立学校の教育公務員の政治的行為の制限）
第18条　公立学校の教育公務員の政治的行為の制限については，当分の間，地方公務員法第36条の規定にかかわらず，国家公務員の例による。
2　前項の規定は，政治的行為の制限に違反した者の処罰につき国家公務員法（昭和22年法律第120号）第110条第1項の例による趣旨を含むものと解してはならない。

第4章　研　修
（研修）
第21条　教育公務員は，その職責を遂行するために，絶えず研究と修養に努めなければならない。
2　教育公務員の任命権者は，教育公務員（公立の小学校等の校長及び教員（臨時的に任用された者その他の政令で定める者を除く。以下この章において同じ。）を除く。）の研修について，それに要する施設，研修を奨励するための方途その他研修に関する計画を樹立し，その実施に努めなければならない。

（研修の機会）
第22条　教育公務員には，研修を受ける機会が与えられなければならない。
2　教員は，授業に支障のない限り，本属長の承認を受けて，勤務場所を離れて研修を行うことができる。
3　教育公務員は，任命権者の定めるところにより，現職のままで，長期にわたる研修を受けることができる。

（校長及び教員としての資質の向上に関する指標の策定に関する指針）
第22条の2　文部科学大臣は，公立の小学校等の校長及び教員の計画的かつ効果的な資質の向上を図るため，次条第1項に規定する指標の策定に関する指針（以下「指針」という。）を定めなければならない。
2　指針においては，次に掲げる事項を定めるものとする。
　一　公立の小学校等の校長及び教員の資質の向上に関する基本的な事項

二　次条第1項に規定する指標の内容に関する事項
三　その他公立の小学校等の校長及び教員の資質の向上を図るに際し配慮すべき事項
3　文部科学大臣は，指針を定め，又はこれを変更したときは，遅滞なく，これを公表しなければならない。

（校長及び教員としての資質の向上に関する指標）

第22条の3　公立の小学校等の校長及び教員の任命権者は，指針を参酌し，その地域の実情に応じ，当該校長及び教員の職責，経験及び適性に応じて向上を図るべき校長及び教員としての資質に関する指標（以下「指標」という。）を定めるものとする。
2　公立の小学校等の校長及び教員の任命権者は，指標を定め，又はこれを変更しようとするときは，あらかじめ第22条の5第1項に規定する協議会において協議するものとする。
3　公立の小学校等の校長及び教員の任命権者は，指標を定め，又はこれを変更したときは，遅滞なく，これを公表するよう努めるものとする。
4　独立行政法人教職員支援機構は，指標を策定する者に対して，当該指標の策定に関する専門的な助言を行うものとする。

（教員研修計画）

第22条の4　公立の小学校等の校長及び教員の任命権者は，指標を踏まえ，当該校長及び教員の研修について，毎年度，体系的かつ効果的に実施するための計画（以下この条において「教員研修計画」という。）を定めるものとする。
2　教員研修計画においては，おおむね次に掲げる事項を定めるものとする。
一　任命権者が実施する第23条第1項に規定する初任者研修，第24条第1項に規定する中堅教諭等資質向上研修その他の研修（以下この項において「任命権者実施研修」という。）に関する基本的な方針
二　任命権者実施研修の体系に関する事項
三　任命権者実施研修の時期，方法及び施設に関する事項
四　研修を奨励するための方途に関する事項
五　前各号に掲げるもののほか，研修の実施に関し必要な事項として文部科学省令で定める事項
3　公立の小学校等の校長及び教員の任命権者は，教員研修計画を定め，又はこれを変更したときは，遅滞なく，これを公表するよう努めるものとする。

（協議会）

第22条の5　公立の小学校等の校長及び教員の任命権者は，指標の策定に関する協議並びに当該指標に基づく当該校長及び教員の資質の向上に関して必要な事項についての協議を行うための協議会（以下「協議会」という。）を組織するものとする。
2　協議会は，次に掲げる者をもつて構成する。
一　指標を策定する任命権者
二　公立の小学校等の校長及び教員の研修に協力する大学その他の当該校長及び教員の資質の向上に関係する大学として文部科学省令で定める者
三　その他当該任命権者が必要と認める者
3　協議会において協議が調つた事項については，協議会の構成員は，その協議の結果を尊重しなければならない。
4　前3項に定めるもののほか，協議会の運営に関し必要な事項は，協議会が定める。

（初任者研修）

第23条　公立の小学校等の教諭等の任命権者は，当該教諭等（臨時的に任用された者その他の政令で定める者を除く。）に対して，その採用（現に教諭等の職以外の職に任命されている者を教諭等の職に任命する場合を含む。附則第5条第1項において同じ。）の日から1年間の教諭又は保育教諭の職務の遂行に必要な事項に関する実践的な研修（以下「初任者研修」という。）を実施しなければならない。
2　任命権者は，初任者研修を受ける者（次項において「初任者」という。）の所属する学校の副校長，教頭，主幹教諭（養護又は栄養の指導及び管理をつかさどる主幹教諭を除

く。），指導教諭，教諭，主幹保育教諭，指導保育教諭，保育教諭又は講師のうちから，指導教員を命じるものとする。
3　指導教員は，初任者に対して教諭又は保育教諭の職務の遂行に必要な事項について指導及び助言を行うものとする。
（中堅教諭等資質向上研修）
第24条　公立の小学校等の教諭等（臨時的に任用された者その他の政令で定める者を除く。以下この項において同じ。）の任命権者は，当該教諭等に対して，個々の能力，適性等に応じて，公立の小学校等における教育に関し相当の経験を有し，その教育活動その他の学校運営の円滑かつ効果的な実施において中核的な役割を果たすことが期待される中堅教諭等としての職務を遂行する上で必要とされる資質の向上を図るために必要な事項に関する研修（以下「中堅教諭等資質向上研修」という。）を実施しなければならない。
2　任命権者は，中堅教諭等資質向上研修を実施するに当たり，中堅教諭等資質向上研修を受ける者の能力，適性等について評価を行い，その結果に基づき，当該者ごとに中堅教諭等資質向上研修に関する計画書を作成しなければならない。
（指導改善研修）
第25条　公立の小学校等の教諭等の任命権者は，児童，生徒又は幼児（以下「児童等」という。）に対する指導が不適切であると認定した教諭等に対して，その能力，適性等に応じて，当該指導の改善を図るために必要な事項に関する研修（以下「指導改善研修」という。）を実施しなければならない。
2　指導改善研修の期間は，1年を超えてはならない。ただし，特に必要があると認めるときは，任命権者は，指導改善研修を開始した日から引き続き2年を超えない範囲内で，これを延長することができる。
3　任命権者は，指導改善研修を実施するに当たり，指導改善研修を受ける者の能力，適性等に応じて，その者ごとに指導改善研修に関する計画書を作成しなければならない。

4　任命権者は，指導改善研修の終了時において，指導改善研修を受けた者の児童等に対する指導の改善の程度に関する認定を行わなければならない。
5　任命権者は，第1項及び前項の認定に当つては，教育委員会規則（幼保連携型認定こども園にあつては，地方公共団体の規則。次項において同じ。）で定めるところにより，教育学，医学，心理学その他の児童等に対する指導に関する専門的知識を有する者及び当該任命権者の属する都道府県又は市町村の区域内に居住する保護者（親権を行う者及び未成年後見人をいう。）である者の意見を聴かなければならない。
6　前項に定めるもののほか，事実の確認の方法その他第1項及び第4項の認定の手続に関し必要な事項は，教育委員会規則で定めるものとする。
7　前各項に規定するもののほか，指導改善研修の実施に関し必要な事項は，政令で定める。
（指導改善研修後の措置）
第25条の2　任命権者は，前条第4項の認定において指導の改善が不十分でなお児童等に対する指導を適切に行うことができないと認める教諭等に対して，免職その他の必要な措置を講ずるものとする。

学校教育法施行規則
（平成29.3.31　文部科学省令　第18号）

第4章　小学校
第50条　小学校の教育課程は，国語，社会，算数，理科，生活，音楽，図画工作，家庭，体育及び外国語の各教科（以下この節において「各教科」という。），特別の教科である道徳，外国語活動，総合的な学習の時間並びに特別活動によつて編成するものとする。
2　私立の小学校の教育課程を編成する場合は，前項の規定にかかわらず，宗教を加えることができる。この場合においては，宗教を

もつて前項の特別の教科である道徳に代えることができる。

第51条　小学校（第52条の2第2項に規定する中学校連携型小学校及び第79条の9第2項に規定する中学校併設型小学校を除く。）の各学年における各教科，特別の教科である道徳，外国語活動，総合的な学習の時間及び特別活動のそれぞれの授業時数並びに各学年におけるこれらの総授業時数は，別表第1に定める授業時数を標準とする。

第52条　小学校の教育課程については，この節に定めるもののほか，教育課程の基準として文部科学大臣が別に公示する小学校学習指導要領によるものとする。

第52条の2　小学校（第79条の9第2項に規定する中学校併設型小学校を除く。）においては，中学校における教育との一貫性に配慮した教育を施すため，当該小学校の設置者が当該中学校の設置者との協議に基づき定めるところにより，教育課程を編成することができる。

2　前項の規定により教育課程を編成する小学校（以下「中学校連携型小学校」という。）は，第74条の2第1項の規定により教育課程を編成する中学校と連携し，その教育課程を実施するものとする。

第52条の3　中学校連携型小学校の各学年における各教科，道徳，外国語活動，総合的な学習の時間及び特別活動のそれぞれの授業時数並びに各学年におけるこれらの総授業時数は，別表第2の2に定める授業時数を標準とする。

第53条　小学校においては，必要がある場合には，一部の各教科について，これらを合わせて授業を行うことができる。

第5章　中学校

第72条　中学校の教育課程は，国語，社会，数学，理科，音楽，美術，保健体育，技術・家庭及び外国語の各教科（以下本章及び第7章中「各教科」という。），特別の教科である道徳，総合的な学習の時間並びに特別活動によつて編成するものとする。

第73条　中学校（併設型中学校,第74条の2第2項に規定する小学校連携型中学校，第75条第2項に規定する連携型中学校及び第79条の9第2項に規定する小学校併設型中学校を除く。）の各学年における各教科，特別の教科である道徳，総合的な学習の時間及び特別活動のそれぞれの授業時数並びに各学年におけるこれらの総授業時数は，別表第2に定める授業時数を標準とする。

第6章　高等学校

第83条　高等学校の教育課程は，別表第3に定める各教科に属する科目，総合的な学習の時間及び特別活動によつて編成するものとする。

第84条　高等学校の教育課程については，この章に定めるもののほか，教育課程の基準として文部科学大臣が別に公示する高等学校学習指導要領によるものとする。

第8章　特別支援教育

第126条　特別支援学校の小学部の教育課程は，国語，社会，算数，理科，生活，音楽，図画工作，家庭，体育及び外国語の各教科，特別の教科である道徳，外国語活動，総合的な学習の時間，特別活動並びに自立活動によつて編成するものとする。

2　前項の規定にかかわらず，知的障害者である児童を教育する場合は，生活，国語，算数，音楽，図画工作及び体育の各教科，特別の教科である道徳，特別活動並びに自立活動によつて教育課程を編成するものとする。ただし，必要がある場合には，外国語活動を加えて教育課程を編成することができる。

第127条　特別支援学校の中学部の教育課程は，国語，社会，数学，理科，音楽，美術，保健体育，技術・家庭及び外国語の各教科，特別の教科である道徳，総合的な学習の時間，特別活動並びに自立活動によつて編成するものとする。

2　前項の規定にかかわらず，知的障害者である生徒を教育する場合は，国語，社会，数学，理科，音楽，美術，保健体育及び職業・家庭の各教科，特別の教科である道徳，総合的な

別表第1　各教科等の授業時数・小学校（学校教育法施行規則［第51条関係］）

区　　　　分		第1学年	第2学年	第3学年	第4学年	第5学年	第6学年
各教科の授業時数	国　語	306	315	245	245	175	175
	社　会			70	90	100	105
	算　数	136	175	175	175	175	175
	理　科			90	105	105	105
	生　活	102	105				
	音　楽	68	70	60	60	50	50
	図画工作	68	70	60	60	50	50
	家　庭					60	55
	体　育	102	105	105	105	90	90
	外国語					70	70
特別の教科である道徳の授業時数		34	35	35	35	35	35
外国語活動の授業時数				35	35		
総合的な学習の時間の授業時数				70	70	70	70
特別活動の授業時数		34	35	35	35	35	35
総授業時数		850	910	980	1015	1015	1015

別表第2　各教科等の授業時数・中学校（学校教育法施行規則［第73条関係］）

区　　　　分		第1学年	第2学年	第3学年
各教科の授業時数	国　語	140	140	105
	社　会	105	105	140
	数　学	140	105	140
	理　科	105	140	140
	音　楽	45	35	35
	美　術	45	35	35
	保健体育	105	105	105
	技術・家庭	70	70	35
	外国語	140	140	140
特別の教科である道徳の授業時数		35	35	35
総合的な学習の時間の授業時数		50	70	70
特別活動の授業時数		35	35	35
総授業時数		1015	1015	1015

学習の時間，特別活動並びに自立活動によつて教育課程を編成するものとする。ただし，必要がある場合には，外国語科を加えて教育課程を編成することができる。

第128条 特別支援学校の高等部の教育課程は，別表第3及び別表第5に定める各教科に属する科目，総合的な学習の時間，特別活動並びに自立活動によつて編成するものとする。

2 前項の規定にかかわらず，知的障害者である生徒を教育する場合は，国語，社会，数学，理科，音楽，美術，保健体育，職業，家庭，外国語，情報，家政，農業，工業，流通・サービス及び福祉の各教科，第129条に規定する特別支援学校高等部学習指導要領で定めるこれら以外の教科，道徳，総合的な学習の時間，特別活動並びに自立活動によつて教育課程を編成するものとする。

第129条 特別支援学校の幼稚部の教育課程その他の保育内容並びに小学部，中学部及び高等部の教育課程については，この章に定めるもののほか，教育課程その他の保育内容又は教育課程の基準として文部科学大臣が別に公示する特別支援学校幼稚部教育要領，特別支援学校小学部・中学部学習指導要領及び特別支援学校高等部学習指導要領によるものとする。

中学校学習指導要領
(平成29．3．31告示)

第1章　総則
第1　中学校教育の基本と教育課程の役割

1 各学校においては，教育基本法及び学校教育法その他の法令並びにこの章以下に示すところに従い，生徒の人間として調和のとれた育成を目指し，生徒の心身の発達の段階や特性及び学校や地域の実態を十分考慮して，適切な教育課程を編成するものとし，これらに掲げる目標を達成するよう教育を行うものとする。

2 学校の教育活動を進めるに当たっては，各学校において，第3の1に示す主体的・対話的で深い学びの実現に向けた授業改善を通して，創意工夫を生かした特色ある教育活動を展開する中で，次の(1)から(3)までに掲げる事項の実現を図り，生徒に生きる力を育むことを目指すものとする。

(1) 基礎的・基本的な知識及び技能を確実に習得させ，これらを活用して課題を解決するために必要な思考力，判断力，表現力等を育むとともに，主体的に学習に取り組む態度を養い，個性を生かし多様な人々との協働を促す教育の充実に努めること。その際，生徒の発達の段階を考慮して，生徒の言語活動など，学習の基盤をつくる活動を充実するとともに，家庭との連携を図りながら，生徒の学習習慣が確立するよう配慮すること。

(2) 道徳教育や体験活動，多様な表現や鑑賞の活動等を通して，豊かな心や創造性の涵養を目指した教育の充実に努めること。

学校における道徳教育は，特別の教科である道徳（以下「道徳科」という。）を要として学校の教育活動全体を通じて行うものであり，道徳科はもとより，各教科，総合的な学習の時間及び特別活動のそれぞれの特質に応じて，生徒の発達の段階を考慮して，適切な指導を行うこと。

道徳教育は，教育基本法及び学校教育法に定められた教育の根本精神に基づき，人間としての生き方を考え，主体的な判断の下に行動し，自立した人間として他者と共によりよく生きるための基盤となる道徳性を養うことを目標とすること。

道徳教育を進めるに当たっては，人間尊重の精神と生命に対する畏敬の念を家庭，学校，その他社会における具体的な生活の中に生かし，豊かな心をもち，伝統と文化を尊重し，それらを育んできた我が国と郷土を愛し，個性豊かな文化の創造を図るとともに，平和で民主的な国家及び社会の形成者として，公共の精神を尊び，社会及び国家の発展に努め，他国を尊重し，国際社

会の平和と発展や環境の保全に貢献し未来を拓く主体性のある日本人の育成に資することとなるよう特に留意すること。
(3) 学校における体育・健康に関する指導を，生徒の発達の段階を考慮して，学校の教育活動全体を通じて適切に行うことにより，健康で安全な生活と豊かなスポーツライフの実現を目指した教育の充実に努めること。特に，学校における食育の推進並びに体力の向上に関する指導，安全に関する指導及び心身の健康の保持増進に関する指導については，保健体育科，技術・家庭科及び特別活動の時間はもとより，各教科，道徳科及び総合的な学習の時間などにおいてもそれぞれの特質に応じて適切に行うよう努めること。また，それらの指導を通して，家庭や地域社会との連携を図りながら，日常生活において適切な体育・健康に関する活動の実践を促し，生涯を通じて健康・安全で活力ある生活を送るための基礎が培われるよう配慮すること。
3 2の(1)から(3)までに掲げる事項の実現を図り，豊かな創造性を備え持続可能な社会の創り手となることが期待される生徒に，生きる力を育むことを目指すに当たっては，学校教育全体並びに各教科，道徳，総合的な学習の時間及び特別活動（以下「各教科等」という。ただし，第2の3の(2)のア及びウにおいて，特別活動については学級活動（学校給食に係るものを除く。）に限る。）の指導を通してどのような資質・能力の育成を目指すのかを明確にしながら，教育活動の充実を図るものとする。その際，生徒の発達の段階や特性等を踏まえつつ，次に掲げることが偏りなく実現できるようにするものとする。
(1) 知識及び技能が習得されるようにすること。
(2) 思考力，判断力，表現力等を育成すること。
(3) 学びに向かう力，人間性等を涵養すること。
4 各学校においては，生徒や学校，地域の実態を適切に把握し，教育の目的や目標の実現に必要な教育の内容等を教科等横断的な視点で組み立てていくこと，教育課程の実施状況を評価してその改善を図っていくこと，教育課程の実施に必要な人的又は物的な体制を確保するとともにその改善を図っていくことなどを通して，教育課程に基づき組織的かつ計画的に各学校の教育活動の質の向上を図っていくこと（以下「カリキュラム・マネジメント」という。）に努めるものとする。

第2 教育課程の編成

1 各学校の教育目標と教育課程の編成
教育課程の編成に当たっては，学校教育全体や各教科等における指導を通して育成を目指す資質・能力を踏まえつつ，各学校の教育目標を明確にするとともに，教育課程の編成についての基本的な方針が家庭や地域とも共有されるよう努めるものとする。その際，第4章総合的な学習の時間の第2の1に基づき定められる目標との関連を図るものとする。

2 教科等横断的な視点に立った資質・能力の育成
(1) 各学校においては，生徒の発達の段階を考慮し，言語能力，情報活用能力（情報モラルを含む。），問題発見・解決能力等の学習の基盤となる資質・能力を育成していくことができるよう，各教科等の特質を生かし，教科等横断的な視点から教育課程の編成を図るものとする。
(2) 各学校においては，生徒や学校，地域の実態及び生徒の発達の段階を考慮し，豊かな人生の実現や災害等を乗り越えて次代の社会を形成することに向けた現代的な諸課題に対応して求められる資質・能力を，教科等横断的な視点で育成していくことができるよう，各学校の特色を生かした教育課程の編成を図るものとする。

3 教育課程の編成における共通的事項
(1) 内容等の取扱い
ア 第2章以下に示す各教科，道徳科及び特別活動の内容に関する事項は，特に示す場合を除き，いずれの学校においても取り扱わなければならない。
イ 学校において特に必要がある場合には，第2章以下に示していない内容を加えて指

導することができる。また，第2章以下に示す内容の取扱いのうち内容の範囲や程度等を示す事項は，全ての生徒に対して指導するものとする内容の範囲や程度等を示したものであり，学校において特に必要がある場合には，この事項にかかわらず加えて指導することができる。ただし，これらの場合には，第2章以下に示す各教科，道徳科及び特別活動の目標や内容の趣旨を逸脱したり，生徒の負担過重となったりすることのないようにしなければならない。

ウ　第2章以下に示す各教科，道徳科及び特別活動の内容に掲げる事項の順序は，特に示す場合を除き，指導の順序を示すものではないので，学校においては，その取扱いについて適切な工夫を加えるものとする。

エ　学校において2以上の学年の生徒で編制する学級について特に必要がある場合には，各教科の目標の達成に支障のない範囲内で，各教科の目標及び内容について学年別の順序によらないことができる。

オ　各学校においては，生徒や学校，地域の実態を考慮して，生徒の特性等に応じた多様な学習活動が行えるよう，第2章に示す各教科や，特に必要な教科を，選択教科として開設し生徒に履修させることができる。その場合にあっては，全ての生徒に指導すべき内容との関連を図りつつ，選択教科の授業時数及び内容を適切に定め選択教科の指導計画を作成し，生徒の負担過重となることのないようにしなければならない。また，特に必要な教科の名称，目標，内容などについては，各学校が適切に定めるものとする。

カ　道徳科を要として学校の教育活動全体を通じて行う道徳教育の内容は，第3章特別の教科道徳の第2に示す内容とし，その実施に当たっては，第6に示す道徳教育に関する配慮事項を踏まえるものとする。

(2)　授業時数等の取扱い

ア　各教科等の授業は，年間35週以上にわたって行うよう計画し，週当たりの授業時数が生徒の負担過重にならないようにするものとする。ただし，各教科等や学習活動の特質に応じ効果的な場合には，夏季，冬季，学年末等の休業日の期間に授業日を設定する場合を含め，これらの授業を特定の期間に行うことができる。

イ　特別活動の授業のうち，生徒会活動及び学校行事については，それらの内容に応じ，年間，学期ごと，月ごとなどに適切な授業時数を充てるものとする。

ウ　各学校の時間割については，次の事項を踏まえ適切に編成するものとする。

　(ｱ)　各教科等のそれぞれの授業の1単位時間は，各学校において，各教科等の年間授業時数を確保しつつ，生徒の発達の段階及び各教科等や学習活動の特質を考慮して適切に定めること。

　(ｲ)　各教科等の特質に応じ，10分から15分程度の短い時間を活用して特定の教科等の指導を行う場合において，当該教科等を担当する教師が，単元や題材など内容や時間のまとまりを見通した中で，その指導内容の決定や指導の成果の把握と活用等を責任をもって行う体制が整備されているときは，その時間を当該教科等の年間授業時数に含めることができること。

　(ｳ)　給食，休憩などの時間については，各学校において工夫を加え，適切に定めること。

　(ｴ)　各学校において，生徒や学校，地域の実態，各教科等や学習活動の特質等に応じて，創意工夫を生かした時間割を弾力的に編成できること。

エ　総合的な学習の時間における学習活動により，特別活動の学校行事に掲げる各行事の実施と同様の成果が期待できる場合においては，総合的な学習の時間における学習活動をもって相当する特別活動の学校行事に掲げる各行事の実施に替えることができる。

(3)　指導計画の作成等に当たっての配慮事項

各学校においては，次の事項に配慮しながら，学校の創意工夫を生かし，全体として，

調和のとれた具体的な指導計画を作成するものとする。

ア 各教科等の指導内容については，(1)のアを踏まえつつ，単元や題材など内容や時間のまとまりを見通しながら，そのまとめ方や重点の置き方に適切な工夫を加え，第3の1に示す主体的・対話的で深い学びの実現に向けた授業改善を通して資質・能力を育む効果的な指導ができるようにすること。

イ 各教科等及び各学年相互間の関連を図り，系統的，発展的な指導ができるようにすること。

4 学校段階間の接続

教育課程の編成に当たっては，次の事項に配慮しながら，学校段階間の接続を図るものとする。

(1) 小学校学習指導要領を踏まえ，小学校教育までの学習の成果が中学校教育に円滑に接続され，義務教育段階の終わりまでに育成することを目指す資質・能力を，生徒が確実に身に付けることができるよう工夫すること。特に，義務教育学校，小学校連携型中学校及び小学校併設型中学校においては，義務教育9年間を見通した計画的かつ継続的な教育課程を編成すること。

(2) 高等学校学習指導要領を踏まえ，高等学校教育及びその後の教育との円滑な接続が図られるよう工夫すること。特に，中等教育学校，連携型中学校及び併設型中学校においては，中等教育6年間を見通した計画的かつ継続的な教育課程を編成すること

第3 教育課程の実施と学習評価

1 主体的・対話的で深い学びの実現に向けた授業改善

各教科等の指導に当たっては，次の事項に配慮するものとする。

(1) 第1の3の(1)から(3)までに示すことが偏りなく実現されるよう，単元や題材など内容や時間のまとまりを見通しながら，生徒の主体的・対話的で深い学びの実現に向けた授業改善を行うこと。

特に，各教科等において身に付けた知識及び技能を活用したり，思考力，判断力，表現力等や学びに向かう力，人間性等を発揮させたりして，学習の対象となる物事を捉え思考することにより，各教科等の特質に応じた物事を捉える視点や考え方（以下「見方・考え方」という。）が鍛えられていくことに留意し，生徒が各教科等の特質に応じた見方・考え方を働かせながら，知識を相互に関連付けてより深く理解したり，情報を精査して考えを形成したり，問題を見いだして解決策を考えたり，思いや考えを基に創造したりすることに向かう過程を重視した学習の充実を図ること。

(2) 第2の2の(1)に示す言語能力の育成を図るため，各学校において必要な言語環境を整えるとともに，国語科を要としつつ各教科等の特質に応じて，生徒の言語活動を充実すること。あわせて，(7)に示すとおり読書活動を充実すること。

(3) 第2の2の(1)に示す情報活用能力の育成を図るため，各学校において，コンピュータや情報通信ネットワークなどの情報手段を活用するために必要な環境を整え，これらを適切に活用した学習活動の充実を図ること。また，各種の統計資料や新聞，視聴覚教材や教育機器などの教材・教具の適切な活用を図ること。

(4) 生徒が学習の見通しを立てたり学習したことを振り返ったりする活動を，計画的に取り入れるように工夫すること。

(5) 生徒が生命の有限性や自然の大切さ，主体的に挑戦してみることや多様な他者と協働することの重要性などを実感しながら理解することができるよう，各教科等の特質に応じた体験活動を重視し，家庭や地域社会と連携しつつ体系的・継続的に実施できるよう工夫すること。

(6) 生徒が自ら学習課題や学習活動を選択する機会を設けるなど，生徒の興味・関心を生かした自主的，自発的な学習が促されるよう工夫すること。

(7) 学校図書館を計画的に利用しその機能の

活用を図り，生徒の主体的・対話的で深い学びの実現に向けた授業改善に生かすとともに，生徒の自主的，自発的な学習活動や読書活動を充実すること。また，地域の図書館や博物館，美術館，劇場，音楽堂等の施設の活用を積極的に図り，資料を活用した情報の収集や鑑賞等の学習活動を充実すること。
2 学習評価の充実
 学習評価の実施に当たっては，次の事項に配慮するものとする。
 (1) 生徒のよい点や進歩の状況などを積極的に評価し，学習したことの意義や価値を実感できるようにすること。また，各教科等の目標の実現に向けた学習状況を把握する観点から，単元や題材など内容や時間のまとまりを見通しながら評価の場面や方法を工夫して，学習の過程や成果を評価し，指導の改善や学習意欲の向上を図り，資質・能力の育成に生かすようにすること。
 (2) 創意工夫の中で学習評価の妥当性や信頼性が高められるよう，組織的かつ計画的な取組を推進するとともに，学年や学校段階を越えて生徒の学習の成果が円滑に接続されるように工夫すること。

第4 生徒の発達の支援

1 生徒の発達を支える指導の充実
 教育課程の編成及び実施に当たっては，次の事項に配慮するものとする。
 (1) 学習や生活の基盤として，教師と生徒との信頼関係及び生徒相互のよりよい人間関係を育てるため，日頃から学級経営の充実を図ること。また，主に集団の場面で必要な指導や援助を行うガイダンスと，個々の生徒の多様な実態を踏まえ，一人一人が抱える課題に個別に対応した指導を行うカウンセリングの双方により，生徒の発達を支援すること。
 (2) 生徒が，自己の存在感を実感しながら，よりよい人間関係を形成し，有意義で充実した学校生活を送る中で，現在及び将来における自己実現を図っていくことができるよう，生徒理解を深め，学習指導と関連付けながら，生徒指導の充実を図ること。
 (3) 生徒が，学ぶことと自己の将来とのつながりを見通しながら，社会的・職業的自立に向けて必要な基盤となる資質・能力を身に付けていくことができるよう，特別活動を要としつつ各教科等の特質に応じて，キャリア教育の充実を図ること。その中で，生徒が自らの生き方を考え主体的に進路を選択することができるよう，学校の教育活動全体を通じ，組織的かつ計画的な進路指導を行うこと。
 (4) 生徒が，基礎的・基本的な知識及び技能の習得も含め，学習内容を確実に身に付けることができるよう，生徒や学校の実態に応じ，個別学習やグループ別学習，繰り返し学習，学習内容の習熟の程度に応じた学習，生徒の興味・関心等に応じた課題学習，補充的な学習や発展的な学習などの学習活動を取り入れることや，教師間の協力による指導体制を確保することなど，指導方法や指導体制の工夫改善により，個に応じた指導の充実を図ること。その際，第3の1の(3)に示す情報手段や教材・教具の活用を図ること。
2 特別な配慮を必要とする生徒への指導
 (1) 障害のある生徒などへの指導
  ア 障害のある生徒などについては，特別支援学校等の助言又は援助を活用しつつ，個々の生徒の障害の状態等に応じた指導内容や指導方法の工夫を組織的かつ計画的に行うものとする。
  イ 特別支援学級において実施する特別の教育課程については，次のとおり編成するものとする。
   (ｱ) 障害による学習上又は生活上の困難を克服し自立を図るため，特別支援学校小学部・中学部学習指導要領第7章に示す自立活動を取り入れること。
   (ｲ) 生徒の障害の程度や学級の実態等を考慮の上，各教科の目標や内容を下学年の教科の目標や内容に替えたり，各教科

を，知的障害者である生徒に対する教育を行う特別支援学校の各教科に替えたりするなどして，実態に応じた教育課程を編成すること。
　ウ　障害のある生徒に対して，通級による指導を行い，特別の教育課程を編成する場合には，特別支援学校小学部・中学部学習指導要領第7章に示す自立活動の内容を参考とし，具体的な目標や内容を定め，指導を行うものとする。その際，効果的な指導が行われるよう，各教科等と通級による指導との関連を図るなど，教師間の連携に努めるものとする。
　エ　障害のある生徒などについては，家庭，地域及び医療や福祉，保健，労働等の業務を行う関係機関との連携を図り，長期的な視点で生徒への教育的支援を行うために，個別の教育支援計画を作成し活用することに努めるとともに，各教科等の指導に当たって，個々の生徒の実態を的確に把握し，個別の指導計画を作成し活用することに努めるものとする。特に，特別支援学級に在籍する生徒や通級による指導を受ける生徒については，個々の生徒の実態を的確に把握し，個別の教育支援計画や個別の指導計画を作成し，効果的に活用するものとする。
(2)　海外から帰国した生徒などの学校生活への適応や，日本語の習得に困難のある生徒に対する日本語指導
　ア　海外から帰国した生徒などについては，学校生活への適応を図るとともに，外国における生活経験を生かすなどの適切な指導を行うものとする。
　イ　日本語の習得に困難のある生徒については，個々の生徒の実態に応じた指導内容や指導方法の工夫を組織的かつ計画的に行うものとする。特に，通級による日本語指導については，教師間の連携に努め，指導についての計画を個別に作成することなどにより，効果的な指導に努めるものとする。
(3)　不登校生徒への配慮
　ア　不登校生徒については，保護者や関係機関と連携を図り，心理や福祉の専門家の助言又は援助を得ながら，社会的自立を目指す観点から，個々の生徒の実態に応じた情報の提供その他の必要な支援を行うものとする。
　イ　相当の期間中学校を欠席し引き続き欠席すると認められる生徒を対象として，文部科学大臣が認める特別の教育課程を編成する場合には，生徒の実態に配慮した教育課程を編成するとともに，個別学習やグループ別学習など指導方法や指導体制の工夫改善に努めるものとする。
(4)　学齢を経過した者への配慮
　ア　夜間その他の特別の時間に授業を行う課程において学齢を経過した者を対象として特別の教育課程を編成する場合には，学齢を経過した者の年齢，経験又は勤労状況その他の実情を踏まえ，中学校教育の目的及び目標並びに第2章以下に示す各教科等の目標に照らして，中学校教育を通じて育成を目指す資質・能力を身に付けることができるようにするものとする。
　イ　学齢を経過した者を教育する場合には，個別学習やグループ別学習など指導方法や指導体制の工夫改善に努めるものとする。

第5　学校運営上の留意事項

1　教育課程の改善と学校評価，教育課程外の活動との連携等
　ア　各学校においては，校長の方針の下に，校務分掌に基づき教職員が適切に役割を分担しつつ，相互に連携しながら，各学校の特色を生かしたカリキュラム・マネジメントを行うよう努めるものとする。また，各学校が行う学校評価については，教育課程の編成，実施，改善が教育活動や学校運営の中核となることを踏まえ，カリキュラム・マネジメントと関連付けながら実施するよう留意するものとする。
　イ　教育課程の編成及び実施に当たっては，学校保健計画，学校安全計画，食に関する指導の全体計画，いじめの防止等のための対策に関する基本的な方針など，各分野に

おける学校の全体計画等と関連付けながら，効果的な指導が行われるように留意するものとする。
　　ウ　教育課程外の学校教育活動と教育課程の関連が図られるように留意するものとする。特に，生徒の自主的，自発的な参加により行われる部活動については，スポーツや文化，科学等に親しませ，学習意欲の向上や責任感，連帯感の涵養等，学校教育が目指す資質・能力の育成に資するものであり，学校教育の一環として，教育課程との関連が図られるよう留意すること。その際，学校や地域の実態に応じ，地域の人々の協力，社会教育施設や社会教育関係団体等の各種団体との連携などの運営上の工夫を行い，持続可能な運営体制が整えられるようにするものとする。
　2　家庭や地域社会との連携及び協働と学校間の連携
　　教育課程の編成及び実施に当たっては，次の事項に配慮するものとする。
　　ア　学校がその目的を達成するため，学校や地域の実態等に応じ，教育活動の実施に必要な人的又は物的な体制を家庭や地域の人々の協力を得ながら整えるなど，家庭や地域社会との連携及び協働を深めること。また，高齢者や異年齢の子供など，地域における世代を越えた交流の機会を設けること。
　　イ　他の中学校や，幼稚園，認定こども園，保育所，小学校，高等学校，特別支援学校などとの間の連携や交流を図るとともに，障害のある幼児児童生徒との交流及び共同学習の機会を設け，共に尊重し合いながら協働して生活していく態度を育むようにすること。

第6　道徳教育に関する配慮事項

道徳教育を進めるに当たっては，道徳教育の特質を踏まえ，前項までに示す事項に加え，次の事項に配慮するものとする。
　1　各学校においては，第1の2の(2)に示す道徳教育の目標を踏まえ，道徳教育の全体計画を作成し，校長の方針の下に，道徳教育の推進を主に担当する教師（以下「道徳教育推進教師」という。）を中心に，全教師が協力して道徳教育を展開すること。なお，道徳教育の全体計画の作成に当たっては，生徒や学校，地域の実態を考慮して，学校の道徳教育の重点目標を設定するとともに，道徳科の指導方針，第3章特別の教科道徳の第2に示す内容との関連を踏まえた各教科，総合的な学習の時間及び特別活動における指導の内容及び時期並びに家庭や地域社会との連携の方法を示すこと。
　2　各学校においては，生徒の発達の段階や特性等を踏まえ，指導内容の重点化を図ること。その際，小学校における道徳教育の指導内容を更に発展させ，自立心や自律性を高め，規律ある生活をすること，生命を尊重する心や自らの弱さを克服して気高く生きようとする心を育てること，法やきまりの意義に関する理解を深めること，自らの将来の生き方を考え主体的に社会の形成に参画する意欲と態度を養うこと，伝統と文化を尊重し，それらを育んできた我が国と郷土を愛するとともに，他国を尊重すること，国際社会に生きる日本人としての自覚を身に付けることに留意すること。
　3　学校や学級内の人間関係や環境を整えるとともに，職場体験活動やボランティア活動，自然体験活動，地域の行事への参加などの豊かな体験を充実すること。また，道徳教育の指導内容が，生徒の日常生活に生かされるようにすること。その際，いじめの防止や安全の確保等にも資することとなるよう留意すること。
　4　学校の道徳教育の全体計画や道徳教育に関する諸活動などの情報を積極的に公表したり，道徳教育の充実のために家庭や地域の人々の積極的な参加や協力を得たりするなど，家庭や地域社会との共通理解を深め，相互の連携を図ること。

❖❖❖ キーワード・索引 ❖❖❖

ア行

アクティブ・ラーニング　59, 91, 95, 110, 113
生きる力　51, 76
いじめ　32, 57, 81, 121
1条校　148, 164
一斉学習　42
OECD　55, 58, 107, 159

カ行

外国語活動・外国語　48, 49, 54, 56, 60, 124
介護等体験　12, 128
外発的動機づけ　40
開放制免許状制度　106, 117
カウンセリング理論　87
学習意欲　25, 40, 59
学習指導　38, 45, 95
学習指導要領（変遷）50-62
学習指導論（変遷）45-48
学級　91
学級活動（ホームルーム活動）96, 98
学級経営　72, 92, 95
学校運営　180
学校経営　72, 93, 178
学級担任制　90
学校行事　69, 95
学校制度（日本の）172-177
学校体系　168-172
学校の管理職　180
学校の種類　164
学校の管理者　179
学校評議員　184
活用型学力　55
カリキュラム・マネジメント　124

キーコンピテンシー　55, 58
義務教育学校　124, 128, 165
キャリア教育　74
休日，休暇（教員の）156
給与（教員の）155
教育課程（カリキュラム）48, 65
教育実習　12
教育職員免許法　119
教育職員免許法改正　120-126
教育相談　72, 82
教育相談担当教員　83
教員の身分　148
教員免許状　10
教員免許状の更新制　141
教科担任制　90
教科に関する科目　11, 122, 124
教科及び教職に関する科目　124
教材分析・教材作り　40
教師教育改革（1990〜）106
教師聖職者論　102, 151
教職員定数　133
教職課程　10, 99, 125
教職課程コアカリキュラム　98, 124
教職実践演習　12, 123
教職に関する科目　11, 122, 124
教師労働者論　152
共同的な学び　153
勤務時間（教員の）157
形成的評価　44
研修　139
更新講習　141
高等学校　167
校務　180, 182
公立学校教員採用選考試験　130
個別学習　43

個別指導　47, 69

サ行

採用・任命（教員の）　130
児童虐待　23
十年経験者研修　106, 140
集団指導　69
小学校　166
小集団学習　42, 47
職員会議　181
初任者研修　106, 140
私立学校教員　138, 151
新学力観　47, 58
人事異動　160
診断的評価　43
進路指導　72, 74
スクールカウンセラー　31, 68, 70, 72, 84, 94, 95, 186
スクールソーシャルワーカー　31, 72, 85, 94, 95, 186
政治的中立性　150
性的少数者への配慮　81
生徒会活動　96
生徒指導　38, 63, 72, 95
選考権者　131
専修学校　165
総括的評価　44
総合的な学習の時間　48, 51, 53-55, 124

タ・ナ行

大学　168
大正自由教育　103
チーム学校　93-95, 110, 124, 185
中学校　167
中等教育学校　75, 124, 128, 184
中堅教諭等資質向上研修　106, 140
綴方　91, 104
動機づけ　40
特別活動　48, 51, 94, 99
特別の教科　道徳　39, 54, 56, 94
特別支援学校　75, 165, 168
特別非常勤講師制度　135
内発的動機づけ　41
21世紀型スキル　58
任命権者　131

ハ・マ・ヤ・ラ行

発達課題　39, 75
発達の最近接領域　39
PISA　55, 59
部活動　28, 69
福利厚生制度　161
不登校　28, 86, 89, 121
プログラミング教育　54
米国教育使節団報告書　50, 105, 116, 174
学び続ける教員像　107
免許教科　129
免許状の取得要件　126
免許状の種類　128
目標設定・目標分析　40
養護教諭　84
幼稚園　165
幼保連携型認定こども園　124, 128
臨時教員　135
レディネス　39

◆◆編者紹介◆◆

藤本　典裕（ふじもと　のりひろ）　1959年大阪府生まれ。神戸大学教育学部卒業。東京大学大学院教育学研究科博士課程単位取得満期退学。現在，東洋大学文学部教授。主著『教職入門』（図書文化），『教育行政学』（学文社），『教職エッセンシャル』（学文社），『子どもから見える子どもの貧困』（大月書店）など。

◆◆執筆者紹介◆◆

藤本　典裕（東洋大学教授）	序章，第4章，第5章，第6章担当
榎本　淳子（東洋大学教授）	第1章，第2章第2節担当
斎藤　里美（東洋大学教授）	第2章第1節担当
篠﨑　信之（東洋大学教授）	第2章第3節担当
須田　将司（東洋大学教授）	第2章第4節，第3章担当

（執筆順，役職名は，2019年4月1日現在）

◆◆改訂情報◆◆

【新版（改訂二版）第1刷】
改訂内容につきましては，弊社HPからご覧いただけます。
下記URLのフリーワード検索欄に「教職入門」と入力して検索してください。
　URL　http://www.toshobunka.co.jp/books/
　図書文化　＞　教育図書　＞　教職入門　　検索

【新版（改訂二版）第4刷】
①巻末付録「学校教育法第102条」「中学校学習指導要領」を改訂。

【新版（改訂二版）第5刷】
①2021年の教育職員免許法の一部改正に伴い，p.126に改正の項目を加筆，p.127の表4-2ならびに本文を加筆修正。2021年の公立義務教育諸学校の学級編制及び教職員定数の標準に関する法律の一部改正に伴い，p.132本文を加筆修正。

【新版（改訂二版）第6刷】
①2022年の教育職員免許法および教育公務員特例法の一部改正に伴い，p.141に改正の項目を加筆，p.143本文を加筆修正。p.144の表を削除。

| 新版（改訂二版）教職入門 ―教師への道― |

1999年11月15日		初版第1刷
2008年3月15日	改訂新版	初版第1刷
2016年3月10日	新版	初版第1刷
2018年2月20日	新版	第2版第1刷
2019年2月1日	新版（改訂二版）	初版第1刷（新版通算第5刷）
2023年12月1日	新版（改訂二版）	初版第7刷

編著者……ⓒ藤本典裕
発行人……則岡秀卓
発行所……株式会社 図書文化社
〒112-0012東京都文京区大塚1-4-15
TEL 03-3943-2511 FAX 03-3943-2519
振替 00160-7-67697
http://www.toshobunka.co.jp/

印刷……株式会社 厚徳社
組版……株式会社 広研印刷
製本……株式会社 駒崎製本所
装幀……藤川喜也

JCOPY 〈出版者著作権管理機構　委託出版物〉
本書の無断複写は著作権法上での例外を除き禁じられています。
複写される場合は，そのつど事前に，出版者著作権管理機構
（電話 03-5244-5088, FAX 03-5244-5089, e-mail : info@jcopy.or.jp）
の許諾を得てください。

乱丁・落丁の場合は，お取り替えいたします。
定価はカバーに表示してあります。
ISBN978-4-8100-9720-7 C3037